böhlau

Helmut Reinalter

FREIMAUREREI, POLITIK UND GESELLSCHAFT

Die Wirkungsgeschichte
des diskreten Bundes

BÖHLAU VERLAG WIEN KÖLN WEIMAR

Bibliografische Information der Deutschen Nationalbibliothek:
Die Deutsche Nationalbibliothek verzeichnet diese Publikation in der
Deutschen Nationalbibliografie; detaillierte bibliografische Daten sind
im Internet über http://dnb.de abrufbar.

© 2018 by Böhlau Verlag GmbH & Co. KG.
Kölblgasse 8–10, 1030 Wien

Alle Rechte vorbehalten. Das Werk und seine Teile sind urheberrechtlich
geschützt. Jede Verwertung in anderen als den gesetzlich zugelassenen Fällen
bedarf der vorherigen schriftlichen Einwilligung des Verlages.

Umschlagabbildung: Freimaurerschurz von Voltaire; Musée de la Franc-Maçonnerie,
Collections GODF; Foto: Photo12/Musée de la Franc-Maçonnerie

Korrektorat: Jörg Eipper-Kaiser, Graz
Umschlaggestaltung: Michael Haderer, Wien
Satz und Layout: Bettina Waringer, Wien
Druck und Bindung: Hubert & Co., Göttingen
Printed in the EU

Vandenhoeck & Ruprecht Verlage | www.vandenhoeck-ruprecht-verlage.com

ISBN 978-3-205-20038-3

Inhalt

Vorwort 9

Einleitung:
Die Freimaurerei als gesellschaftlicher Katalysator. 11

Spätmittelalter und Frühe Neuzeit 15
1. Die historischen Ursprünge und Anfänge der Freimaurerei . 15
2. Der Übergang von der operativen zur spekulativen
(philosophischen) Freimaurerei. 17
3. Der Humanismus und die Säkularisierung, Esoterik
und Hermetik 42

Aufklärung 55
1. Die Ideen der Aufklärung 55
2. Akademien, aufgeklärte Sozietäten und die Freimaurerei . 68
3. Das demokratische Potential
der Bruderkette 89
4. Die Englischen Revolutionen
im 17. Jahrhundert 95

Die Amerikanische Revolution 107
1. Der Einfluss der Freimaurerei. 107
2. Die Präsidenten 109
3. Die amerikanische Unabhängigkeitserklärung
und die Menschenrechte 111

Die Französische Revolution und die
Menschen- und Bürgerrechte 121

1. Die Französische Revolution als Bruch des
gesellschaftlichen Bewusstseins 121
2. Freimaurerei, Revolution und Jakobinismus 125
3. Die napoleonische Zeit 128

Reformen, Nationalismus, Liberalismus und Demokratie . . . 131
1. Freimaurerei und Reformen 131
2. Nationalismus und Einigungs- bzw. Freiheitsbewegungen . 135
3. Der Liberalismus und die Anfänge der Demokratie 147
4. Die Revolutionen 1830 und 1848/49 151
5. Laizismus, Kulturkampf und Moderne 158

Vom Ersten zum Zweiten Weltkrieg 163
1. Freimaurerei und der Erste Weltkrieg 163
2. Freimaurerei, deutscher Nationalsozialismus, italienischer
Faschismus, Franco-Regime und Action Française 166
3. Friedensbemühungen, Sozialstaat und Fürsorgewesen . . . 176
4. Die Freimaurerei im Zweiten Weltkrieg und im Exil . . . 183

Der Neubeginn nach 1945 185
1. Der Wiederaufstieg der Freimaurerei und die Europaidee . 185
2. Die geistigen Strömungen der Zeit und die Freimaurerei . . 187
3. Kirche und Kultur 191

Schluss:
Die Werte und Ziele der Freimaurerei: Aufklärung,
Menschenwürde, Menschenrechte, Humanität, Ethik,
Königliche Kunst und Toleranz 203

Anmerkungen. 210

Auswahlbibliographie 237

Über den Autor 243

Personenregister 245

Sachregister 250

Vorwort

Dieses Buch ist der erste Versuch einer Geschichte der Freimaurerei unter dem Gesichtspunkt ihres Einflusses auf Politik, Gesellschaft und Kultur. Dieses Thema war bisher eine Lücke der masonischen Forschung. Darüber hinaus versteht sich dieses Buch auch als eine Geschichte der Freimaurerei vor dem Hintergrund der geistigen Strömungen der Zeit, also auch als eine Ideengeschichte, politische und Sozialgeschichte der Freimaurerei von den Anfängen bis heute. Sie sollte den direkten oder indirekten Einfluss der diskreten Gesellschaft auf den Entwicklungsprozess von der Frühen Neuzeit bis zur Gegenwart verdeutlichen.

Die Arbeit weist insgesamt sieben Schwerpunkte auf: Spätmittelalter und Frühe Neuzeit, die Ideen der Aufklärung, die Amerikanische Revolution, die Französische Revolution und die Menschen- und Bürgerrechte, Reformen, Nationalismus, Liberalismus und Demokratie, der Erste Weltkrieg, die Zwischenkriegszeit und der Zweite Weltkrieg sowie der Neubeginn nach 1945. Die Einleitung weist auf die gesellschaftliche Funktion der Freimaurerei hin und der Schlussteil zeigt die wichtigsten Werte und Ziele der Freimaurerei zusammenfassend auf.

Der Dank des Verfassers gilt in erster Linie dem privaten Institut für Ideengeschichte in Innsbruck, das ihm wertvolle Hilfe leistete, dem Frankfurter Philosophen Alfred Schmidt (†), der stets ein sachkundiger Gesprächspartner und ausgezeichneter Kenner der Ideengeschichte des Bundes war, dem Soziologen und Meinungsforscher Ernst Gehmacher, dem spanischen Freimaurerforscher José Ferrer Benimeli, den Historikerkollegen Reinhart Koselleck (†) und Hans Ulrich Wehler (†) für ihre methodisch wertvollen Hinweise, dem Böhlau Verlag für die gute Zusammenarbeit und meiner Mitarbeiterin Sabine Robic für diverse Recherchen und Schreibarbeiten.

Innsbruck, im Jänner 2018
Helmut Reinalter

Einleitung:
Die Freimaurerei als gesellschaftlicher Katalysator

Über die Wirkungsgeschichte der Freimaurerei im gesellschaftlichen und politischen Entwicklungsprozess seit der Frühen Neuzeit sucht man fundierte wissenschaftliche Untersuchungen vergeblich. Die Gründe dafür sind in der Tatsache zu suchen, dass sich ein direkter Einfluss der Freimaurerei auf Staat, Politik und Gesellschaft nur schwer nachweisen lässt. Die Gegner der Freimaurerei haben den angeblich großen Einfluss der Bruderkette immer dämonisiert und als politische Macht missverstanden. So sind im Laufe der neueren Geschichte zahlreiche Verschwörungstheorien entstanden, die als Teil eines weltweiten Antimasonismus gesehen werden und an Aggressivität und Polemik bis heute nichts eingebüßt haben.

Hinter den Verschwörungstheorien verbirgt sich die Vorstellung, dass geheime Drahtzieher am Werk sind, welche die Politik gestalten und bestimmen, und dass die Welt von konspirativen Gruppen gelenkt wird. Die Anhänger von Verschwörungstheorien suchen immer nach möglichen Verursachern von Krisen bzw. Sündenböcken, die meist dämonisiert und für den jeweiligen Zustand der Gesellschaft verantwortlich gemacht werden. Verschwörungstheorien reduzieren Komplexität und konstruieren ein einfaches Muster der Wirklichkeit. Gesellschaftliche und politische Veränderungen werden von ihnen nicht wertneutral beurteilt, sondern immer von einem normativen Standpunkt aus. So stützen sich Verschwörungstheorien nicht auf eine wissenschaftliche Diagnose und Analyse, sondern enthalten immer eine weltanschauliche

Beurteilung von Ereignissen und komplexen Zusammenhängen. Als Grundlage dient allen Verschwörungstheorien ein vereinfachtes Welt- und Geschichtsbild, das von der Annahme ausgeht, komplexe Strukturen der sozialen Wirklichkeit könnten durch gezielte Handlungen von Personen oder Gruppen direkt gesteuert und beeinflusst werden. Diese Annahme ist wirklichkeitsfremd, weil wissenschaftliche Theorien und Methoden verdeutlichen, dass sich tiefgreifende Ereignisse in Wirtschaft, Gesellschaft, Politik und Kultur nicht durch zielgerichtetes Handeln von Personen oder Personengruppen erklären lassen, zumal das Zusammenwirken vieler subjektiver Gründe und objektiver Bedingungen für gesellschaftliche Veränderungen entscheidend ist, die sich wiederum aus Strukturen, Konjunkturen, Absichten und Zielen, Gegenabsichten, Irrtümern und vielleicht auch aus Zufällen zusammensetzen und sich auch gegenseitig beeinflussen. Bei den Verschwörungstheorien handelt es sich auch nicht um ein unparteiisches Erkenntnisinstrument, sondern um ein der Feindbestimmung dienendes ideologisch-politisches Werkzeug. Sie weisen im Wesentlichen zwei Kernelemente auf, nämlich eine vermeintlich mächtige und böse Gruppe, die im Geheimen die Welthegemonie anstrebt, sowie Anhänger und Handlanger, deren Aktivitäten darin bestehen, den Einfluss dieser Gruppe über die Welt auszuweiten. Verschwörungstheorien sind schließlich auch entscheidend geprägt von Feindbildern, wobei in der historischen Perspektive auffällt, dass besonders Juden und Freimaurer als Sündenböcke fungieren.

Eine einigermaßen seriöse und realistische Einschätzung der gesellschaftlichen und politischen Wirkung der Freimaurer bezieht sich in erster Linie auf die Selbstbildung als Personen und die Kongruenz ihres Selbsterziehungsprogramms sowie ihrer Ziele und ihre Auseinandersetzung mit den wesentlichen Denkströmen der jeweiligen Zeit. Neben politischen und gesellschaftlichen Strukturen spielen auch einzelne Persönlichkeiten in der Geschichte der

Freimaurerei eine nicht unwesentliche Rolle. Es lässt sich, wie die moderne Freimaurerforschung betont, nur an einzelnen konkreten Beispielen der tatsächliche Einfluss der Freimaurerei auf die Gesellschaft erklären. Dabei zeigt sich bei aller Vorsichtigkeit der Beurteilung und Einschätzung, dass die Freimaurerei bei der Auflösung der frühneuzeitlichen Dogmen, in der Aufklärung, in der Amerikanischen und Französischen Revolution, in der Säkularisierung, in den verschiedenen Reform- und Freiheitsbewegungen und in den bürgerlichen Revolutionen, bei der Herausbildung des Liberalismus, der westlichen Demokratien, des modernen Parlamentarismus und des Sozialstaates sowie bei der Verbreitung der Menschenrechte und der Friedensbemühungen eine gewisse Rolle spielte. Diese war zweifelsohne keine tragende, wenngleich die freimaurerischen Ideen der Humanität, Aufklärung und Toleranz in den geistesgeschichtlichen und politischen Entwicklungen bedeutsam waren. Die Freimaurerei trat nicht als Beweger und Auslöser in Erscheinung, wohl aber als Ermutiger und Verstärker, gleichsam wie ein Katalysator. In diesem Sinne war die Freimaurerei mit ihren Ideen und Handlungsmustern im politischen, gesellschaftlichen und kulturellen Entwicklungsprozess direkt oder indirekt beteiligt. Diese Beteiligung steigerte sich vor allem dann, wenn die gesellschaftlichen und politischen Verhältnisse im Gegensatz zu den freimaurerischen, humanitär-ethischen Anliegen standen.

Heute arbeitet die Freimaurerei an einer Weiterentwicklung ihrer zentralen Ideen und setzt sich besonders mit Zukunftsfragen der Bruderkette kritisch auseinander. Zu den wichtigen gegenwärtigen Aufgaben der Freimaurerei zählt zweifelsohne das neue Aufklärungsdenken, das die unverzichtbaren Grundlagen der historischen Aufklärung des 18. Jahrhunderts kritisch weiterentwickelt. Sie versteht unter Aufklärung eine unabschließbare Aufgabe und ein Denkmodell, das als „reflexive" Aufklärung bezeichnet wird. Dieses Denkmodell darf aber Aufklärung über sich selbst nicht vernachlässigen, weil sie sonst zur Pseudoaufklärung oder Ideologie degeneriert und sich selber zerstören würde. In diesem Modell spielt Immanuel Kants „Selbstkritik der Vernunft" eine elementare Rolle.

Zu den wichtigsten Problemfeldern der Aufklärung zählen aus freimaurerischer Perspektive vor allem Fragen des Friedens und der gewaltlosen Konfliktbewältigung, die Klimakrise, die Kritik am fundamentalistischen Denken, die Auseinandersetzung mit dem Fremden, mit anderen Kulturen und Religionen sowie die Beschäftigung mit den Folgen der tiefgreifenden gesellschaftlichen Veränderungen durch Wissenschaft und Technik. Eine ihrer Hauptaufgaben für die Zukunft besteht darin, auf der Grundlage einer fundierten Analyse der gesellschaftlichen und geistigen Entwicklung das Engagement der Mitglieder zu unterstützen und darüber nachzudenken, ob die Freimaurerei über ihre einzelnen Brüder jenseits von Parteipolitik eine wichtige Funktion dort übernehmen könnte, wo eine Kurskorrektur notwendig erscheint. Die Freimaurerei muss sich als ethische Wertegemeinschaft und als humanes Verhaltensmuster den großen Herausforderungen der Zeit stellen und sich fragen, wohin der Weg unserer Gesellschaft in Zukunft gehen wird und was dabei der einzelne Bruder tun könnte – entsprechend den Ritualworten „wie hier im Tempel durch das Wort, im Leben durch die Tat walten zu lassen." Es besteht innerhalb der Logen trotz starker Betonung der Individualität ein Minimalkonsens darüber, dass die neu zu formierenden Grundsätze der Freimaurerei noch heute in der Gesellschaft eine wichtige Funktion haben.

Spätmittelalter und Frühe Neuzeit

1. DIE HISTORISCHEN URSPRÜNGE UND ANFÄNGE DER FREIMAUREREI

Über die Ursprünge und Entstehung der Freimaurerei haben sich im Laufe der Jahrhunderte verschiedene Theorien, Mythen und Legenden entwickelt, die bis in die Antike zurückreichen. Heute stehen in der masonischen Historiographie stärker die westeuropäischen Gilden-, Maurer- und Steinmetzzünfte, Kathedralenbaumeister, Wandergesellen, Tempelritter, Mönchsorden und die frühen Akademien sowie aufgeklärten Sozietäten und Rosenkreuzer im Vordergrund der historischen Überlegungen. In der älteren Forschung wurden auch direkte oder indirekte Verbindungslinien zwischen den Bauhütten und den antiken Mysterienbünden, dem salomonischen Tempelbau und den späteren Ritterorden hergestellt, um die esoterischen Wurzeln der Freimaurerei aufzuzeigen und zu erklären.

In diesem Zusammenhang sind vor allem der Salomonische Tempel, der Kult der Brahmanen, die Isis- und Osiris-Legende des alten Ägypten, die ägyptische Mythologie, die geheime „Dreiheit" des alten China, die Eleusinischen Mysterien, der Bund der Pythagoräer, der Mysterienkult der Essener, der Mithras-Kult, die Kabbala, die Gnosis, die Druiden und Barden zu nennen. Problematisch ist zweifelsohne der Versuch, Freimaurerei als eine Fortführung der alten Mysterien zu sehen (Johann August Starck). Inwieweit für die Gründung der Freimaurerei auch der Neuplatonismus bestimmend wurde, ist z. T. noch ungeklärt. Der Neuplatonismus versteht sich als Weiterentwicklung des Platonismus, der Lehre des

Philosophen Platon. Dieser geht von der Annahme aus, dass das gesamte Individuelle stufenweise aus einem einzigen letzten Urgrund hervortritt und wieder dahin zurückkehrt. Dieser Urgrund ist das Eine, Ewige, Höchste, Gute und Schöne sowie Nicht-Seiende. Außerhalb dieses Einen existiert sonst nichts mehr. Der „Demiurg" oder Schöpfer bringt die Weltseele hervor und schafft das ständig wahrnehmbare Universum nach dem Vorbild des „Nous" und beseelt damit auch die Materie. Nicht bewiesen sind weiters der englische Philosoph Francis Bacon und der Philosoph, Theologe und Pädagoge Jan Comenius als Begründer der Freimaurerei. Die hier erwähnten Mysterienbünde können nur mit Vorbehalt und Einwänden als mögliche esoterische Wurzeln der späteren Freimaurerei angesehen werden. Mit wissenschaftlichen Belegen und Argumenten lassen sich solche Entwicklungslinien und Zusammenhänge kaum festmachen.

Als wesentlich konkretere Vorstufen der modernen „spekulativen" Freimaurerei findet man in der Literatur öfters die beruflichen Zusammenschlüsse der Handwerker und der Ritterorden, wie z. B. der Malteser- oder der Templerorden, der sich auf das hohe Ansehen der Ordensmitglieder als Bauherren stützt und auf der Hypothese aufgebaut ist, dass der Orden trotz Verurteilung und Verfolgung seine Weiterentwicklung sichern wollte. Der Großmeister Pierre d'Aumont, der zusammen mit zwei Kommandeuren und fünf Rittern nach Schottland floh, soll vom schottischen König Robert I. Bruce freundlich aufgenommen worden sein und Templer um sich gesammelt haben. Diese Gruppe soll weiters die bereits bestehenden Bauhütten als Organisationsträger beeinflusst und instrumentalisiert haben. Eine weitere Legende geht auf Baron Karl von Hund zurück, der ein bedeutender Freimaurer des 18. Jahrhunderts in Deutschland war. Auf der Basis des von ihm gegründeten masonischen Ritus, der „Strikten Observanz", sollte der Templerorden wiederhergestellt werden. Ein Indiz für den Zusammenhang der Freimaurerei und den Templern könnte die Baukunst in den Logen gewesen sein, worüber mehrere Manuskripte des Bauhandwerks aus England und Frankreich berichten und auf die später noch hingewiesen wird. Eine weitere These geht von der älteren Rosenkreuzer-Bruderschaft als Ursprung der Freimaurerei aus. Charles von Bokor erwähnt, allerdings nicht vollständig, mehrere „pseudowissenschaftliche" Theorien, die für ihn keinen Aufschluss über die Entstehung der Freimaurerei bieten.[1] Erst im 19. Jahrhundert ist die realistische Geschichte durch alte Urkunden, kritische Prüfung der Quellen sowie durch den Vergleich mit den Steinmetz- und Handwerkerordnungen in Verbindung mit der Baukunst geklärt worden.

Als die eigentlichen Vorläufer der modernen Freimaurerei gelten jedoch in der heutigen profanen als auch masonischen Forschung die handwerklichen Bruderschaften, die Bauhütten und Baumeister, auf deren Brauchtum sehr viel maurerisches Gedankengut zurückgeführt werden kann. Sie setzten sich aus Mitgliedern des Steinmetzstandes zusammen, nahmen aber auch Maurer und Decker auf.

2. DER ÜBERGANG VON DER OPERATIVEN ZUR SPEKULATIVEN (PHILOSOPHISCHEN) FREIMAUREREI

Während der Reformation wurde den Bauhütten der Vorwurf gemacht, sie würden geheime Zusammenkünfte abhalten und die Gesetze des Staates und der Kirche missachten. So verloren sie – auch aufgrund der Folgen negativer ökonomischer Entwicklungen und Auswirkungen durch den Hundertjährigen Krieg – langsam an Bedeutung und wurden schließlich im Laufe des 17. Jahrhunderts wieder aufgelöst. Unter „Bauhütte" verstand man allgemein eine „Vereinigung von Werkleuten" unter der Leitung eines Baumeisters zur Errichtung eines Bauwerkes. Diese Bauhütten reichen in der Geschichte weit zurück. Bedeutend waren in diesem Zusammenhang die Meister von Como. Die Heimat dieser Meister war das Seengebiet um Como, und sie verstanden sich als „Maestri comacini". Sie waren Künstler, Baumeister und Werkleute dieser Gegend.[2] Diese These ist aber wissenschaftlich nicht unproblematisch und z. T. bereits widerlegt worden. Ihr Zusammenschluss in Bruderschaften bildete die Fortsetzung der schon vorher vorhandenen Kollegien und die Vorstufe zu den Dombauhütten. Die Meister von Como strahlten mit ihrem Wirken von Norditalien in ganz Europa aus und schlossen sich in der Bruderschaft im Kult der „Vier Gekrönten" zusammen. Ab 1050 wirkten sie in Salzburg, Straubing, Augsburg, am Dom zu Königslutter, in Chur, Zürich, Basel, Speyer und Mainz. Einer ihrer Meister, Donatus, baute von 1100 bis 1145 den Dom zu Lund in Schweden. Die Bruderschaften hatten eine eigene Ordnung, stellten sich unter den Schutz der „Vier Gekrönten" und nahmen nicht nur Künstler, Architekten und Steinmetze als Mitglieder auf, sondern unterschieden bereits zwischen Meistern und Mitbrüdern. „Diese von Wissen, Können und einer hochentwickelten Ethik ihrer Kunst getragenen Meister verdingten sich Fürsten und geistlichen Herren für deren große Bauvorhaben und brachten damit eine ihnen würdige Tradition und ein Gedankengut mit, das schließlich in den Dombauhütten der Gotik in Deutschland, in Frankreich und den Niederlanden und letztlich den Lodges Englands und Schottlands zu einer Geistesentwicklung und deren äußeren Form führten, die ihren Zeitläuften weit voraus waren und schließlich in der Zeit der Aufklärung mit den Wissenschaften und deren Träger zu geistiger Einheit verschmolzen."[3]

Parallel dazu bildeten sich auch die klösterlichen Bauschulen heraus, die die Baukunst lehrten und damit für die bewegliche, wandernde Bauhütte die notwendigen Grundlagen schufen. Besonderen Einfluss hatten in diesem Zusammenhang die Klöster St. Gallen und Hirsau auf die Entwicklung der klösterlichen Bauschu-

2. Der Übergang von der operativen zur spekulativen Freimaurerei

len, um hier nur zwei konkrete Beispiele zu nennen. Abt Salomon von St. Gallen stellte im 9. Jahrhundert über die Kunst grundsätzlich fest: „Wahre Kultur kann nur durch geweckten Kunstsinn erreicht werden, nur dadurch kann die schwerfällige Volksmasse der Religion veredelt zugeführt und in eine wahre Lebenstätigkeit versetzt werden. Alles Edle kommt von Gott und der damit Begnadete hat die Pflicht übernommen, sein Talent und Genie Gott zu weihen und nicht an profane Gegenstände zu vergeuden, nicht damit die der Seele, der Sittlichkeit und dem Wohlstand gefährliche Eitelkeit zu unterstützen."[4] Viele begabte Baukünstler vom 9. bis zum 11. Jahrhundert erfuhren ihre Ausbildung in St. Gallen. Das Kloster Hirsau im Schwarzwald löste dann im 11. Jahrhundert den Ruf von St. Gallen ab und führte 1077 die Cluniazensische Regel ein. Abt Wilhelm von Hirsau, Pfalzgraf von Scheuern, führte das Kloster und war ein hervorragender Zeichner und Architekt. Die Laienbrüder bildete er selbst in seiner Bauschule aus. In den Statuten der Bauschule klingen bereits freimaurerische Prinzipien deutlich an: „Brüderliche Eintracht am Bau war oberstes Gesetz, weil in der Ausführung eines Baues Eintracht, Zusammenwirken aller Kräfte und sorgfältige Ausführung des übernommenen Auftrages allein das Gelingen des Ganzen bedingen."[5] Im Frühmittelalter gab es kleinere Kirchen, die nach römischer Art oder im gallischen Stil mit Bruchsteinen erbaut wurden, doch überwogen allgemein die Kirchen, die aus Holz gefertigt waren. Daher spielten zu dieser Zeit die Steinmetze noch keine große Rolle. Als die Romanik aufkam, hat sich dann allerdings die Situation geändert, weil die Kapitäle von Steinmetzen gemacht wurden. In Frankreich entstand in der Île de France neben der Romanik bereits eine neue Architektur der Baukunst, wie bei der Errichtung der Basilika von St. Denis 1140, und ebenso in der Normandie sowie in Burgund.

Ab nun waren die Steinmetze besonders gefragt, weil die Steinbildhauerei mit dem neuen Baugedanken und der Gestaltung der

Baukunst eine zunehmend große Rolle zu spielen begann. Nach dem Ausscheiden der Steinmetze aus der klösterlichen Gemeinschaft schlossen sich diese zu einer Bruderschaft zusammen, sodass die Zeit der Gotik von den Bauhütten mitgeprägt wurde. Dabei gehörte die Bauhütte am Straßburger Münster zum Vorbild für andere Bauhütten, weil sie „in allen Fragen der Brüderlichkeit, der wissenschaftlichen Durchdringung der künstlerischen Vollkommenheit, der fundamentalen Rechtsauffassung" für andere Bauhütten beispielhaft war. Auch der Bau des Münsters muss in diesem Zusammenhang erwähnt werden.[6] Die zwei bedeutendsten Baumeister hießen damals Rudolf und Erwin von Steinbach. Der schwäbische Graf von Bollstädt, der in Padua studiert hatte, in den Dominikanerorden eintrat und nachher in den Klöstern zu Köln, Hildesheim, Freiburg, Regensburg und Straßburg lehrte sowie 1260 Bischof von Regensburg wurde, schuf maßgeblich die Grundlagen des neuen Baustils. Erwin von Steinbach war einer seiner Schüler. Er lehrte auch zur Zeit der Gotik in St. Denis in der Île de France. Im Steinmetzbuch von Straßburg nannte man ihn „Albertus Magnus" oder „Albertus Argentinus".[7] Albertus führte den Pythagoräischen Lehrsatz und seine mathematische Zahlenphilosophie in den Kirchenbau ein. „Sein Lehrsatz gründete sich auf die Einheit, welche er in das Achtort als den Mysterien-Schlüssel seiner neuerdachten Baulogik legte. Und diese Einheit ist Gott! Und Gott ist Eins, und Eins ist ohne Anfang und Ende – ewig –, was zu allen Zeiten durch den Zirkel oder den gerechten Kreis symbolisch ausgedrückt wurde. Im Zirkel ist die Kraft, die Festigkeit, das beharrliche Streben, stets wieder an den ersten Ausgangspunkt zu gelangen, ausgedrückt; er ist das wirksamste Werkzeug der praktischen Baukunst."[8] System und Grundprinzip für den neuen Stil und die Konstruktion war das „Achtort", in das er den Zirkel stellte und das sich aus zwei sich kreuzenden Quadraten geometrisch entwickelte. Das „Achtort" bildete in der Gotik die wichtigste Figur der

Architektur. Die Auslegung der Bibel und die Verbindung mit dem Zahlenspiel der Geometrie sowie der künstlerischen Ideen über die Grundriss- und Fassadengestaltung gotischer Dome fanden Eingang in die Ordnung der Bauhütten.

Da es unter den Steinmetzen auch Geistliche gab, wurde ihnen die Anwendung der Bibel bei ihren Arbeiten prinzipiell nicht untersagt. Aus der Kunst wurde sogar eine Geheimlehre, und die Steinmetze mussten sich zur Geheimhaltung in der Ausübung ihrer praktischen Arbeit verpflichten.[9] Von der Nützlichkeit der Geheimsprache instruiert wurde vor allem der Geselle nach seiner Lehrzeit. Er musste sich, was an die spätere Freimaurerei und ihre Grade in der Johannismaurerei erinnert, in der Handhabung seiner Werkzeuge (Winkelmaß, Richtscheit, Senklot) und in den Kenntnissen der mathematischen Formeln sowie der Geometrie vertiefen und verbessern. Dabei kam der Baukunst große Bedeutung zu. Der „Gerechte Steinmetzen-Grund" galt in der Geschichte der Bauhütten stets als ein „Geheimnis". Dieser Grund bildete sich in der Hütte von Straßburg heraus und war mit dem „Gauzeichen" und dem „Schlüssel" dieser Baugemeinschaft eng verbunden. Er ist im „Steinmetzbüchlein" in Versen beschrieben:

„Was in Stain-Kunst zu sehen ist,
Daß kein Irr- noch Abweg ist.
Sondern Schnur recht, ein Linial
Durchzogen den Cirkel überall
So findst du drei in viere stehn
Und also, durch eins, ins Centrum gehn,

Auch wieder auss dem Centro in drey
Durch die vier in Cirkel ganz frey
Des Steinwerks Kunst und all die Ding
Zu forschen macht das Lehrnen gering

> Ein Punkt, der in den Cirkel geht,
> Der im Quadrat und Dreyangel steht,
>
> Trefft ihr den Punkt, so habt ihr gar
> Und kompt auss Noht, Angst und Gefahr.
> Hier mit habt ihr die ganze Kunst,
> Versteht ihrs nit, so ists umbsunst
> Alles was ihr gelernt habt,
> Des klagt euch bald, damit fahrt ab."

Aus diesen Versen geht hervor, dass hier die feste Absicht bestand, das Geheimnis zu verhüllen, damit es nur für Eingeweihte erkennbar war. „Aus den ‚Ordnungen' der ‚Steinmetzen-Brüderschaft' […] geht hervor, dass für die Brüder die durch den Hüttenverband der ‚gemeinen' Gesell- und Brüderschaft aller Steinmetzen in ‚Teutschenlanden' verbunden waren, die Verpflichtung bestand, die Ordnungen und die Bräuche geheim zu halten."[10] In diesem Zusammenhang musste der Lehrling das Gelöbnis ablegen, Zeichen und Griff beim Austritt des Steinmetzenhandwerks geheim zu halten. Auch die Gesellen, Werkleute und Meister mussten ihre spezifischen Gradgeheimnisse für sich behalten. Wir finden diese Geheimzeichen und Symbole auch in der modernen Freimaurerei. Verschwiegenheit gegenüber Außenstehenden und Geheimhaltung der Fachkenntnisse und der Mitgliedschaft waren strenge Pflichten der Steinmetz-Brüder. Die Zeichen waren meist der Geometrie, der Mathematik, dem Handwerk und teilweise auch der Natur sowie der Hl. Schrift entnommen.

Die Hütten wurden oft in der Nähe eines Dombaus aus Stein oder Holz gebaut, meist als längliches Viereck, dessen schmale Seiten nach Osten und Westen ausgerichtet waren. Der Hüttenraum stand für die Arbeit, Erbauung und festliche Anlässe zur Verfügung. Bei den Werkbänken der Steinmetze gab es eine ganz bestimmte Rangordnung. Den Bauhütten gelang es relativ rasch, sich eine angesehene Stellung in der Gesellschaft zu erwerben. So war es sicher kein Zufall, dass angesehene Bauherren mit den Steinmetzen in engeren Kontakt traten und sich auch Mitglieder der „freien" Künste, Wissenschaftler, Ärzte und Apotheker gerne „einbrüdern" ließen. In den Bauhütten wurde für diesen Vorgang dieser Begriff verwendet. Die neuen Mitglieder wurden als sogenannte „angenommene" Brüder bezeichnet.

Zu den Grundregeln der Konstruktion, wie Geometrie und Zahlensymbolik, kamen in der Geheimsprache noch weitere Zeichen dazu, wie jenes des Hammers, des Winkelmaßes, des Richtscheites, des Senkbleis, der Waage, der Säule, der Leiter und der verschlungenen Schnüre. Bedeutend waren weiters auch die Darstellungen des Regenbogens, des flammenden Sterns, der Sonne, der Weinblätter, der Kornähren und der Rose, um hier nur die bedeutendsten Symbole zu erwähnen. Auch die Bibel wurde zu einem zentralen Sinnbild der Bruderschaft.[11] Die meisten dieser Zeichen und Symbole verfolgten einen dreifachen Sinn: die rituelle Symbolik, Ausdruck religiöser Ideen und die Versinnbildlichung fachlicher Begriffe und Regeln. So erhielt auch der Begriff der Kunst eine mehrfache Bedeutung. „Die einzelnen Brüder erkannten sich an ihrem Händedruck, an einer gewissen Haltung oder Bewegung des Körpers oder der Füße, aus welchen ihre Landsmannschaft oder ihre Lehrorte ersichtlich wurden. So bildete die Zugehörigkeit zu einer Bauhütte eine ernste Schule in Verschwiegenheit und Gehorsam, die des echten Steinmetzen erste Pflicht waren und ließ sie vor ihren Feinden auf der Hut sein. Man wusste es wohl, daß die heimlichen Versammlungen, die sich bei Gelegenheit der Meisterwahl, der Beförderung oder der Totenfeier zu förmlichen Andachten gestalteten, den Verdacht der Ketzerei erregten."[12] Die Meister hatten ihre Arbeitsstätten vor allem in Ulm, Passau, Lübeck, Brüssel, Antwerpen, London und York. Besonders in Deutschland und Frankreich gab es zu dieser Zeit Änderungen im Auftragswesen, öftere Wechsel der Auftraggeber, Veränderungen in den Arbeitsbedingungen der Maurer, Änderungen in der maurerischen Organisation und in der Leitung der Bauvorhaben. In England gab es zu dieser Zeit relative Sicherheit bei den Arbeiten der Bauhütten. König Eduard III. nahm nach der großen Pest um 1350 viele Steinmetze aus Deutschland auf.[13]

In alten Wörterbüchern ist der normannisch-französische Begriff „masoun" enthalten. Dieses Wort oder der Begriff „mazon" taucht bereits im 12. Jahrhundert auf und findet sich dann öfters im 14. Jahrhundert. Die Steinmetz-Verordnungen von York Minster verwenden auch den Begriff „masoun". Erstmals wurde das Wort „freemason" im „Letterbook" der Stadt London vom 9. August 1376, später dann in verschiedenen Dokumenten verwendet. In den ältesten freimaurerischen Logendokumenten, den sogenannten Konstitutions-Manuskripten aus der Zeit um 1400, findet nur der Ausdruck „mason" Verwendung, nie „freemason". Im 15. und 16. Jahrhundert erklärte die Stadt Norwich zwölf Männer unter der Bezeichnung „freemason" zu Vollbürgern, und in den selben Jahrhunderten wurden sie auch als „mason" oder „freemason" bezeichnet. Die Londoner Mason-Organisation aller Steinarbeiter nannte sich in ihren Urkunden „Company of Masons" oder „Company of Freemasons". In Baurechnungen des 16. Jahrhunderts verstand man unter „freemason" einen Behauer oder Setzer von Freisteinen (freestone), ein feinkörniger Sand oder Kalkstein, den man frei bearbeiten konnte.

Die Bezeichnung „Lodge" findet sich sowohl in England als auch in Schottland in einer dreifachen Bedeutung: „die Werkstätte der bei einem Bauwerk beschäftigten Masons, die Gesamtheit dieser Masons und [...] eine territoriale Zunftorganisation der Masons."[14] In England und Schottland war „Lodge" die Bezeichnung der masonischen Werkstätte, wie sie bei allen größeren Bauten aus Stein

2. Der Übergang von der operativen zur spekulativen Freimaurerei

errichtet wurde. Erstmals findet in England eine „Loge" in einer Baurechnung 1278 Erwähnung. 1356 kam es in London zur Gründung einer masonischen Zunft. Sie bildete den ersten Versuch, eine eigene masonische Gewerbeorganisation einzurichten und aufzubauen. Das Wort „mystery" bedeutete auch „Gewerbe" oder „Zunft" und hat in der Anfangsphase der Freimaurerei mehrfach Anlass zu problematischen Interpretationen geboten.[15]

Eine weitere Wurzel der Freimaurerei bildeten die französischen Gesellenbruderschaften, die eine starke Verbindung zum Brauchtum der Bauhandwerker aufwiesen.[16] In der Zeit des Pariser Bürgermeisters Étienne Boileau, Profos des Königs, entstand 1268 ein „Livre des Métiers", ein Buch der Handwerker, das sich als Sammlung der Sitten und des Brauchtums von 100 Handwerkergilden von Paris verstand. Aus dieser Sammlung geht hervor, dass die Absichten und Ziele der Handwerker als positiv eingestuft wurden. Sie versuchten, gute Leistungen zu bieten und vertraten die Meinung, dass ein Meisterstück als Befähigungsprobe anzusehen sei. Man schuf auch Normen für gute Arbeitsbedingungen und richtete eine Form der Kontrolle ein. Die Lehrlingszeit betrug in der Regel sieben Jahre, und am Ende wurde der Lehrling Compagnon. Dieser verpflichtete sich, einige Jahre zu wandern und unter einem Meister als Geselle tätig zu werden. Durch die Ausführung eines Meisterstücks erwarb er dann einen Rechtsanspruch auf die Privilegien des Meisters.[17] 1467 kam es durch die Handwerkerschaft zur Organisierung einer „Nationalgarde" bzw. einer Miliz, wobei die Gewerbe auf insgesamt 61 Banner verteilt wurden.

Mit den Handwerkerschaften in enger Beziehung standen auch die Bruderschaften. Jedes Handwerk wurde einer Bruderschaft zugeordnet. Die Mitglieder fanden sich auch in den Handwerkerschaften, was sie schwer unterscheidbar machte. Die Bruderschaft bildete aber immer eine selbstständige Einheit, erhielt oft getrennte Gesetze und organisierte Versammlungen und gesellschaftliche

Feste. Ihr Aufgabenbereich umfasste die Unterstützung alter und armer Meister und ihrer Witwen bzw. Waisen. Diese Bruderschaften standen in enger Verbindung zur Kirche[18] und wirkten auch in England und in Deutschland, hatten aber in Frankreich eine größere Bedeutung. Freimaurerische Schriftsteller und Forscher haben sie irrtümlich häufig mit den handwerklichen Organisationen, den Bauhütten in Deutschland und den Companies oder Lodges in England verwechselt, weil die Bedeutung der Namen oft fließend war.[19]

In Frankreich gab es zahlreiche Bruderschaften, die uns überliefert sind. Die ältesten Statuten befinden sich in den Archiven von Montpellier, wo schon im 12. Jahrhundert eine Vereinigung von Handwerkern existierte, die sich „Clôture Commune" (gemeinsamer Zusammenschluss) nannte. Sie umfasste als Mitglieder Architekten, Maurer, Maler, Bildhauer, Zimmerleute, Glaser, Silberarbeiter u. a. Die Statuten dieser Gesellschaft gehen auf das Jahr 1284 zurück.[20] Ab 1196 bekamen sie von Guillaume VIII., Herr von Montpellier, schriftlich Hilfe und Schutz. Die Namen einiger sehr geschickter Architekten wurden überliefert. In der Literatur gibt es Hinweise auf Statuten einer Steinmetzbruderschaft 1365 aus Montpellier, 1407 einer Bruderschaft des Maurergewerbes in Amiens und einer Bruderschaft 1625 in Reims.[21] Die darin enthaltenen Vorschriften beziehen sich hauptsächlich auf soziale und karitative Unterstützungen, auf christliche Begräbnisse und auf die Betreuung besonderer Altäre in den Kirchen. Die Gesellen besaßen schon relativ früh ihre eigenen Bruderschaften, die sogenannte Compagnonnage.

Auffällig war, dass innerhalb der französischen Handwerker die Maurer eine besondere Bedeutung erlangten. „Das lag an den großen Kirchenbauten, die sowohl in der Zeit des romanischen Stiles, aber besonders in der Gotik, eine große Anziehungskraft ausübten. Große Personengruppen, normannische Adelige und Ritter mit Frau-

2. Der Übergang von der operativen zur spekulativen Freimaurerei

en, Priester und Bauern wanderten seit 1145 freiwillig in großer Zahl nach Chartres, um dort und bei anderen Kirchenbauten (wie in Rouen, Amiens) mitzuarbeiten. Als Steinbruch- und Transportarbeiter (waren) sie eine große Hilfe und eine Demonstration ihres religiösen Eifers (und bildeten) eine Manifestation (mit Ähnlichkeiten zu den Pilgern und Kreuzrittern) zur Zeit der Kreuzzüge."[22]

Über das Baugewerbe gibt es gleichfalls frühe Aufzeichnungen. Der älteste erhaltene Codex geht auf das Jahr 1268 zurück, in dem sich bereits viele Unterteilungen in zahlreiche Zweige finden. Er fasste unter dem Banner des hl. Blasius die Maurer, Steinmetze, Gips- und Mörtelarbeiter zusammen. Die Steinmetze finden in diesem Codex keine besondere Hervorhebung, obwohl zwischen Steinmetzen und Maurern streng unterschieden wurde. Vermutlich wurden sie mit den gewöhnlichen Maurern gleichgesetzt.

Der Codex umfasst 24 Artikel, von denen einige von großer Bedeutung waren. Sie werden hier kurz angeführt:

„Von den Maurern, Steinmetzen, Gips- und Mörtelarbeitern.
1. Wer es will, kann Meister in Paris sein, immer vorausgesetzt, daß er sein Handwerk versteht und gemäß den Bräuchen und Sitten der Handwerkerschaft arbeitet und das sind folgende:
2. Keiner darf mehr als einen Lehrling beschäftigen, und wenn er einen Lehrling hat, darf er ihn nicht für weniger als 6 Jahre in Dienst nehmen, für eine längere Dienstzeit darf er ihn aber nehmen und auch auf Bezahlung, wenn er jenen bekommen kann. Und wenn er ihn für weniger als 6 Jahre nimmt, dann wird er zu einer Geldstrafe von 20 Sous verurteilt, die an die Kapelle des Hl. Blasius zu zahlen sind, es seien denn seine eigenen in ehrenhafter Ehe geborenen Söhne.
3. Und der Maurer darf einen 2. Lehrling sich nehmen, sobald der erste 5 Jahre gedient hat, ganz gleich auf welche Zeit er den ersten genommen hat.

4. Und der jetzige König – den Gott ein langes Leben schenke – hat dem maître guillaume de saint patu dem Meisterposten über alle Maurer verliehen, solange es ihm beliebe. Darauf leistete Meister Wilhelm einen Eid, dass der genannte Handwerkerschaft nach besten Kräften und Getreu leiten werde für arm wie reich, für schwach wie stark, solange, wie es dem König gefällt, daß er besagte Handwerkerschaft leite; und danach leistete er den genannten Eid auch vor dem Bürgermeister von Paris im Chatelet.

5. Die Maurer, Mörtel- und Gipsarbeiter dürfen soviele Gehilfen und Arbeiter in ihre Diensten halten, wie ihnen beliebe, immer vorausgesetzt, daß sie sie in keinem Punkte ihres Handwerks unterweisen.

Und jeder Maurer, Mörtel- und Gipsarbeiter soll bei den Heiligen schwören, daß er die genannte Handwerkerschaft gut und getreu halten will, jeder an seinen Platz: und falls sie erfahren, daß einer irgendwie übeltut und nicht nach Brauch und Sitte der genannten Handwerkerschaft handelt, dann werden sie das dem Meister vorlegen, so oft sie es erfahren und bei ihrem Eide."[23]

Bei diesen Artikeln handelt es sich um ausschließlich handwerkliche Organisationsfragen. Spekulative Symbolik und vermeintliche Geheimnisse sowie Zeremonien wurden hier ganz ausgeklammert.

Die Compagnonnage, die von den französischen Handwerkergesellen aller Gewerbezweige gegründet wurde, um gegenseitige Hilfe und Unterstützung während der Wanderung zu gewähren, rekrutierte sich hauptsächlich aus dem Süden Frankreichs. Meister und Handwerkergesellen fanden hier schon früh zu einer Gemeinschaft zusammen.[24] In den Bauvereinigungen wurden die alten Kunstregeln, Geometrie, Proportionslehre und Statik geübt und als „Geheimwissen" gelehrt. Ideologie und Mystik wurden in den neuen Kirchenbauten mit dem Tempel Salomon geistig verbunden. Die Handwerker, die oft, wie schon erwähnt, geheime Erkennungszeichen und Losungsworte wie in der späteren Freimaurerei verwendeten, wanderten durch ganz Europa, sie hatten aber keine einheitliche Organisation und waren aufgespalten.[25] Wichtige Hinweise auf die Organisation der Compagnonnage verdanken wir den Angaben Agricol Perdiguiers 1841.[26] So hatte die Compagnonnage drei große Abteilungen mit je einem Oberhaupt, das einen Auftrag hinterließ. Dieser bestand aus drei Vorschriften, „Gott zu ehren, das Eigentum des Meisters zu schützen und die Compagnons zu unterstützen."[27] Darüber hinaus enthielt er auch Einweihungsriten, Mysterien, Legenden und Verpflichtungen. In der Organisationsstruktur gab es Familien: die „Kinder Salomons", die „fremden Gesellen der Freiheit" (zu ihnen zählten die Steinmetze), die „Kinder des Maître Jacques", zu denen wieder die Steinmetze gehörten, die auch Tischler und Schlosser zuließen und später fast alle anderen Handwerker. Schließlich müssen hier auch noch die „Kinder des Maître Soubise" genannt werden. Sie alle waren Compagnons auf der Durchreise.[28]

Die Compagnonnage war im Unterschied zu den deutschen Bauhütten eine ausschließliche Gesellenorganisation ohne Meister, die eine wirkliche Einweihung, eine geheimnisvolle Aufnahme vornahm. Das älteste Dokument über die Compagnonnage stammt aus dem Jahr 1540 und wird im kommunalgerichtlichen Archiv in Dijon aufbewahrt.[29] Dass es bereits im 16. Jahrhundert Compagnonnagen in Frankreich gab, beweist auch Perdiguier.[30] Dieser berichtete über die Legende des Meisters Jacques, eine Art Baulegende, die dem Handwerk ein „ehrwürdiges" Alter verleihen sollte.[31] Sie ist für die spätere Freimaurerei von einiger Bedeutung, weil in ihr Salomon und Hiram eine Hauptrolle spielen, ähnlich wie in der Hiramslegende im dritten Grad (Meistergrad der Johannis-Freimaurerei). Bemerkenswert ist darin die spezielle Einführung der

Baukunst aus dem Orient nach Frankreich, die Vergleiche mit den alten englischen Manuskripten zulässt.[32]

Was das Brauchtum der Bruderschaften bei der Aufnahme eines neuen Gesellen betrifft, war folgender Ablauf geregelt:

> Der junge Handwerker stellt sich vor und bittet als Mitglied der Bruderschaft aufgenommen zu werden. Man forscht nach seiner Gesinnung, und wenn er zufriedenstellend antwortet, wird er eingetragen. Bei der nächsten Hauptversammlung bringt man ihn in das zweite Zimmer, der Herberge oder Cayenne, auch Mère genannt […], wo man ihm in Gegenwart aller Compagnons Fragen stellt, um sich zu vergewissern, dass man sich nicht geirrt habe. Man belehrt ihn, daß es verschiedene Bruderschaften gebe, und er in seiner Wahl völlig frei sei. Nun werden ihm die Vorschriften, die alle Compagnons einhalten müssen, und die Legenden vorgelesen, und man fragt ihn, ob er sich danach richten wolle. Sagt er ‚Nein', so steht es ihm frei, wieder zu gehen; antwortet er ‚Ja', wird er aufgenommen […] Der Aspirant muss einen dreifachen Eid ablegen.[33]

Dieser lautete: „Ich schwöre bei Gott, den ich verehre, bei der Seele, die mir Leben gibt, bei dem Blute, das in meinen Adern fließt, bei diesem Herz, das in mir schlägt, mit Beständigkeit, Ausdauer und Stärke die Geheimnisse zu bewahren, die man mir anvertraut hat, meinen Nächsten zu lieben, wie mich selbst, den Verräter zu bestrafen und die ‚Devoir' hoch zu halten bis zum letzten Blutstropfen."[34] Dieser Eid erinnert trotz Abweichungen auch an das Ritual der Aufnahme in eine Freimaurerloge. Es gab, wie Beispiele zeigen, verschiedene Aufnahmezeremonien der Gesellen.[35] Alle Gesellen wussten von der Beziehung der Steinmetze zu Hiram. So trugen Mitglieder weiße Handschuhe, um damit ihre Unschuld am Tod des Baumeisters Hiram zu beteuern. Jährlich veranstaltete die Compagnonnage auch ein großes Fest, das fester Bestandteil ihres

2. Der Übergang von der operativen zur spekulativen Freimaurerei 31

Brauchtums war. Der Hauptzweck der Compagnonnage bestand in der Planung und Organisation der wichtigen Wanderjahre, der sogenannten „Tour de France".³⁶ Nach seiner Aufnahme musste der Geselle auf die große Rundreise gehen. Die Route umfasste in der Regel Paris – Auxerre – Chalons sur Saône – Lyon – Avignon – Marseille – Nîmes – Toulouse – Angers – Tours – Orléans und retour nach Paris. Meist gehörte der Norden und Nordosten Frankreichs nicht zur Route. Nach Beendigung der Reise hatte der Geselle häufig die Absicht, Meister zu werden, musste dann aber die Compagnonnage verlassen.³⁷

Die Compagnonnage ist älter als die Freimaurerei und die englischen Werklogen des 17. Jahrhunderts, was von einer Reihe von Urkunden belegt wird. Über freimaurerische Berührungspunkte ist in Frankreich kaum etwas überliefert, obwohl es Ähnlichkeiten im Brauchtum gab.³⁸ Dies überrascht aufgrund der Analogien und Parallelen. Es gilt aber die starke Vermutung, dass die Hiram-Legende durch Compagnons schon relativ früh in die englischen Werklogen Eingang gefunden hat. Es könnte – bei aller Vorsichtigkeit der Vermutung – die einfache Form dieser Legende von Templern oder reisenden Bauleuten aus dem Orient direkt oder über Italien nach Südfrankreich gebracht worden sein und dort den Steinmetzen der „Söhne Salomons" als Mysterienspiel gedient haben. Im 16. oder 17. Jahrhundert könnte sie dann durch die Verbreitung der Compagnonnage nach England gekommen sein.³⁹

Eine andere These über die Entstehung der Freimaurerei steht in einem engen Zusammenhang mit dem Neuplatonismus und der Gotik.⁴⁰ In der Frühphase bekämpfte das Christentum den Neuplatonismus, weil dieser das „Eine" auch Gott (Theos) nannte. Auch im Mittelalter gab es christliche Neuplatoniker, wobei für die Frühgeschichte der Freimaurerei Dionysius Areopagita (ein Pseudonym) oder auch Dionysius der Syrier bedeutend wurde. Jan A. M. Snoek geht davon aus, dass die Entstehung der Freimaurerei nicht vor Abt Sugers Wiederentdeckung von „Gott als dem Schönen" und der Verbindung, die er zwischen Licht und Bau im Konzept der Gotik herstellte, vor sich gegangen wäre.[41] Suger war Abt von St. Denis 1122. Er studierte und las die Texte des Pseudo-Dionysius in der Übersetzung des Johann Scotus und entdeckte dabei eine Lehre, die für ihn wichtiger wurde als die offizielle Lehre der Kirche. „Gott habe die Welt nicht aus dem Nichts geschaffen, sondern aus sich selbst. Das bedeutete, dass alle Materie eigentlich materialisiertes Göttliches sei [...] Für Suger bedeutete dies, dass die Materie ihren göttlichen Charakter zeigen müsste. Und die Merkmale Gottes, die dabei sichtbar werden sollten, konnten nur Licht und Schönheit sein [...] und das Gebäude der Kirche selbst sollte einen göttlichen Charakter als Licht und Schönheit zeigen und dadurch die Menschen zu Gott hinauf führen."[42] Für Suger, so betont Snoek, besteht alles Göttliche aus Licht. Über den Weg der Kontemplation schöner materieller Dinge gelange der Mensch zur Quelle der Schönheit, die mit Gott identisch sei. Suger schrieb dazu persönlich: „Als daher mich einmal aus Liebe zum Schmuck des Gotteshauses die vierfarbige Schönheit der Steine von den äußeren Sorgen ablenkte und würdiges Nachsinnen mich veranlasste, im Übertragen ihrer verschiedenen heiligen Eigenschaften von materiellen Dingen zu immateriellen zu verharren, da glaubte ich mich zu sehen, wie ich in irgendeiner Region außerhalb des Erdkreises, die nicht ganz im Schmutz der Erde, nicht ganz in der Reinheit des Himmels lag, mich aufhielt, und glaubte, daß ich, wenn Gott es mir gewährt, auch von dieser unteren Region zu jener höheren in anagogischer Weise hinübergetragen werden könne."[43]

Suger begann dann ab 1137 mit Unterstützung seiner Steinmetze und Bildhauer, die Abteikirche von St. Denis in diesem Sinne zu gestalten, was gleichzeitig die „Geburt der Gotik" darstellte.[44] Für ihn bedeutete der Bau nicht nur eine materiell-praktische Angelegenheit, sondern war die „Erfüllung seines Auftrages, die Men-

2. Der Übergang von der operativen zur spekulativen Freimaurerei 33

schen zu Gott zu führen."[45] „Der Bau ist für ihn", so führt Snoek aus, „auch keine nur symbolische Sache. Das Gebäude selbst ist materialisiertes Licht, Stoff gewordener Gott, und muss darum wohl schön sein."[46] Die Steinmetze, Bildhauer und andere Bauarbeiter hätten, so lautete der Auftrag, diese Schönheit herzustellen.

Die These von Snoek bedeutet, auf diesen Überlegungen aufbauend, dass „die Entstehung der Freimaurerei vor Sugers Wiederentdeckung von Gott als dem Schönen und der Verbindung, die er zwischen Licht und Bau im Konzept der Gotik realisiert, stattgefunden haben muss."[47] Snoek betont dann weiter: „Von der freimaurerischen Trias: Weisheit, Stärke, Schönheit waren die ersten zwei Tugenden in der Bibel als göttliche Attribute bezeugt. Die Hinzufügung von Schönheit machen Pseudo-Dionysius und, in seiner Nachfolge, Suger. Und erst Suger legt die Verbindung zum Bau. Erst von da an ist eine Klasse von Bauarbeitern nötig, die realisieren, dass das Material, womit sie arbeiten, buchstäblich Gott selbst ist, damit sie überhaupt so bauen können, wie Suger es von ihnen verlangt."[48] Snoek geht dann noch einen Schritt weiter und von der Annahme aus, dass die Bauarbeiter zu einer Art von Priestern wurden, „und irgendwann werden sie auf die Idee gekommen sein, daß für dieses Amt dann auch eine Art von Priesterweihe, eine Initiation, angebracht sei. Als Vorbild für die ersten freimaurerischen Initiationsrituale werden wohl die der Kirche […] gedient haben. Wann und wo genau dies geschah, bleibt unklar, aber bestimmt erst nach 1137, das Jahr, in dem Suger seine Bauaktivität anfing, und offensichtlich irgendwo auf den Britischen Inseln."[49]

Diese These, nicht ganz neu, ist ohne Zweifel interessant und fügt sich z. T. auch in die Handwerker- und Bautradition ein, in deren Konstitutionen wir ähnliche Ideen finden. Sie sind bei Snoek allerdings durch den Gedanken der göttlichen Schönheit, von Suger übernommen, transzendiert und nehmen eine Form des Religiösen an, allerdings nicht in einem streng kirchlichen Sinne. Ungeklärt und fragwürdig ist allerdings der Hinweis des Autors auf das Priestertum und die Priesterweihe. Als Ergänzung zu anderen Thesen der Entstehungsgeschichte der Freimaurerei sind diese Entwicklungs- und Verbindungslinien zwar bedenkenswert, sie können aber nicht als die einzigen betrachtet werden. Die Quellen zu den Ursprüngen und Anfängen der Freimaurerei sind vielfach und bilden erst zusammen eine Struktur des Werdungsprozesses trotz aller Ungewissheiten und offenen Fragen.

In Deutschland gingen nach der Gotik Bedeutung und Einfluss der Bauhütten langsam zurück, während es den Lodges in England gelang, aus der Werkmaurerei einen größeren humanitären Bund zu gründen. Aufgrund der Auswirkungen negativer ökonomischer Entwicklungen durch den Dreißigjährigen Krieg (1618–1648) verloren die Bauhütten in Kontinentaleuropa weiter an Bedeutung, sodass sie im 17. Jahrhundert teilweise sogar aufgelöst werden mussten. Es kam auch zu einschneidenden Veränderungen in der Struktur der Organisation der Bauhütten. Für die weitere Entwicklung der Freimaurerei in England wurde dann besonders wichtig, dass die Gilden auch Nichtwerkmaurer in ihre Reihen aufnahmen. Nach englischer Definition ist die „spekulative" Freimaurerei im Unterschied zur Werkmaurerei, der sie entsprang, „ein besonders in Allegorien gekleidetes und durch Symbole dargestelltes Moralsystem".[50]

Die Gilden in England lassen sich weit zurückverfolgen. Die Zusammenhänge mit der Freimaurerei belegen vor allem die „Charges", die Gesetze und Pflichten, die schon seit dem Ende des 14. Jahrhunderts schriftlich präsent waren. Zu erwähnen wäre hier das wichtige „Regius-Manuskript" aus dem Jahre 1390, ein altenglisches Lehrgedicht, das von einem Geistlichen verfasst wurde und in dem der Begriff „Loge" bereits erwähnt ist.[51] Im Zeitraum von 1400 bis 1425 dürfte das „Cooke-Manuskript" geschrieben worden sein.[52] In beiden Handschriften geht es um alte Zunftord-

2. Der Übergang von der operativen zur spekulativen Freimaurerei

nungen und Anleitungen zu einer gewissenhaften Erfüllung der Pflichten und zu sittlichem religiösen Handeln. Im Regius-Manuskript befindet sich darüber hinaus auch eine Berufung auf die Zunftheiligen der Steinmetze, die sogenannten „Vier Gekrönten".[53] Einige mittelalterliche Bauhütten feierten daher nicht nur das Johannisfest, sondern auch den Jahrestag der „Vier Gekrönten". Nach ihnen benannt sind auch die masonischen Forschungslogen „Quatuor Coronati". Seit dem Mittelalter haben die maurerischen Konstitutionsmanuskripte einen Kodex des gewerblichen und sittlichen Verhaltens enthalten. Die ersten noch vorhandenen maurerischen Konstitutionsmanuskripte, das erwähnte Regius- und Cooke-Manuskript, wurden später abgeschrieben, wobei der Gedanke der Einübung sittlichen Verhaltens eine zentrale Rolle spielte. Dieses war allerdings nie ein vollständiger Moralkodex und auch keine Religion.

Konkreteres über die englischen Gilden erfährt man erst seit dem 14. Jahrhundert. Sie hießen damals „Crafts" oder „Mysteries" und waren anerkannte Zunftorganisationen.[54] Der Begriff „freemason" taucht zum ersten Mal in einer Londoner Urkunde 1376 auf. Unter dieser Bezeichnung verstand man den qualifiziert ausgebildeten Maurer und Steinmetz, der den freistehenden Stein kunstvoll bearbeiten konnte. Im „Letterbook H" der Stadt London findet sich der Begriff „freemason" im Zusammenhang mit einer Aufzeichnung über eine Vertreterversammlung der städtischen Gilden in London. Im Jahre 1396 enthält eine Arbeiterliste vom Bau der Kathedrale von Exeter auch das Wort „freemason", und öfter ist gleichzeitig auch das Wort „mason" erwähnt, wie z. B. bereits in einem Schriftstück 1292, wo sich auch das Wort „Free Stone Mason" findet.[55] Über die Bedeutung dieses Begriffes wurde intensiv nachgedacht. Die Erklärungen sind allerdings nicht eindeutig. Rolf Appel legte sich für eine bestimmte Deutung fest: „Freestone war ein feinkörniger Sandstein und Freemason der Maurer, der ihn bearbeiten konnte, eben ein besonders ausgebildeter Steinmetz. Dies stand im Gegensatz zu den gewöhnlichen Maurern, die nur den Mauerstein, den Rough Stone vermauerten, nicht aber den Ornamentstein."[56] Lodge oder Hütte konnte sowohl die Werkstätte als auch die Organisationsform im Allgemeinen bedeuten. Die Bezeichnung „Lodge" findet sich sowohl in England als auch in Schottland und wurde mit einer dreifachen Bedeutung verwendet, was wahrscheinlich mit drei verschiedenen Entwicklungsstadien parallel lief: „[…] zuerst die Werkstätte der bei einem Bauwerk beschäftigten Masons, dann die Gesamtheit dieser Masons und schließlich eine territoriale Zunftorganisation der Masons."[57] Wurden die Baugilden unter König Heinrich VI. noch unterdrückt, nahmen sie später einen stärkeren Aufschwung. Ein Vergleich der Zunftgesetze in England mit den deutschen Steinmetzen zeigt eine weitgehende Übereinstimmung. Darin gab es genaue Regeln für Lehrlinge und Gesellen, auch ein spezielles Brauchtum mit eigenen geheimen Zeichen und Symbolen sowie einer Geheimhaltung der Mitgliedschaft.

Diese Gilden öffneten sich dann bald auch Nicht-Werkmaurern. Um 1670 überwogen bereits in einzelnen Logen die Nicht- Werkmaurer, sodass die Forschung annahm, es habe sich um die innere Gilde der Steinmetze ein äußerer Ring gebildet, der sich aus Lieferanten, Söhnen von Maurern, Ortsgeistlichen, Bauhandwerkern verwandter Berufe, Zimmerleuten, Spenglern und Glasmalern zusammensetzte, die sich später in den inneren Kern integrierten. Man unterscheidet in dieser Zeit zwischen „Gentlemen Masons" und „Accepted Masons". In dieser Unterscheidung bestand auch die große Differenz zwischen englischen und deutschen Logen, weshalb die moderne Freimaurerei von England und nicht von anderen Staaten ausgegangen war. Bereits 1600 steht in einem alten Protokollbuch die erste Aufnahme eines „Operative-Mason".[58] Die Forschung bezeichnete diese wichtige Übergangsphase in der

2. Der Übergang von der operativen zur spekulativen Freimaurerei

Geschichte der frühen Freimaurerei als Entwicklung von der „operativen" Maurerei zur „spekulativen". Da es sich hier um ethische und philosophische Spekulationen (Ideen) handelte, wurde und wird noch heute diese Formulierung verwendet.

In Schottland gibt es einige Schriftstücke aus der Zeit zwischen 1696 und 1700, die eine Art Gedächtnisstütze für Logenmeister darstellen. Die darin enthaltenen Zeremonien, die rekonstruiert wurden, waren damals in den Werklogen angewendet worden. Ihr Ritus kannte zwei Grade. In den altenglischen Werklogen wurden hingegen den Neuaufzunehmenden die „Alten Pflichten" vorgelesen und der Verschwiegenheitseid abgenommen. Ein eigenes Rezeptionsritual gab es damals noch nicht. In den Jahren 1700 bis ca. 1730 kam es dann zu einer Kombination beider Zeremonien. Nach den zwei Graden in den englischen „Alten Pflichten" und dem Katechismus der schottischen Werklogen wurde der dritte Grad als Spezifikum der modernen spekulativen Freimaurerei eingeführt. Er tauchte erstmals 1730 in der freimaurerischen Literatur auf. Mit seiner Einführung war die innere Struktur und Ausbildung der spekulativen Freimaurerei allerdings noch nicht abgeschlossen.[59]

In der Freimaurergeschichte Englands bestand eine weitgehende Kontinuität in der Überlieferung, was für Kontinentaleuropa nicht so zutreffend war. So ist die Schottische Loge „Mary's Chapel No. 1" in ununterbrochener Folge Eigentümer der Protokollbücher seit 1599, aus denen der erwähnte Übergang von der operativen zur spekulativen Freimaurerei dokumentiert werden kann.[60] Elias Ashmole, Offizier, Physiker, Astrologe, Alchemist, Botaniker und Historiker in Oxford, sehr breit gebildet, wurde 1646 in Warrington in eine Loge aufgenommen. Historiker gehen davon aus, dass es sich im Rezeptionsritual tatsächlich um eine Initiation mit esoterischem Mysterium gehandelt haben soll, was immer man damals darunter verstanden haben mag. Leider hat die Forschung darüber keine genauen Informationen und Belege, auch kein Ritual, das weitere Schlüsse zulassen würde.[61] Ashmole galt im 17. Jahrhundert als großer englischer Gelehrter und war „spekulativer" Freimaurer als Mitglied der „Royal Society". In seinem Tagebuch existieren zwei Eintragungen, die darauf hinweisen, dass er am 16. Oktober 1646 in Warrington/Lancashire in eine Loge aufgenommen wurde und am 10. März 1682 an einer Aufnahmearbeit in der Londoner Masons Hall teilnahm. Da er auch Rosenkreuzer war, vermuten Freimaurerforscher, dass die Freimaurerei ursprünglich aus dem Rosenkreuzertum entstand. Diese These ist allerdings umstritten.[62]

Am 24. Juni 1717 soll es durch vier Londoner Logen zur Gründung einer Großloge gekommen sein, deren erster Großmeister Anthony Sayer war. Über seine Herkunft ist wenig bekannt. In einer Mitteilung über seine Wahl zum Großmeister heißt es lediglich „Mr. Anthony Sayer, Gentleman." In seiner Loge „Zum Apfelbaum" bekleidete er das Amt des Aufsehers (1723). Nach James Anderson nahm er 1730 an einer öffentlichen Prozession aus Anlass der Einsetzung des Herzogs von Norfolk teil. Schon 1724 befand er sich in großen finanziellen Schwierigkeiten, sodass er sich an die Großloge um Unterstützung wenden musste, die ihm Zuwendungen gab. Gegen ihn wurde auch eine Anklage wegen verschiedener Unregelmäßigen geführt. Die Großloge entschied, dass es sich hier nicht um eine gesetzeswidrige Handlung gehandelt habe, sondern um eine irreguläre Verhaltensweise, weshalb er nicht ausgeschlossen wurde.[63]

Der Gründungsakt, durch den sich die Logen in London neu formierten, und der Anspruch, die erste Großloge im modernen Sinne konstituiert zu haben, stellt eine masonische Theorie dar, die quellenmäßig nicht eindeutig belegt werden kann, zumal auch kein Gründungsprotokoll überliefert ist. Anderson hat in seinem Konstitutionenbuch eine Geschichte erfunden, „die als Fantasie-

2. Der Übergang von der operativen zur spekulativen Freimaurerei

gebilde offenbar dazu dienen sollte, die Gründungen hoffähig zu machen".[64]

Der Zusammenschluss der vier Logen 1717, die nach den Speisehäusern, in denen sie zusammenkamen, benannt wurden, war eigentlich noch keine Großloge im modernen Sinne. Die vier Logen hießen: „Zur Gans und zum Bratrost", „Zur Krone", „Zum Apfelbaum" und „Zum Römer und zur Traube".[65] In der Konstitution von 1738 steht dann, dass sich diese Logen regelmäßig trafen, dem ältesten Maurer den Vorsitz übertrugen, eine provisorische Großloge gründeten, den Beschluss fassten, die Tradition vierteljährlicher Zusammenkünfte ihrer Oberen wiederzubeleben und jährliche Versammlungen neben Festen zu organisieren. Dort sollte immer ein Großmeister bestimmt werden. Am Johannistag 1717 wurde Anthony Sayer, wie schon erwähnt, zum Großmeister gewählt.[66] Sein Nachfolger war George Payne 1718. Er übte den Beruf eines Zollsekretärs aus und unterhielt verwandtschaftliche Beziehungen zu Adelskreisen, war fanatischer Sammler und hatte gute Kontakte zu Londoner Gesellschaftskreisen, in denen er auch verkehrte und Verbindungen herstellte. Er hatte vorher das Amt des Meisters in der Loge „Zum Römer und zur Traube" inne und sammelte alte Schriften sowie Protokolle. So gelang es ihm, für die Großloge das berühmte „Cooke-Manuskript" zu erwerben.[67]

Im Jahre 1719 folgte ihm als Großmeister Reverend Theophilus Desaguliers[68], der Sohn eines protestantischen französischen Geistlichen. Dieser kam nach der Aufhebung des Edikts von Nantes nach England, studierte in Oxford Philosophie und Physik, hielt dann physikalische Vorlesungen und war mit Isaac Newton befreundet. Er scheint auch in der Mitgliederliste der „Royal Society" auf und studierte weiters Recht und Theologie. Seine Aufnahme in die Freimaurerei ist unbekannt. Im Zusammenhang mit der Abfassung der Konstitution von 1723 spielte er eine wichtige Rolle und verfasste das Vorwort. Auch die Trinksprüche, die „alten" besonderen

Toaste der Freimaurerei stammen von ihm, und die Beziehungen zum Adel wurden von ihm sehr aktiv gefördert, insbesondere zum Herzog von Montagu. Er vollzog 1731 die Rezeption des Herzogs Franz Stephan von Lothringen, des späteren Gemahls Maria Theresias, sowie 1737 des Prinzen Friedrich von Wales.[69] 1720 wurde dann nochmals für ein Jahr Payne Großmeister und 1721 folgte ihm Herzog John von Montagu als erster Hocharistokrat und „Noble Man". Er war in das Hofleben stark integriert und Mitglied der „Royal Society". Unter ihm setzte der große Aufschwung der englischen Freimaurerei ein. Er war Philanthrop, seit 1720 Mitglied der „Cornerstone Lodge" und ein geistig sehr aktiver Freimaurer.[70] Anderson erteilte er den Auftrag, die „Alten Pflichten" in eine neue Fassung zu bringen. Anderson war Reverend an der Kirche der schottischen Presbyterianer in London. Seine Aufnahme in die Freimaurerei ist unbekannt. Er wurde erst durch die Abfassung der nach ihm benannten Konstitution bekannter. Diese Arbeit leistete er sehr rasch und legte das Manuskript schon Ende 1721, am Winterjohannisfest, vor. Eine Prüfungskommission befürwortete im März 1722 die Arbeit nach einigen empfohlenen Änderungen für die Drucklegung und Veröffentlichung. Am 17. Jänner 1723 kam es dann zur Publizierung dieses neuen Konstitutionenbuches, das bis heute als Grundgesetz der Freimaurerei Gültigkeit besitzt. Später gab es einige Neufassungen.[71] Die Pflichten und Gesetze der alten Freimaurerbruderschaft in England waren ursprünglich so gut verwahrt, dass sie kaum bekannt geworden sind. Erst Anderson hat in seinem Konstitutionenbuch 1723 das veröffentlicht, was in den schriftlichen und mündlichen Überlieferungen der alten Freimaurer enthalten war. Seither ist ein großer Teil der Urkunden aufgefunden worden, die auch Anderson benutzt hat. Das Konstitutionenbuch enthält die Pflichten eines Freimaurers, „ausgezogen aus den alten Archiven von Logen über dem Meer und denen in England, Schottland und Irland, zum Gebrauch der Logen in London, um gelesen zu werden bei der Aufnahme neuer Brüder oder wenn der Meister es befehlen wird". Ihre Hauptpunkte umfassen:

1. Von Gott und Religion
2. Von der bürgerlichen Obrigkeit, der höchsten und der untergeordneten
3. Von den Logen
4. Von den Meistern, Aufsehern, Gesellen und Lehrlingen
5. Von der Regierung der Zunft bei der Arbeit und
6. Von dem Betragen.

Zu diesen einzelnen Punkten werden genauere Bestimmungen und Erläuterungen gegeben, die für den einzelnen Freimaurer verpflichtet sind. „Trotz ihrer historischen Bedingtheit bilden sie die Grundlage für die Brüder und für die Freimaurerei im Allgemeinen. Eine zweite Fassung der Alten Pflichten erschien 1738, die bereits deutlich eine Entwicklung erkennen lässt, die die ursprüngliche Gleichheit aller Brüder zurückdrängte. Dieser Pflichten- und Tugendkatalog versucht, ältere Traditionen mit Neuem zu verbinden."[72]

Neuere Forschungen weisen darauf hin, dass das Jahr 1717 und die damit verbundene Gründung der ersten Großloge in London wissenschaftlich wahrscheinlich nicht haltbar ist. Künftige Forschungen werden dazu Genaueres berichten. Trotz dieser Unsicherheit wird sich aber bei der Beurteilung der Wirkungsgeschichte der Freimaurerei durch eine Korrektur des Jahres 1717 auf 1721 keine wesentliche Veränderung ergeben.

Die Freimaurerei breitete sich nach der Gründung der Großloge in London zunächst im britischen Inselbereich weiter aus, ehe sie auch auf dem Festland, in Frankreich, in den Niederlanden, in Deutschland und Österreich Fuß zu fassen begann.[73] Ein schottischer katholischer Adeliger, Andrew Michael Chevalier de Ramsay, galt als wichtiger Förderer der Freimaurerei in Frankreich. Zu den

Mitgliedern der französischen Logen zählten weniger als in England die Adeligen, sondern die Intellektuellen, die Achtung besaßen und das Kultur- und Geistesleben nachhaltig beeinflussten. Ramsay wurde Erzieher des Sohns des vertriebenen Königs Jakob III., Eduard Stuart. 1728 hatte sich die englische Großloge geweigert, ihn als Bruder aufzunehmen, da er sich für eine tiefgreifende Reform der Freimaurerei aussprach, was in England auf großes Misstrauen und Ablehnung stieß. 1736 war er nach Frankreich zurückgekehrt und spielte bald in der französischen Maurerei eine führende Rolle.[74] Eine zunehmende Bedeutung hatte dann nach ihrer Entstehungsphase die Freimaurerei vor allem um die Mitte und in der zweiten Hälfte des 18. Jahrhunderts, wo sie einen Höhepunkt ihrer Entwicklung und Verbreitung erreichte. Sie war aber, wie häufig in der Literatur irrtümlich betont wurde, kein Kind der Aufklärung, weil ihre Wurzeln und Anfänge weiter zurückreichen.

3. DER HUMANISMUS UND DIE SÄKULARISIERUNG, ESOTERIK UND HERMETIK

Der Humanismus während der Renaissancezeit verstand sich als eine Bildungsbewegung, die sich sehr stark auf antike Ideen berief. Die Humanisten strebten eine optimale Entfaltung der menschlichen Fähigkeiten durch eine enge Verbindung von Wissen und Tugend an. Im Zentrum der humanistischen Bildungsbemühungen stand der Mensch, der seine Bestimmung erkennen und durch Nachahmung klassischer Vorbilder ein ideales Menschentum verwirklichen und eine humanistische Gesellschaftsform gestalten sollte. Eine große Rolle spielte dabei der humanistische Lebensentwurf mit dem römischen Konzept der „humanitas". Der neue Mensch sollte das Menschenbild des Mittelalters überwinden und sich vom scholastischen Gelehrtentum deutlich abgrenzen. Im Zuge der Verbreitung der humanistischen Bewegung im 15. und

16. Jahrhundert, von Italien ausgehend, wurde auch ein günstiger geistiger Nährboden für die Freimaurerei geschaffen. Die Beziehungen zur Freimaurerei waren besonders geprägt durch die Einschätzung der Fähigkeit des Menschen, zu einer humanen Existenzform zu finden, der Entwurf eines entsprechenden Gesellschafts- und Bildungsideals, dessen Umsetzung dem Menschen eine gute Persönlichkeitsentfaltung ermöglichen sollten. Das dadurch entstandene geistige Klima des 15. und 16. Jahrhunderts ermöglichte der Freimaurerei, ihre Werte, Ziele und Verhaltensweisen entsprechend zu entwickeln. Dieses Klima begünstigte auch den Wandel der Freimaurerei von der operativen zur spekulativen, philosophischen Entwicklung der Bruderkette. Seit dem ausgehenden 16. Jahrhundert wurde die Vorstellung der Humanisten konkreter, eine Republik der Gelehrten herauszubilden. Dabei gab es auch einen engeren Zusammenhang zwischen Humanismus und den neuzeitlichen Wissenschaften, insbesondere den Naturwissenschaften. Auch die späteren, von der Freimaurerei beeinflussten Unabhängigkeitserklärungen, Verfassungen und Bestrebungen für Gerechtigkeit, Frieden, allgemeine Wohlfahrt und nachhaltige Freiheitssicherung bauten auf den Grundlagen des Humanismus auf.[75]

Vom Humanismus und der Renaissance stark beeinflusst und angestoßen begann auch der Prozess der Säkularisierung, worunter man allgemein die verschiedenen Formen von Verweltlichung und die Lockerung der Bindungen an die Religion verstand. Dazu zählte auch die Orientierung der Lebensführung an der menschlichen Vernunft. Dieser Entwicklungsprozess wurde auch als „sozialer Bedeutungsverlust von Religion" interpretiert. Durch die Freimaurerei wurde diese Entwicklung mitbeeinflusst. In einem weiteren Sinne verstand man unter Säkularisierung auch die institutionelle und mentale Entwicklung zur Trennung zwischen Religion und Staat, also die Ablösung der Politik von deren religiöser

Bestimmung und Durchformung. Aus soziologischer Perspektive betrachtete man die Säkularisierung vor allem im Rahmen der verschiedenen Theorien des sozialen Wandels und versuchte den Begriff damit allgemeiner zu fassen. In der westlichen Welt hat sich die Trennung von Religion, Kirche und Staat später als notwendige Voraussetzung für die Demokratie herausgestellt. Dabei waren nicht religiöse Glaubenssätze wichtige Grundlagen, sondern der Wille der Wähler, das Allgemeinwohl und bürgerliche Werte wie Freiheit, Gleichheit und Solidarität für die Politik von entscheidender Bedeutung. Auch die Freimaurerei unterstützte aufgrund ihrer Werte und Ziele diese Bestrebungen.[76]

Stark von den Ideen des Humanismus beeinflusst waren die geistigen Strömungen der Hermetik und Esoterik, die auch Eingang in die Freimaurerei gefunden haben. Die Wiedergeburt der Hermetik vollzog sich zur Zeit der Renaissance in Europa. Es waren vor allem kleine Kreise und herausragende Persönlichkeiten, die ein geheimes Wissen hegten und an Berufene weitergaben. So bildeten sich in der Frühen Neuzeit verschiedene Sodalitäten, Konventikel und Gesellschaften von Gelehrten heraus, die diesem Wissen nachgingen. Abseits der Universitäten entstanden auch Akademien, in denen sich viele Freimaurer bewegten. Eine der bekanntesten unter ihnen war zweifelsohne die neuplatonische in Florenz.[77]

Nach dem Fall Konstantinopels verstärkten sich diese Bewegungen, weil nun griechischsprechende Gelehrte in den Westen kamen und ihre Bücherschätze mitbrachten. Ziel dieser Sozietäten war, zu einer umfassenderen und vertieften Erkenntnis zu gelangen. Um 1460 kam man durch einen ostkirchlichen Mönch in den Besitz eines Manuskripts mit Schriften aus dem antiken „Corpus Hermeticum". Diese Aufzeichnung stieß auf große Wertschätzung, sodass Marsilius Ficino seine Platon-Übertragungen unterbrach, um die Schriften des Hermes Trismegistos genauer zu studieren. Dieses Interesse wurde durch die Vertiefung in die kabbalistische

Mystik noch verstärkt. Durch weitere Übersetzungen und Drucke fand das „Corpus Hermeticum" in ganz Europa Verbreitung. So kam es auch frühzeitig zu einer Vernetzung der hermetisch-neuplatonischen Ideen mit alchemistischen und philosophischen, theologischen Ideen. Es ist daher kein Zufall, dass später diese Gedanken auch Eingang in die Rosenkreuzer-Bewegung und in die Freimaurerei fanden.[78] Für England ist hier stellvertretend für andere vor allem der hermetische Denker Robert Fludd zu nennen, der der rosenkreuzerischen „Fama fraternitatis" in seinem Umkreis vorgearbeitet hat. Auch Kaiser Rudolf II., der in Prag residierte, versammelte Gelehrte, darunter Hermetiker und Alchemisten, um sich und machte die Königsstadt zu einem Zentrum der Esoterik. Besonders stark bildete sich die Hermetik und Esoterik bei den Rosenkreuzern aus, die die Alchemie dann in die Freimaurerei brachten, wo sie auch noch im 18. Jahrhundert zur Zeit der Aufklärung einen wichtigen masonischen Entwicklungsstrang darstellte.[79]

Das ältere Rosenkreuzertum muss im Rahmen der politischen, geistigen und gesellschaftlichen Spannungen der Reformation und Gegenreformation gesehen werden. Um 1600 entstanden in Deutschland mehrere Vereinigungen und Bünde, die die vorherrschenden Anschauungen und Ordnungen zu verändern versuchten. Diese Bünde, die religiöse Toleranz übten, unterhielten Kontakte zu den italienischen Akademien und zu Sozietäten in den Niederlanden sowie in England. Der Augsburger Religionsfriede von 1555 war nach harten Auseinandersetzungen nicht in der Lage, einen Ausgleich und eine Beruhigung der schwierigen politischen und geistigen Situation herbeizuführen. Im Gegenteil: die Entwicklung schien letztlich auf einen großen Krieg hinauszulaufen. Anzeichen für diese Krise waren Rechtsbeugungen, Willkür, Aberglaube und gehässige theologische Streitereien, Ämterkauf in den Kirchen, Titelkauf an den Universitäten, zunehmende Geldentwertung, labile ökonomische Lage und militärische Kämpfe unter den Konfessionen. Diese bedrückenden Verhältnisse erweckten nicht nur Ängste und Unsicherheit, sondern auch die Hoffnung auf eine befreiende Weltveränderung. Der gesellschaftliche Umstrukturierungsprozess dieser Zeit war letztlich auf drei Gründe zurückzuführen: die Formierung des Frühabsolutismus, die Konfessionalisierung und die beginnende Disziplinierung der Gesellschaft, der Beginn der modernen Wissenschaften und das neue Bildungssystem. Er vollzog sich regional verschieden, setzte sich aber als Rest der Reformation und als Ergebnis der Gegenreformation in der deutschen Gesellschaft durch.

Der Geheimbund der Rosenkreuzer, in den diese Bestrebungen einmündeten, fasste eine „Generalreformation" der Welt ins Auge. Zu seinen Mitgliedern zählten die damals hervorragendsten Köpfe. Der Bund erlangte eine nicht zu unterschätzende Bedeutung für Politik und Wissenschaft. Er nahm seinen Ausgangspunkt von den sogenannten rosenkreuzerischen Traktaten, der „Fama fraternitatis" (1614) und der „Confessio fraternitatis", die 1615 in Kassel erschien. In diesen Manifesten finden sich ganz neue begriffsgeschichtliche Kategorien wie „Fortschritt", „Fortschreiten im Erkenntnisvermögen" und „Aufklärung" als praktische politische und soziale Aufgabe. Ziel war die Errichtung einer Gelehrtenrepublik, um das ganze Wissen und die Künste ans Licht zu bringen. Im Mittelpunkt der Traktate stand die Person des Christian Rosenkreuz, auf den wahrscheinlich die Gründung der „Bruderschaft des hochlöblichen Ordens der Rosenkreuzer" zurückging, die nun, in ihren Manifesten wiederbelebt, zur Generalreformation der Welt aufrief. Als Reaktion auf diese Manifeste erschien 1616 in Straßburg eine weitere Veröffentlichung: „Chymische Hochzeit: Christiani Rosencreutz anno 1459", dessen Autor, Johann Valentin Andreae, wahrscheinlich auch maßgeblich an der Abfassung der erwähnten Rosenkreuzer-Manifeste beteiligt war. Andreae veröffentlichte posthum einen ausführlichen Bericht über sein Leben, aus dem wir seine Lebensgeschichte rekonstruieren können. Er entstammte einer „ehrbaren Familie" aus dem Herzogtum Württemberg, deren soziale Stellung für ihn größte Bedeutung hatte. So verdankte er ihr nicht nur geistige Impulse, viele Kontakte und den beruflichen Aufstieg, sondern auch die Verpflichtung, das Erbe des württembergischen Reformators und Tübinger Kanzlers Jacob Andreae als Wiederhersteller von Kultur und Kirche in Württemberg fortzusetzen.[80]

Im Zentrum seiner Überlegungen stand zunächst – ganz im Sinne der Reformen Luthers – das Bewusstsein der in ihrer Entwicklung steckengebliebenen Reformation, die zwar die Lehre von abergläubischer Tradition gereinigt hatte, die aber zur Verbesserung des Lebens nichts Entscheidendes beitragen konnte. Auf dieser Idee aufbauend, entwickelte er die Vorstellung einer Weiterführung der Reformation. Den Grund für das Versagen der lutherischen Kirche sah er in ihrer Verkümmerung zu einer Staats- und Theologenkirche, in der Universität und im Gelehrtenstand, da sich der Humanismus immer mehr in scholastischer Rechthaberei verlor. So forderte er eine Sozietät, die die Verchristlichung des humanistischen Gelehrtenstandes anstrebte. In seiner Utopie zeigten sich deutlich drei Traditionen: die apokalyptisch-chiliastische, die alchemistisch-chiliastische Idee der Naturphilosophen und die Vorstellung von einer Idealstadt, in der das gesellschaftliche Leben rational geregelt werden sollte. Zur Idee der Weiterführung der lutherischen Reformation in Richtung Verchristlichung der Welt kam bei ihm noch die Vorstellung einer Lebensgemeinschaft auserwählter Christen in einer gottgewollten Ordnung hinzu.

In der Schrift „Chymische Hochzeit" wird die Einweihung des Christian Rosenkreuz in sieben Tagen geschildert, wobei Alchemie als Symbol des Wandlungs- und Erneuerungsgeheimnisses fungiert. Daneben verfasste Andreae noch weitere interessante Schriften, wie den „Turbo", in dem das Faustthema aufgegriffen und eine anthropologische Auffassung vom Menschen konzipiert wird, die später in die Freimaurerei hineinzuwirken begann. Andreae verdeutlichte darin, dass der Mensch – wie später in der Freimaurerei – zunächst nicht als fertige Persönlichkeit geboren wird, sondern stets an sich weiterarbeiten muss. Der Wahrheitssucher findet nach zahlreichen Versuchen und Prüfungen verschiedener Lebenssituationen und Weltanschauungen erst in der vollkommenen Hingabe an Gott die Erlösung von allem Irrtum.

Auch der utopische Entwurf „Christianopolis" wurde im Umfeld der Rosenkreuzer 1619 von Andreae verfasst. Er stellte die Beschreibung des Staates von „Christianopolis" dar, die in einem engen Zusammenhang mit der „Nova atlantis" des Francis Bacon und der „Civitas solis" von Thomas Campanella zu sehen ist, obwohl beide Utopien erst später im Druck herausgekommen sind. Das Bezugssystem der „Christianopolis" ist weiter gefasst als jenes der Sozietätsschriften, da er hier nicht nur das Problem der Bildung einer Elitengemeinschaft thematisierte, sondern auch den Entwurf einer Gegenwelt konzipierte. Sie gilt als Paradigma einer Reformationsutopie. Besonders hervorzuheben ist der zeitkritische und revolutionäre Inhalt dieser Utopie, da der Verfasser die idealen Vorstellungen mit den Missverständnissen seiner Zeit konfrontiert. Als oberstes Prinzip werden soziale Gerechtigkeit und Verpflichtung zur Wahrheit hervorgehoben. Die gesamte Kultur der utopischen Stadt war stark von der Wissenschaft geprägt, was auf ein neues Wissenschaftsverständnis der Zeit hindeutete. Andreae stellt sich in „Christianopolis" nicht die Frage nach der konkreten Verwirklichung, sondern wollte die Idee der Einheit von sittlichem Leben, reiner Lehre und wissenschaftlicher Forschung durch die Nachfolge Christi und die Verchristlichung der Welt erreichen.

Stellen Sozialstruktur und Wirtschaftsleben der „Christianopolis" den Idealtyp einer frühneuzeitlichen Stadt dar, so zeigt ihr kul-

3. Der Humanismus und die Säkularisierung, Esoterik und Hermetik 49

turelles Leben ein frühbürgerliches Bildungsideal, das sich allen modernen Wissenschaften verpflichtet weiß. Hält zwar Andreae noch am theologisch-kosmologischen Selbstverständnis fest, so überwindet sein Wissenschaftsideal doch die scholastische und kirchliche Tradition. In seiner Schrift „Theophilus" fasste er die Idee „Christianopolis" und seine übrigen Reformprogramme nochmals zusammen. Wirkungsgeschichtlich von Bedeutung wurde dann Johann Amos Comenius, der Andreae als geistlichen Vater verehrte und ein pansophisches System universellen Wissens entwickelte, in dem die gescheiterte Weltreformation auf pragmatische Weise verwirklicht werden sollte. Im Mittelpunkt dieser Programmatik stand die Pädagogik, mit deren Hilfe die Menschen in Wissen, Sprache und Religion vereinigt werden sollten. Comenius forderte in diesem Zusammenhang ein universelles Kollegium, wie es bereits in ähnlicher Form in der „Christianopolis" und in der „Nova atlantis" vorgeschlagen wurde. Über Andreae hinaus hat er auch durch organisatorische Pläne die Idee einer Weltverbesserung nach England getragen, womit er eine unmittelbare Verbindung zwischen den Rosenkreuzer-Gedanken Andreaes und der englischen Frühlogenzeit herstellte. Comenius wurde nicht umsonst vom englischen Parlament eingeladen, einen Entwurf für eine humanitäre Gelehrtengesellschaft zu verfassen. In seiner Schrift „Via Lucis" (1641) schlägt er ein „Collegium universale" mit Sitz in England vor, das alle Bünde und Bruderschaften mit dem Ziel einer Weltreformation vereinigen sollte. Zwar führten Verhandlungen im Parlament nicht weiter, doch blieb diese Initiative nicht ohne Wirkung, da aus diesem „Collegium" die erste moderne wissenschaftliche Gesellschaft, die „Royal Society" hervorging, deren Mitglieder in enger Beziehung zum Rosenkreuzertum und zur Freimaurerei standen.

Um dieses erwähnte „unsichtbare Collegium", dem vermutlich die „Royal Society" entsprang, wurde viel gerätselt. Zunächst wurden bei ihren Zusammenkünften nur wissenschaftliche Themen besprochen und religiöse Fragen weitgehend ausgeklammert. Neben den starken naturwissenschaftlichen Interessen wurde dann auch die Tradition des Rosenkreuzertums gepflegt. Ashmole galt als der bedeutendste Vertreter der alchemistischen Bewegung im England des 17. Jahrhunderts. Er schrieb die englische Übersetzung der „Fama" und der „Confessio" ab und gab diesen Abschriften einen kunstvoll angelegten lateinischen Brief bei, der sich an die „erhabenen Brüder vom Rosenkreuz" richtete und die Bitte enthielt, Mitglied dieser Bruderschaft zu werden. Ashmole erwähnt in seinem Tagebuch, dass er 1646 in einer Freimaurerloge in Warrington rezipiert wurde. In der Literatur ist hervorgehoben worden, dass dies die früheste bekannte Aussage über spekulative Freimaurerei in einer englischen Loge gewesen sei. In diesem Zusammenhang ist es durchaus denkbar, dass Ashmole, der der Bruderschaft der Rosenkreuzer sehr positiv gegenüberstand, die Rosenkreuzer-Tradition in der englischen Freimaurerei auch verbreitet hat. Aus dem Jahre 1638 besitzen wir eine Aussage, die auf eine sehr frühe Verbindung des Rosenkreuzertums zur Freimaurerei hinweist. Es handelt sich dabei um ein Gedicht, das in Edinburgh 1638 veröffentlicht wurde und eine metrische Beschreibung von Perth und seiner Umgebung bietet.

> „Was wir prophezeien ist nicht allgemein,
> Denn wir sind die Brüder vom Rosenkreuz:
> Wir besitzen das Maurerwort und das Zweite Gesicht,
> Wir können Künftiges wohl weissagen [...]"[81]

Noch stärker tritt diese Verbindung in einem Freimauerpamphlet aus dem Jahre 1676 hervor, wo es u. a. heißt: „Wir wollen zur Kenntnis geben, daß die moderne grünbebänderte Kabbala zusammen mit der Alten Bruderschaft des Rosenkreuzes: den Hermetischen

3. Der Humanismus und die Säkularisierung, Esoterik und Hermetik 51

Adepten und der Gesellschaft der Eingeweihten Freimaurer alle vorhaben, am nächsten 31. November miteinander zu speisen."[82] Diese Hinweise beweisen jedoch noch nicht, dass es zu dieser Zeit tatsächlich eine geheime Organisation der Rosenkreuzer gab. Mit einiger Sicherheit kann jedoch festgestellt werden, dass einzelne Träger rosenkreuzerischer Ideen existierten, die bemüht waren, über die Verbreitung ihrer Philosophie eine von allen religiösen Richtungen akzeptierte Grundlage für einen überregionalen Geheimbund zu schaffen, in dem Menschen unterschiedlicher religiöser Auffassung zusammenleben und gemeinsam am Fortschritt der Wissenschaft im Sinne einer allgemeinen Humanität arbeiten sollten.[83]

Nicht nur bei den Rosenkreuzern wurde der Begriff Hermetik häufig synonym für Alchemie verwendet. Die wichtigsten Texte des hermetischen Schriftencorpus setzen sich aus Gedanken der griechischen Philosophie, insbesondere des Platonismus, Neuplatonismus und Stoizismus zusammen, wobei auch Elemente der persisch-babylonischen Religion und des Judentums hinzukamen und damit ein typisches Produkt der Gnosis wurden. Da sich die Texte mit der Beziehung des Menschen der Natur bzw. Schöpfung und deren Wandlungen beschäftigten, wurden sie zu einer wichtigen Grundlage für das Nachdenken über die Natur. Im Zentrum der Theorien über Alchemie standen die sieben hermetischen Prinzipien, die als Grundlage der hermetischen Philosophie angesehen wurden. Sie spielten und spielen auch heute noch eine bedeutende Rolle in der abendländisch orientierten Esoterik. Hinter diesen Prinzipien stand eine Kosmologie, die einen großen Einfluss auf Kunst und Wissenschaft in Europa ausübte. Die sieben Prinzipien umfassten die Geistigkeit, die Entsprechung, die Schwingung, die Polarität, den Rhythmus, Ursache und Wirkung und das Geschlecht.[84]

Das Ziel der alchemistischen Arbeit, die auch in der hermetischen Tradition der Freimaurerei starke Anwendung fand, war die Herstellung des „Steins der Weisen" oder des „Steins der Philosophen", der die Eigenschaft besitzen sollte, unedle Metalle in das perfekte Metall Gold zu verwandeln. Dieser Vorgang wurde symbolisch in der Freimaurerei auch auf den zentralen Grundgedanken der Vervollkommnung des Freimaurerbruders, symbolisch als Arbeit am „rauen Stein" übertragen.[85]

In der Freimaurerei spielte dann später neben den Aufklärungsideen, die einen stärker rationalistischen Entwicklungsstrang mitgeprägt haben, auch die Esoterik eine wichtige Rolle. Das Wort kam aus dem Griechischen und bedeutete sinngemäß „nach innen gerichtet", während mit dem Begriff exoterisch „nach außen gerichtet" gemeint war. Mit dem Begriff Esoterik fasste man Riten und das Brauchtum von „Insidern" oder „Eingeweihten" zusammen, die außenstehenden Menschen unbekannt blieben. In der Freimaurerei verstand man unter Esoterik vor allem die Suche nach verborgenem Wissen, nach verborgener Erkenntnis. Wie bereits erwähnt, gewann die esoterische Tradition in der Freimaurerei besonders durch die Ideen der Renaissance und des Humanismus in der Form des Hermetismus eine besondere Bedeutung. Die esoterische Richtung innerhalb der Freimaurerei war allerdings nicht einheitlich, sondern stark zersplittert. Trotzdem gab es in ihnen die Bemühung, dem Materiebegriff des Rationalismus und der Aufklärung durch die exakten Naturwissenschaften den Begriff von Wirklichkeit und Geist entgegenzusetzen. An die Stelle von mechanischem und dialektischem Materialismus trat der magische oder objektive Idealismus. Von grundlegender Bedeutung für die Esoterik waren die sogenannten Entsprechungen, worunter man die Existenz unterschiedlicher Schichten innerhalb des Universums verstand, die lebende Natur, Imagination und Mediation, die Erfahrung der Transmutation (die Alchemie), die Konkordanzbildung und die Transmission. Auf diese Weise bildete sich schon in der Frühen Neuzeit eine spezifische Denkform heraus, die dann unterschiedliche esoterische Strömungen hervorbrachte.[86]

3. Der Humanismus und die Säkularisierung, Esoterik und Hermetik

Die Esoterik war und ist auch heute noch im freimaurerischen Sinne keine Philosophie, sondern stärker als humanes Verhaltensmuster und als Praxis zu verstehen, die aber philosophische Ideen, wie sie hier kurz erwähnt wurden, voraussetzt. Esoterik war im damaligen Verständnis eigentlich praktisches Geheimwissen.[87]

Aufklärung

1. DIE IDEEN DER AUFKLÄRUNG

Die europäische Aufklärung war keine einheitliche Bewegung, sondern in sich widersprüchlich, wies starke Ambivalenzen auf und brachte verschiedene Strömungen hervor. In diesem Zusammenhang spricht man in der Aufklärungsforschung auch im Plural von „Aufklärungen". Die Diskussion über „wahre" und „falsche" Aufklärung verdeutlicht diese Tendenz und verweist gleichzeitig auch auf die Grenzen der Aufklärungsbewegung. Die Aufklärung hat im Wesentlichen zwei Entwicklungsstränge hervorgebracht und deren Weiterentwicklung bis ins 20. Jahrhundert beeinflusst: eine Strömung hin zum Liberalismus und zur Demokratie und eine Tendenz, die während der Französischen Revolution zur Jakobinerherrschaft und später zur totalitären Demokratie geführt hat. Die historischen Wurzeln der totalen Machtstaatstheorie reichen bis in die Zeit der Aufklärung und Französischen Revolution zurück. So hat die Aufklärung die Entstehung des totalitären Typs von Demokratie ermöglicht, gleichzeitig aber auch den liberalen Typus von Demokratie geschaffen und damit die Entwicklung zur parlamentarischen Demokratie positiv beeinflusst.[88]

Aufklärung ist für unser historisches Bewusstsein eng mit dem 18. Jahrhundert verbunden. Aufklärung als Denkvorgang auf andere Epochen, auch auf unsere Gegenwart zu erweitern, ruft Bedenken und Zweifel hervor. Der im 18. Jahrhundert häufig verwendete Begriff von Aufklärung in einem materiellen Sinne der „Vermehrung von Wissen und der Verbreitung von Kenntnissen" kann jedoch auch heute, wenn auch mit Modifikationen, problemlos verwendet werden, weil so strukturell eine Analogie zur Aufklärung des 18. Jahrhunderts erkennbar ist. Obwohl ein weitgehender Konsens darüber besteht, dass die Aufklärung einen ganzen Komplex von unterschiedlichen Tendenzen bildete, lassen sich doch einige Hauptmerkmale bestimmen:

1. Aufklärung ist Entfaltung eines Denkens, das kritisch überkommene Autoritäten in Frage stellt, darunter insbesondere die tradierten religiösen Vorstellungen, Dogmen und Institutionen,
2. Legitimation der politischen Herrschaft und, im Reifestadium, Kritik ihres eigenen Anspruchs, ihres eigenen Verfahrens und ihrer eigenen Legitimität,
3. Aufklärung verlangt (religiöse) Toleranz, rechtliche Gleichstellung aller Menschen, persönliche Freiheit und freie wirtschaftliche Entfaltungsmöglichkeit für alle, Meinungs- und Pressefreiheit und die Herstellung von Öffentlichkeit,
4. Aufklärung fordert politische Selbstbestimmung und
5. intendiert eine an einer grundsätzlich positiven Diesseitsgestaltung orientierte Humanität.[89]

Was Aufklärung ist, darüber diskutierten die Aufklärer noch zu einer Zeit, als der Begriff schon als Schlagwort in der Debatte benützt wurde. Neue Anstöße zur Reflexion über dieses Problem gaben der Theologe Johann Friedrich Zöllner, der Philosoph Immanuel Kant und der jüdische Aufklärer Moses Mendelssohn. Zöllner betonte 1783 in der „Berlinischen Monatsschrift", dass diese Frage beinahe so wichtig sei wie die der Wahrheit. Fundierte Antworten versuchten 1784 Kant und Mendelssohn. Der Protagonist der jüdischen Aufklärung meinte, dass die Begriffe Aufklärung, Kultur und Bildung noch neue „Ankömmlinge" wären. Die Sache sei aber nicht neu, denn Aufklärung beziehe sich mehr auf das Theoretische, auf vernünftige Erkenntnis und Fertigkeit zum vernünftigen Nachdenken über praktische Probleme des Lebens. Der Schlüsselsatz über Aufklärung lautet bei Mendelssohn: „Ich setzte alle Zeit die Bestimmung des Menschen als Maß und Ziel aller unserer Bestrebungen und Bemühungen."[90] Aus diesen Überlegungen wird die Bedeutung des Menschen für das Denken der Aufklärung klar, das in gewisser Weise als anthropozentrisch aufgefasst wurde. Die Anthropozentrik wurde offensiver, sodass die Diesseitigkeit des Menschen gegen seine religiös verankerte Jenseitigkeit ausgespielt wurde.

Kants Definition verweist gleichfalls auf diesen Zusammenhang: „Aufklärung ist der Ausgang des Menschen aus seiner selbstverschuldeten Unmündigkeit. Unmündigkeit ist das Unvermögen, sich seines Verstandes ohne Leitung eines anderen zu bedienen. Selbstverschuldet ist diese Unmündigkeit, wenn die Ursache derselben nicht am Mangel des Verstandes, sondern der Entschließung und des Mutes liegt, sich seiner ohne Leitung eines anderen zu bedienen. Sapere aude! Habe Muth dich deines eigenen Verstandes zu bedienen! ist also der Wahlspruch der Aufklärung."[91]

Da das Selbstdenken die Mündigkeit des Menschen bedeutete, war für Kant die Freiheit eine wichtige Voraussetzung der Aufklärung. War hier vor allem der religiöse Bereich angesprochen, so erfährt dieser zentrale Bezug im aufgeklärten Denken sehr rasch eine Erweiterung auf den Staat, wie sie z. B. in Kants Vorrede zur „Kritik der reinen Vernunft" zum Ausdruck kam.[92] Aufklärung bedeutete für Kant auch einen geschichtlich konkreten Entwicklungsprozess seiner Gegenwart und eine neue Perspektive. Entscheidend ist dabei die kritische geistige Öffentlichkeit als zentrales methodisches Verfahren. Neben der „Vernunft" gehörte auch der Begriff „Kritik" zu den entscheidenden Schlüsselwörtern der Aufklärung. Aus dem positiven Begriff „Kritik", womit zunächst das sachgemäße Urteil in Kunst und Wissenschaft gemeint war, wurde allerdings sehr rasch eine „Krittelei", die schon 1780 Gotthold Ephraim Lessing bedauert hatte. Der ursprüngliche Sinn der Kritik, wie er zur Zeit der Aufklärung entwickelt wurde, baute auf der philologischen Textkritik auf.

Aufklärung war ein prozessual verstandenes Denkprinzip und bezeichnete zunächst keine feststehenden Inhalte, sodass der Weg wichtiger erschien als das Ziel. Diese Problematik hat Lessing aufgegriffen und deutlich formuliert: „Nicht die Wahrheit, in deren Besitz irgendein Mensch ist, oder zu seyn vermeynet, sondern die aufrichtige Mühe, die er angewandt hat, hinter die Wahrheit zu kommen, macht den Werth des Menschen."[93] In diesem Zusammenhang wurde auch die Toleranz zu einem Hauptziel der Aufklärung, zumal die Wahrheit, die nicht nur mit der Begrenztheit des menschlichen Erkenntnisvermögens, sondern auch als menschenrechtliches Postulat begründet wurde, vielen Aufklärern als relativ erschien.

Auch das Wort „Vernunft" war zunächst eine formale Kategorie, ein menschliches Vermögen, das sich von göttlicher Offenbarung unterschied. Deshalb war es ein wesentliches Ziel der Aufklärung, die individuellen Überzeugungen durch einen Diskurs aller denkbaren und erfahrbaren Überlegungen zu relativieren und auf einen vernünftigen Kern zu bringen: „Der Prozess der Aufklärung ist der Prozess der Freisetzung der Vernunft, die endliche Vereinigung der partikulären Wahrheiten zur einen und ungeteilten Wahrheit."[94]

Die Beurteilung der eigenen Zeit zeigte, wie in der Aufklärungsforschung hervorgehoben wurde, unterschiedliche Begriffsverwendungen des Wortes „Aufklärung": einerseits die Orientierung an der Existenz aufgeklärter Kenntnisse und Prinzipien oder die Ausrichtung auf die Durchsetzung dieser aufgeklärten Denkansätze und Methoden, die Frage nach dem Grad ihrer Wirkung oder nach den Folgen der Aufklärung. Zur Intention kam nun auch die Funktion der Aufklärung. Dieser funktionale Begriff bestimmte

Kants spätere Bewertung seiner Epoche als „Zeitalter der Aufklärung" und wies starke emanzipatorische Züge auf. Er stellte die Frage nach dem Epochencharakter mit großer Eindringlichkeit. Die Periodisierung der Aufklärungsbewegung ist allerdings aus verschiedenen Gründen sehr schwierig, da sie als komplexe europäische Bewegung sowohl in ihren einzelnen Bereichen als auch in den einzelnen Staaten sehr unterschiedlich entwickelt war. Zu ihren Voraussetzungen zählten u. a. die Formierung einer kapitalistischen Marktordnung, der Aufstieg des Bürgertums, die Entwicklung der Naturwissenschaften, die Philosophie des Rationalismus und die rationale Politik der souveränen Staaten. Als Programm des Handelns umfasste die Aufklärung alle Bereiche des politischen, sozialen und kulturellen Lebens. Als dominierende Bewegung trat sie zuerst in England und später in Kontinentaleuropa erst seit der Mitte des 18. Jahrhunderts in Erscheinung. Neben der klassischen Aufklärungsphilosophie entstand auch eine in ihrer Breitenwirkung kaum zu überschätzende Popularphilosophie, in deren Mittelpunkt sehr realitätsbezogene Fragen der Moral sowie Probleme der praktischen und vernünftigen Lebensbewältigung standen.[95]

Zur Aufklärung gehörten auch die Ausweitung des Buchdruckes, die steigende Zahl der Schriftsteller und Leser bzw. die Entstehung eines breiteren, interessierten Publikums. Im Kommunikationszusammenhang von Schriftsteller und Publikum begann sich die Aufklärungsgesellschaft auf der Basis eines locker gehandhabten Konsenses der Meinungen und einer bestimmten Denkhaltung für Probleme der Lebenspraxis zu formieren. Zweifelsohne war das Zeitalter der Aufklärung ein schreibendes und lesendes, ein räsonierendes und kritisierendes. Ihr Erziehungsprogramm verfolgte den Zweck, einen tiefgreifenden Prozess der Befreiung des Menschen aus allen gesellschaftlichen Zwängen einzuleiten. Dieses Ziel sollte durch entsprechende Einrichtungen des Staates und der Gesellschaft gefördert werden. So setzte sich die Aufklärung auch mit Problemen der gesellschaftlichen und politischen Ordnung auseinander, wie z. B. mit der Staatsform und Rechtsordnung, mit dem Gerichtswesen und dem Strafvollzug, mit der Polizei und Wirtschaft, mit dem Verhältnis der Stände zueinander und der öffentlichen Moral. Zur Zeit der Aufklärung entstanden auch Ansätze, die zu einer wissenschaftlichen Begründung von Politik, wie z. B. bei Charles de Montesquieu, führten.

Im späten 18. Jahrhundert wurde der schon vorher eingeleitete Politisierungsprozess durch die Polarisierung der Öffentlichkeit und die daraus resultierende Aufspaltung in ideologisch-politische Strömungen, wie Liberalismus, Republikanismus und Konservativismus, noch weiter verstärkt. Diese Einzelbewegungen waren bereits seit ca. 1770 klar voneinander abgrenzbar. Bis zur Spätaufklärung hat die Aufklärung noch keine wesentlichen Veränderungen der gesellschaftlichen und politischen Realität bewirkt. Sicher konnte sie aber einen tiefen Wandel in den Vorstellungen einleiten, zumal sie Herrschaft nicht mehr als Selbstzweck auffasste, sondern als Mittel zur Ermöglichung des individuellen und allgemeinen Wohls. Darüber hinaus nahm auch die Diskussion über Gesellschaft, gesellschaftliche Moral und soziale Ordnung zu. Zwar war die Aufklärung primär eine literarisch-philosophische Bildungsbewegung, die aber gleichzeitig auch starke gesellschaftliche und politische Dimensionen aufwies. Ihre Wortführer setzten auf die Notwendigkeit des permanenten Lernens, der öffentlichen Informationsvermittlung und der freien Diskussion. Sie erwarteten förmlich eine Veränderung und Verbesserung der bestehenden gesellschaftlichen Verhältnisse. Jean Jacques Rousseau stellte allerdings die Grundüberzeugung der Enzyklopädisten, den Glauben an einen unbegrenzten Fortschritt, prinzipiell in Frage. Sein Modell einer guten und gerechten Gesellschaft, das er im „Contrat social" entwickelte, hatte ein ökonomisches Niveau zur Voraussetzung, auf dem die sozialen Unterschiede noch wenig ausgebildet waren. Mit ihm kam das Problem der sozialen Ungleichheit, die Frage der Verteilung des Eigentums, in die Diskussion. Die Sozialutopisten, Étienne-Gabriel Morelly und Gabriel Bonnot de Mably, gaben sich mit der annähernd gleichen Verteilung des Privateigentum nicht zufrieden, sondern forderten die Aufhebung des Privateigentums und die Einführung einer in Gütergemeinschaft lebenden Gesellschaft. Ungefähr zur selben Zeit entstand auch der Physiokratismus als aufklärerische Wirtschaftstheorie, die für die volle Freiheit von Produktion und Handel eintrat.

Nicht selten wurde die Aufklärung in der Forschung als bürgerliche Emanzipations- und Bildungsbewegung mit der höfisch-aristokratischen Kultur des Barock verglichen und davon abgegrenzt. Dabei wurde offensichtlich übersehen, dass im 18. Jahrhundert die Aristokratie noch politisch und kulturell dominierte. Was sich verlagerte, waren jedoch die Gewichte. Die Zahl der bürgerlichen Gelehrten, Schriftsteller, Künstler und Pädagogen vermehrte sich, sodass sie den Kern der gebildeten Schicht darstellten. Sie waren von einer spezifischen Welt- und Lebensanschauung geprägt, die als bürgerliche Mentalität bezeichnet wurde. Der soziale Status war nicht mehr ausschließlich bestimmend. Zur bürgerlichen Mentalität gehörte vor allem die Betonung der Persönlichkeit, die nicht durch Geburt und Zugehörigkeit zu einem Stand und Verband, sondern durch die unveräußerliche Menschenwürde, durch Leistung und Verdienst bestimmt war. Die sozialen Beziehungen untereinander unterlagen einem Rationalisierungs- und Funktionalisierungsprozess, sie wurden nicht mehr als gegeben hingenommen, sondern als Aufgabe und Chance der Gestaltung im Interesse der einzelnen Menschen gesehen.

Ein wesentlicher Faktor der Aufklärung war das Entstehen einer politischen Öffentlichkeit. Dazu gehörten nicht nur Zeitschriften, Buchproduktionen und Broschüren, sondern auch die verschiedensten Formen aufgeklärter Sozietäten. Eine wichtige Voraussetzung für die Wirksamkeit der Zeitschriften wie der gesamten Buchproduktion bildete die Pressefreiheit. Diese von allen Aufklärern artikulierte Forderung richtete sich an Staat und Kirche. Die politische Brisanz dieses Postulats manifestierte sich deutlich in der Reaktion der Regenten weltlicher und geistlicher Provenienz. Wirkliche Pressefreiheit gab es jedoch im aufgeklärten Absolutismus nicht. König Friedrich II. von Preußen untersagte z. B. 1784 jede öffentliche Kritik an Hof und Verwaltung. Da aber konkurrierende Blätter und Broschüren zugelassen waren, hatte die Presse wenigstens einen kleinen Spielraum. Da sich die gelehrten Diskussionen seit Ende der 70er-Jahre des 18. Jahrhunderts auch auf politische Bereiche erstreckten, berührten die Öffentlichkeitsforderungen auch den Staat. Die Forderung nach Öffentlichkeit entsprach mit seiner politischen Konsequenz durchaus dem aufklärerischen Denken, das Verständlichkeit und Wendung zum Publikum intendierte. Die erwähnte bürgerliche Welt- und Lebensanschauung manifestierte sich auch in neuen Geselligkeits- und Vergesellschaftungsformen. Zu ihnen zählte eine Vielzahl unterschiedlicher Sozietäten, darunter auch die Freimaurerlogen sowie Gelehrtengesellschaften, literarische Vereinigungen, Lesegesellschaften, ökonomische und patriotische Sozietäten, die sozial von der höfischen Welt bis in das gebildete und besitzende Bürgertum hineinreichten.[96]

Die Aufklärung veränderte bei Fortdauer des theologischen Interesses in einem Wandlungsprozess ihre Interessenschwerpunkte, der zu einer prinzipiellen Verweltlichung des Denkens und Handelns führte, wobei sich Formen und Grade dieser zunehmenden Säkularisierung unterschieden. Ein weites Spektrum gab es auch in der Literatur und literarischen Kritik, wenngleich bei aller charakteristischen Spezifik die Autoren doch die Anliegen der Aufklärung vertraten, wie z. B. die prinzipielle Offenheit des Denkens, das kritische Selbstdenken, die kritische Prüfung im Detail und die Auffassung des Fortschritts als dynamische Kategorie. Diese Einstellung galt auch für die Philosophie und Wissenschaft, für die Politik und Gesellschaft. Die Unterschiede innerhalb der einzelnen aufklärerischen Strömungen und Gruppen waren durch gesellschaftliche Lage, die regionalen Besonderheiten und politischen Strukturen beeinflusst und bestimmt. Dass Volksaufklärung eine wichtige Aufgabe ist, darüber waren sich viele Aufklärer einig.

Die aufgeklärten Denker des 18. Jahrhunderts stuften ihre Zeit als philosophische Epoche ein. Der Begriff Philosophie umfasste daher ein weites Bedeutungsfeld. Der wahre Philosoph müsse, so betonte Kant, als Selbstdenker einen freien und selbsteigenen Gebrauch von seiner Vernunft machen. In diesem Sinne verstanden sich die meisten Aufklärer als Philosophen, da ihre Werke nicht nur für den engeren Kreis der Philosophen geschrieben wurden, sondern auch für ein breiteres Publikum. Das Denken der Aufklärung, das nicht allein mit Rationalismus gleichzusetzen war, wies starke dialogische Züge auf.

Bereitete Christian Thomasius die praktische und aufgeklärte Popularphilosophie vor, so kam Christian Wolff das Verdienst zu, die abendländisch-philosophiehistorische Tradition in Deutschland aufrechtzuerhalten. Bis zu Kants großen Kritiken hatte Wolffs System in der deutschen Schulphilosophie eine dominierende Rolle gespielt. 1787 bezeichnete Kant Gott, Freiheit und Unsterblichkeit als wesentlichste Postulate der praktischen Vernunft. Diese Forderungen gingen „alle vom Grundsatz der Moralität aus, der kein Postulat, sondern ein Gesetz ist, durch welches Vernunft unmittelbar den Willen bestimmt".[97] Diese Position teilten viele deutsche Aufklärer. Im Unterschied zu Frankreich war die deutsche Aufklärung keine areligiöse Bewegung, wobei in Frankreich Materialismus und Atheismus auch auf Widerspruch stießen. François Marie Arouet de Voltaire hatte den Glauben an ein höchstes Wesen mit dem gesellschaftlichen Nutzen begründet.

Zu den wichtigen Zielen der Aufklärung gehörten auch die Intensivierung der Wissenschaften und die Gewinnung neuer wissenschaftlicher Erkenntnisse, zumal die Entwicklung der Wissenschaften für den Fortschrittsglauben eine wichtige Grundlage darstellte. Diese dokumentierte sich besonders in Jean-Baptiste le Rond d'Alemberts „Discours préliminaire de l'encyclopédie" (1751) und in Marie Jean Antoine Nicolas Caritat, Marquis de Condorcets „Exquisse d'un tableau historique de progrès de l'esprit humain" (1793). Denis Diderot und d'Alembert hatten den Versuch unternommen, das gesamte Wissen der Zeit in einer insgesamt in 34 Bänden herausgegebenen Enzyklopädie zu sammeln.[98] Dieses Ereignis machte klar, dass die Aufklärung in der Zwischenzeit eine breite Bewegung geworden war. Später änderte sich die Auffassung des Wissens, das nun weniger zweckgerichtet verstanden, sondern im Sinne eines neuhumanistischen Bildungsideals um 1800 zum Selbstzweck wurde.

Hatte Lessing Glaubens- und Wissensgeschichte stark verbunden, so interessierten sich andere Aufklärer besonders für die praktische Dimension. Ihre pädagogischen Interessen verbanden sich dabei mit philosophischen, literarischen und politischen Zielen. Die wirkungsvollste pädagogische Schrift war Rousseaus „Émile" (1762), die als Schlüsselwerk der aufklärerischen pädagogischen Bemühungen galt. Auch für die deutsche Aufklärung war das Problem der Erziehung von zentraler Bedeutung, wobei hier besonders deutlich wurde, dass die Erziehungsfähigkeit des Menschen zugleich eine Erziehungsnotwendigkeit miteinschließt und nur mithilfe einer angemessenen Pädagogik bessere Menschen im Sinne der Aufklärung erzogen werden können. Die großen Verdienste der aufgeklärten Pädagogik lagen in erster Linie in der reflektierenden Praxis. So verstanden sich viele Werke über Sozialphilosophie und Ethik auch als Anleitungen zur Erziehung zum Selbstdenken, zur Autonomie des freien Willens und der Vernunft, die mit der Erziehung zur Glückseligkeit verbunden war und als gesellschaftlich bezogen aufgefasst wurde. Das pädagogische Ziel der Aufklärung war keinen konfessionellen Beschränkungen unterworfen, obwohl es religiös unterschiedlich beeinflusst wurde.

Besonders stark ausgeprägt war auch das Interesse der Aufklärung an der Geschichte. Ihr Verhältnis zur Geschichte – das vor allem anthropologisch gesehen wurde – wies viele Dimensionen auf, die sich im Wesentlichen auf drei Motive reduzieren lassen: die Kritik der Geschichte, das kirchengeschichtliche Interesse und die teleologisch-geschichtsphilosophisch geprägte politische Argumentation. Sie waren konstitutive Elemente des aufgeklärten Geschichtsverständnisses. Der anthropologische Ausgangspunkt der Geschichte der Menschheit als Geschichte des Fortschritts zeigte sich in mehreren Reflexionen der Aufklärer über den Begriff der Weltgeschichte. Daraus wurde die anthropologisch bedingte „Zukünftigkeit" abgeleitet, die bis heute im Zentrum jeder fortschrittsorientierten Geschichtsphilosophie zu finden ist: der Mensch hat Zukunft und sein Endzweck ist seine Vervollkommnung und Glückseligkeit. Ein weiterer zentraler Punkt aufklärerischer Diskurse war das Problem der Natur. Die radikalste Infragestellung erfolgt im aufgeklärten Naturrecht. Rechts- und Vergesellschaftungsformen des Menschen fanden in der Aufklärung nicht mehr allein aus historischer Tradition, sondern auf der Grundlage der ethisch und geschichtsphilosophisch abgestützten Fiktion eines natürlichen Zustands ihre Begründung und Beurteilung. Fundamentale Ansatzpunkte naturrechtlicher Überlegungen waren Fragen nach dem Sinn und der Aufgabe der Rechtsordnung. Die entscheidende Triebfeder des modernen Naturrechts bildeten die ethische Normsetzung und die Zweckbestimmung der menschlichen Natur.

In der Aufklärung verstärkte sich die Orientierung des Staatszweckes am allgemeinen Wohl. Durch die naturrechtlich begründetet Herrschaftstheorie, die die Legitimation monarchischer Herrschaft aus dem Gottesgnadentum in Frage stellte und der Vertragstheorie langsam zum Durchbruch verhalf, wurde die bisherige absolutistische Staatspraxis einer kritischen Prüfung unterzogen. So betonte z. B. Wolff schon 1721, dass sowohl die Obrigkeit als auch die Untertanen verpflichtet seien, „den zwischen ihnen aufgerichteten Vertrag zu halten."[99] Wolff dachte intensiv über das Wesen der absoluten Monarchie nach und beeinflusste dabei die neue Begründung entscheidend. Herkunft und damit Legitimation der Herrschaft wurden nun in einen Vertrag verlegt, wobei beide Partner – Herrscher und Beherrschte – gleichermaßen zur Einhaltung des Vertrages verpflichtet waren, und dass die Herrschaft der Gesellschaft und dem Staat diente, nicht mehr der Dynastie. Neu war auch, dass auf der Grundlage dieser Theorie die Herrschaftsausübung dem Sinn und der Zielsetzung des Vertrages entsprechen oder auch widersprechen konnte. Dies hatte zur Folge, dass die Person des Herrschers und seine Amtsführung öffentlich zur Diskussion standen, obwohl durch die Zensur Grenzen gesetzt waren.

Der aufgeklärte Absolutismus unterschied sich von der Regierungsweise König Ludwig XVI. von Frankreich nicht nur durch neue Formen propagandistischer Selbstrechtfertigung, sondern auch durch neue innenpolitische Zielvorstellungen, Regierungsmaßnahmen und ein neues Selbstverständnis der Monarchie. Er überwand jedoch den Feudalismus nur teilweise auf politischer, nicht aber auf sozialer Ebene. Zwar hatte er zumindest vorübergehend Teilerfolge in der Beseitigung der rechtlichen und ökonomischen Privilegien des Adels, doch blieb das aufstrebende Bürgertum letztlich benachteiligt. Der aufgeklärte Absolutismus stieß auch dort auf Grenzen, wo, wie zum Beispiel in Österreich Joseph II. oder in Preußen Friedrich II., die Persönlichkeit des Herrschers eine zentrale Rolle spielte. Außer Zweifel steht jedoch, dass er bereits innovative innenpolitische Ziele verfolgte, wie z. B. in der Wirtschaft, im Polizei- und Gesundheitswesen und im Schul- und Bildungssystem. Schließlich darf bei seiner Beurteilung nicht vergessen werden, dass mit ihm der Versuch unternommen wurde, den gesamten Staat und alle seine Einrichtungen von einem säkularisierten Weltverständnis her zu gestalten. Die Grundgedanken der Neufassung des aufgeklärten Staatsabsolutismus beruhten auf einer Abschwächung bzw. Ausschaltung des Ständewesens und dessen Ersetzung durch einen Zentralismus, um die neue Gesetzgebung durchzusetzen und die Basis einer neuen Staatsordnung zu schaffen.[100]

Der gesellschaftspolitische Anspruch und das soziale Selbstverständnis der Aufklärung bildeten keinen Gegensatz zu ihrer sozialen Realität. Die Aufklärung entwickelte sich im Rahmen der ständischen Gesellschaft, ging aber gleichzeitig über ihn hinaus. Sie nahm entscheidend Einfluss auf den gesellschaftlichen Wandlungsprozess und wurde sogar zum sozialphilosophischen und publizistischen Medium dieser Veränderung. Die Aufklärung hatte wesentlichen Anteil an der zunehmenden gesellschaftlichen Pluralisierung und Differenzierung, und sie war von ihren Intentionen her sogar eine ständetranszendierende soziale Bewegung: „verständige und ehrliche Leute gehören zusammen ohne Rücksicht auf Stand, auf Religion und auf andere Nebensachen."[101] Zwar gehörte nicht jeder zur Gesellschaft der Aufklärer, doch sollte grundsätzlich jeder die Möglichkeit haben, dieser anzugehören. Die zeitgenössische Verwendung des Begriffes „bürgerliche Gesellschaft" war daher nicht sozialständisch gemeint, sondern zunächst als eine Entgegensetzung zum fiktiven natürlichen Zustand und später als Gegenbegriff zur höfisch-ständischen Gesellschaftsordnung der absoluten Monarchien zu verstehen.[102]

Die meisten Aufklärer traten für Reformen ein. Für den Unterschied zwischen Aufklärung, Reform und Revolution waren mehrere Kriterien entscheidend. Die Anhänger der Revolution und der radikalen Spätaufklärung stellten sich im Gegensatz zum aufgeklärten Absolutismus und zur Aufklärung mit theoretischer und praktischer Konsequenz auf den Boden der Revolution. Sie glaubten nicht mehr daran, dass die Aufklärung und die Reformen das politische Herrschaftssystem und die bestehenden gesellschaftlichen Strukturen entscheidend verändern oder sogar beseitigen würden, sondern waren davon überzeugt, dass der Absolutismus nur mehr durch den politischen Kampf erschüttert werden könne. Entscheidend war für sie die Erfahrung, dass durch Reformen keine grundlegende Änderung der Gesellschaftsordnung zu erreichen wäre. Die Aufklärungsbewegung, die in sich sehr ambivalent war, konnte aber trotz ihrer politischen Grenzen wenigstens teilweise die gesellschaftlichen und kulturellen Grundlagen des Ancien Régime in Frage stellen und darüber hinaus programmatische Prinzipien für eine neu zu formierende gesellschaftliche Ordnung entwickeln, sodass sie durch die Schaffung eines neuen kulturellen und geistigen Klimas die Revolution mit vorbereitet hat.

2. AKADEMIEN, AUFGEKLÄRTE SOZIETÄTEN UND DIE FREIMAUREREI

Die Aufklärung und die Emanzipation des Bürgertums bildeten miteinander eng verschränkte Prozesse, die wichtige Voraussetzungen für die Entstehung der bürgerlichen Kultur und Gesellschaft darstellten.

Die Aufklärungsgesellschaften, von denen die Gelehrten- und Lesegesellschaften am verbreitetsten waren, stellten ein bedeutendes Medium bürgerlicher Selbstfindung und politischer Bewusstseinsbildung dar. Die Sozietäten der Aufklärung bildeten einen besonderen „Kristallisationspunkt" und ein wichtiges Forum für aufklärerische Diskurse. In den verschiedenen Gesellschaften ist die Aufklärung als ein soziokultureller Prozess am besten fassbar und daher für eine sozialgeschichtliche Bestimmung des 18. Jahrhunderts ein entscheidendes Element.

Die neuere Forschung hat auf die wichtige Tatsache aufmerksam gemacht, dass sich die Aufklärung in drei Phasen vollzog: einer gelehrt-wissenschaftlichen, einer staatlich-praktischen und einer literarisch-öffentlichen.

In der Geschichte der Aufklärungsgesellschaften können daher vier entsprechende Typen unterschieden werden: 1. die Akademien, Lese- und Gelehrtengesellschaften, 2. die patriotischen, gemeinnützigen Sozietäten, 3. die Geheimgesellschaften und schließlich 4. die Volksgesellschaften, aus denen später die Jakobinerklubs hervorgegangen sind.

Für die Entwicklung aller Gesellschaften waren natürlich staatliche Vorschriften als Rahmenbedingungen bestimmend. Der Spielraum hing praktisch völlig von dem Ausmaß staatlicher Einflussnahmen ab. Über die Motive für die Gründung der verschiedenen Gesellschaften lässt sich allgemein sagen: Diese spezifische Art freiwilliger und partieller Vergesellschaftung war dort am stärksten ausgeprägt, wo einerseits die Verbindlichkeit ständisch-korporativer Lebensgestaltung abnahm oder schwand, während sich andererseits im Bürgertum neue Bedürfnisse und Interessen herausbildeten, die nicht mehr nur auf das engere Berufsfeld und Standesleben bezogen waren. Die Mitglieder der Sozietäten schlossen sich zu freier Geselligkeit zusammen und strebten Freundschaft und menschliche Bindungen an. Thomas Nipperdey spricht von einem „gemüthaften Zusammenhalt"[103]. Zugleich wollten sich die Mitglieder gegenseitig belehren, voneinander lernen und sich bilden, um vernünftig und aufgeklärt zu werden; sie wollten für sich das zu erreichen suchen, was im 18. Jahrhundert mit „Glückseligkeit" bezeichnet wurde. Die Gesellschaften setzten sich aber auch gemeinnützige, ‚gesamtgesellschaftliche' Ziele, wie die Förderung des Gemeinwohls und die Verbesserung gesellschaftlicher Zustände. Das Bekenntnis zur Aufklärung war allen Gesellschaften gemeinsam.

Ihre Grundlage war der sich allmählich herausbildende moderne Staat mit seiner Beamtenschaft und die beginnende Emanzipation des Bürgertums in Verwaltung, Wissenschaft und Wirtschaft. Im Prozess bürgerlicher Emanzipation in Deutschland stellten sie eine Etappe zwischen feudaler Korporation und bürgerlicher Assoziation dar. Zur Entstehung bürgerlicher Öffentlichkeit trugen sie wesentlich bei, können als deren Medien aber noch nicht bezeichnet werden. Sie waren eine Erscheinungsform des tiefgreifenden gesellschaftlichen Transformationsprozesses. In den Aufklärungsgesellschaften wurden zum ersten Mal über konfessionelle Grenzen, staatliche und ständische Interessen hinweg gemeinsame, für die ganze Gesellschaft verbindliche Anliegen vertreten. Ihre Zahl und Bedeutung nahmen seit der Mitte des 18. Jahrhunderts stark zu und bald war in ihnen ein erheblicher Teil des Bürgertums organisiert.

Die Akademien nahmen unter den Aufklärungsgesellschaften eine zentrale Rolle ein. Ihre Anfänge gehen bis in das 16. Jahrhundert zurück. Die späteren Sozietäten haben sich vielfach im 18. Jahrhundert an ihrer Organisationsform orientiert. Die Akademien der Wissenschaften waren die ersten Institutionen, in denen auf der Basis der ihnen gewährten Privilegien eine relative Unabhängigkeit und Freiheit in der Forschung betrieben werden konnte. In der Aufklärung wurden die Akademien der Wissenschaften vom Staat privilegiert und gefördert. Dies war die typische Organisationsform für wissenschaftliche Gemeinschaftsarbeit. Der Unterschied zu anderen Gelehrtengesellschaften lag vor allem darin, dass sie die zentralen und obersten Wissenschaftseinrichtungen ihres Landes waren und einen zahlenmäßig begrenzten Kreis qualifizierter Spezialisten zusammenfassten. Die Zahl der Akademien im

2. Akademien, aufgeklärte Sozietäten und die Freimaurerei 71

Reichsgebiet war im Vergleich zu Italien und Frankreich überschaubar. Sie standen häufig den Residenzen sehr nahe. Für den Aufklärer Christian Wolff bedeutete die Universität eine Stätte der Lehre und die Akademie ein Zentrum der Forschung

> mit dem Ziel der Erarbeitung neuer wissenschaftlicher Erkenntnisse und Erfindungen als auch deren Verbreitung.[104]

Im 18. Jahrhundert wurden die Akademien der Wissenschaften vom Staat besonders gefördert und galten als privilegierte Einrichtungen und als typische Organisationsform für wissenschaftliche Gemeinschaftsarbeit. Von anderen Gelehrtengesellschaften unterschieden sie sich mehrfach. Sie waren die zentralen und obersten Wissenschaftseinrichtungen ihres Landes und fassten einen zahlenmäßig begrenzten Kreis hochqualifizierter Forscher zusammen. Im Einklang mit der Gesellschaftsstruktur des 17. und 18. Jahrhunderts wiesen sie einen elitären Charakter auf, auch wenn es im ausgehenden 18. Jahrhundert Ansätze zu Veränderungen gab. In den Zuständigkeitsbereich der Akademien fielen wissenschaftliche Großaufgaben und Projekte, die von einzelnen Personen nicht mehr durchgeführt werden konnten. Ein weiterer Unterschied zu den Gelehrtengesellschaften bestand darin, dass sie die Form einer intensiven Gemeinschaftsarbeit annahmen. Die Bezeichnung „Akademie" für solche wissenschaftlichen Einrichtungen setzte sich nach französischem Vorbild im Laufe des 18. Jahrhunderts durch.

Unter den Sozietäten waren die Lesegesellschaften zahlenmäßig führend. Sie entstanden aus Gruppen literarisch und wissenschaftlich interessierter Bürger und erweiterten sich seit ca. 1770/75 zu Lesekabinetten, die eigene Räume, manchmal sogar eigene Häuser, eine Präsenzbibliothek, auch Schreib- und Unterhaltungszimmer besaßen. Ihre Mitglieder gehörten dem gehobenen Bürgertum und der literarischen und philosophischen Intelligenz an; untere Gesellschaftsschichten blieben weitgehend ausgeschlossen. Ziel war die „Förderung der Wissenschaften" und „die Verfeinerung der Sitten". Dies deckte sich weitgehend mit den Vorstellungen der Aufklärung und deutete darauf hin, dass trotz unterschiedlicher Auffassungen in der Interpretation dieser Bewegung ein annähernd einheitliches Selbstverständnis der Aufklärer bestanden hat. Die Bedeutung der Lesegesellschaften lag im Lektüreangebot, da dadurch das Informationsbedürfnis abgedeckt werden konnte. Die Lesegesellschaften formten den geselligen Umgang der Mitglieder untereinander neu, denen das Bedürfnis nach Wissenserweiterung gemeinsam war. Dabei ging es vor allem um bessere Information und gemeinsame Aussprache über die Ereignisse der Zeit. In der Satzung der 1787 gegründeten Lesegesellschaft in Bonn wurde dies deutlich zum Ausdruck gebracht: durch

> „das gemeinsame Streben gebildeter Männer, aus den engen Schranken des eigenen Bewusstseins herauszutreten und sich in geistiger Weise an dem mannigfaltigen Leben der Völker zu beteiligen durch Lektüre und mündlichen Austausch der Ideen (...) soweit zu gelangen, „um mit der einer neuen Bildung rastlos entgegeneilenden Zeit nach Kräften fortzuschreiten."[105]

Freilich trugen die Lesegesellschaften nur indirekt zur Politisierung der Aufklärung bei, da sie bewusst von einem Einfluss auf die politische Willensbildung Abstand nahmen und auch kein Interesse an eigener politischer Machtausübung zeigten.

Das Beispiel der Lesegesellschaften zeigt, dass sich das moderne Bürgertum nicht nur ökonomisch als neue Führungsschicht in Europa langsam durchzusetzen begann, sondern auch als eine neue Bildungsschicht bzw. als ein lesendes Publikum. Die Lesegesellschaften waren an der Herausbildung moderner, bürgerlich geprägter Gesellschaften beteiligt und hatten eine konstitutive Bedeutung für die Lesekultur in Verbindung mit neuen Formen gesellschaftlicher Organisation. Gegenüber älteren Traditionen in der altständischen Gesellschaft Europas stellten die Lesegesellschaften eine neuartige Form der Gruppenbildung dar, weil sie die ständischen Abgrenzungen von Anfang an überschritten. Dabei spielten auch die Zeitschriften und Zeitungen eine große Rolle, weil sie das zukunftsträchtige literarische Massenkommunikationsmittel der modernen Gesellschaft wurden. Von Beginn an für ein breiteres Publikum vorgesehen, erreichten sie hohe Auflagen und forderten aufgrund ihrer größeren Aktualität unmittelbar zum tagespolitischen Meinungsaustausch heraus. Neben den Zeitungen und Zeitschriften wurden auch die Kaffeehäuser und Wirtshäuser zu einem wichtigen Anziehungspunkt. Schließlich müssen hier auch noch die tiefgreifenden Veränderungen auf dem älteren Buchmarkt erwähnt werden, die sich auf ein neues Publikum umstellten, nämlich auf die lesenden Bildungsschichten.

So unterschiedlich die Entstehungsbedingungen der Akademien und Gelehrtengesellschaften waren, entwickelten sie doch ein gemeinsames Selbstverständnis, wie es z. B. 1732 von Johann Christoph Gottsched formuliert wurde:

> Unter dem Namen einer gelehrten Gesellschaft verstehe ich eine aus eigenem Antriebe und besonderer Liebe zu den Wissenschaften angestellte Versammlung geschickter und munterer Köpfe, welche sich zu Vermehrung, Ausbreitung und Anwendung der sowohl nützlichen als angenehmen Gelehrsamkeit untereinander zu einer gemeinschaftlichen Arbeit und willigem Beytrage einmüthig verbinden.[106]

Die ersten Gelehrtengesellschaften, die nach englischem oder französischem Vorbild entstanden sind, waren als Sozietät „gelehrter" Naturforscher oder als Vereinigung von „gelehrten" Schriftstellern organisiert. Fast alle Gelehrtengesellschaften bemühten sich um die Förderung der Naturwissenschaften, der Technik und Geschichte. Daneben entstanden nach französischer Tradition und unter Berufung auf die eigene Entwicklung der alten Sprachgesellschaften die „Deutschen Gesellschaften" zur Pflege der deutschen Sprache, Beredsamkeit und Dichtung. Ihre Mitglieder bekannten sich zu einer weltlich orientierten, praktischen Wissenschaft zur Förderung des Allgemeinwohls.

Die patriotischen und gemeinnützigen Gesellschaften waren stark nach außen gewandt und gesellschaftlich engagiert. In der Eröffnungsrede der Hamburger Patriotischen Gesellschaft hat Hermann Samuel Reimarus 1765 betont, dass die Hamburger Patrioten

> eine freiwillige Zusammenkunft freier Bürger (sein wollten), die mit vereinten Ratschlägen und Kräften den Flor des gemeinsamen Wesens zu erhalten und zu befördern sich verbunden achten.[107]

Dieses Ziel versuchten sie durch die Erprobung und Einführung technisch-ökonomischer Neuerungen und soziale Aktivitäten zu erreichen. Zu ihnen zählte eine Vielzahl unterschiedlicher Sozietäten, wie z. B. die ökonomischen oder Ackerbaugesellschaften, die als politische und wirtschaftliche Mobilisierungsinstrumente der monarchischen Zentralgewalt eine wichtige Funktion ausübten. Sicher hat auch die rasche Verbreitung der physiokratischen Lehren die Bemühungen um eine Reform der Landwirtschaft entscheidend beeinflusst. Die ökonomischen Sozietäten entstanden vor allem in Österreich auf Empfehlung von oben. Die Regierungen erhofften sich von der Errichtung regionaler Ackerbaugesellschaften eine kontinuierliche Verbesserung der landwirtschaftlichen Produktion.

Nach der Zahl ihrer Gründungen und ihrer Mitglieder standen die gemeinnützigen und patriotischen Gesellschaften nicht an vordersten Stelle der aufgeklärten Sozietäten. In der zeitlichen Abfolge finden sie sich allerdings fast in erster Reihe im Prozess der aufgeklärten Sozietätenbildung. Die meisten von ihnen bildeten sich zwischen 1761 und 1772 heraus. Dies zeigte die schrittweise Popularisierung des Prozesses der Aufklärung und verdeutlichte auch die Entwicklung zu einer langsamen Privatisierung. Die Ziele und Aufgaben der gemeinnützigen und patriotischen Gesellschaften umfassten in der Regel das Engagement in verschiedenen Bereichen der Staatsverwaltung, in der Erarbeitung nützlicher Vorschläge für Reformen unter Einbeziehung ihrer Anwendbarkeit und die Beförderung der Moral und der Tugenden, die auch den Bereich der Ökonomie miteinbezogen.

Eine wichtige Rolle kam im Prozess der Aufklärung neben den hier erwähnten Gesellschaften auch der Freimaurerei und den Geheimbünden zu. Im Mittelpunkt der Logen, in denen sich ihre als Weltbürger verstehenden Mitglieder eine selbst geschaffene Ordnung gaben, stand die ritualisierte Freundschaft, die in der Trennung von der Außenwelt, jenseits der ständisch aufgebauten Gesellschaft, der Konfessionen und Staaten erlebt wurde. Durch das Fehlen eines eigenständigen, wirtschaftlich starken Bürgertums und durch die strukturelle Krise des späten Absolutismus war aber die Freimaurerei rasch als Träger der Aufklärungsbewegung zurückgedrängt worden. Ihr Niedergang führte schließlich zu einer Abspaltung in verschiedene ideologisch-politische Richtungen und zur Gründung entgegengesetzt orientierter Geheimgesellschaften wie Rosenkreuzer, Asiatische Brüder, Illuminaten und Deutsche Union.

In der Zeit von Juli bis September 1782 tagte in Wilhelmsbad bei Hanau ein internationaler Freimaurerkonvent, der wegen der Ausuferung der regulären Schottischen Hochgradmaurerei in Europa, des Auftretens unseriöser Konkurrenten, Fehlentwicklungen in System und Ritual und wegen Abspaltungsversuchen und Legitimationsproblemen einberufen wurde. Alle diese Bestrebungen weckten in breiten Freimaurerkreisen die Hoffnung auf eine schon längst notwendige Neuordnung. In dieser für die Freimaurerei schwierigen Zeit fand der erwähnte Konvent statt, auf dem sehr heterogene esoterisch-ideologische Strömungen hervortraten. Die drei Hauptgruppen umfassten die Anhänger verschiedener hermetisch-alchemistischer Traditionen, die französischen Vertreter des mystisch-spiritualistisch-martinistischen Lyoner Systems sowie die Rationalisten und Aufklärer. Nach diesem Konvent entstand der „Eklektische Bund" in Frankfurt, der vorsah, dass nur mehr die drei Johannesgrade (Lehrlings-, Gesellen- und Meistergrad) künftig als verbindlich anerkannt werden sollten.

Daneben entstand im 18. Jahrhundert – wie schon erwähnt – auch die antiaufklärerische Bruderschaft der Gold- und Rosenkreuzer, die durch die Aufhebung des Prager Zirkels 1764 öffentlich bekannt wurde. In diesem Kreis existierte bereits eine enge Verbindung zwischen Freimaurern und Rosenkreuzern. Das Eindringen der Rosenkreuzer in die Logen wurde vor allem durch das Hochgradsystem begünstigt. Die Rosenkreuzer gaben sich innerhalb dieses Systems als die höchste Stufe der Freimaurerei aus. Das Herrschaftssystem des Ordens wurde durch die Hierarchie des Wissens gefestigt. Das Anliegen der Bruderschaft war religiöser Natur. Nach 1767 breitete sie sich rasch aus und gewann auch zunehmend politischen Einfluss.

Der der Bruderschaft der Rosenkreuzer entgegengesetzte Geheimbund der Illuminaten wurde 1776 in Ingolstadt gegründet.[108] Den Anlass bildete eine von Adam Weishaupt vermutete und gegen die Aufklärung gerichtete Verschwörung von Ex-Jesuiten und Rosenkreuzern. Ideologisch war er von der radikalen, materialistischen französischen Aufklärungsphilosophie beeinflusst, womit er wesentlich über die Freimaurerei hinausging. Die Ziele des Ordens waren eingebunden in einen universalen, geschichtsphilosophischen Begründungszusammenhang, wonach die Aufklärung als Entwicklungsstufe eines naturwüchsigen Geschichtsprozesses verstanden wurde, dessen Ursprung in einem vorhistorischen Naturzustand lag. Ziel dieses Geschichtsprozesses war ein Endzustand, der sich mit dem Naturzustand deckt. Dabei handelte es sich um eine kosmopolitische Weltordnung ohne Staaten, Fürsten und Stände. Anfang 1780 begann sich der Orden über Bayern hinaus zu verbreiten. Der wesentlichste Unterschied zwischen der Freimaurerei, die vom Orden gezielt unterwandert wurde, und den Illuminaten lag im Charakter beider Gesellschaften. Die Freimaurerei war letztlich eine esoterische Gemeinschaft ohne Ideologie, während der Geheimbund der Illuminaten ein rationales, aufgeklärtes System mit politischer Zielsetzung besaß.

1785 wurde der Geheimbund in Bayern nach seiner Aufdeckung von Kurfürst Karl Theodor verboten und verfolgt. Weishaupt verlor sein Lehramt, floh nach Regensburg und begab sich 1786 unter den Schutz des Herzogs Ernst II. in Gotha. Obwohl er kein systematisch-philosophisches Werk hinterließ, das als ideologische Grundlage seiner Geheimgesellschaft bezeichnet werden könnte, vermitteln die erhaltenen Statuten, Instruktionen und späteren Aufzeichnungen einen guten Einblick in die Ziele und das System des Ordens. Für die ideologischen Ansätze des Geheimbundes war besonders Weishaupts „Anrede an die neu aufzunehmenden Illuminatos dirigentes" (1782) grundlegend, die Adolph Freiherr von Knigge in leicht modifizierter Form in den Entwurf „Die neuesten Arbeiten des Spartacus und Philo" (1794) aufnahm. Der Illuminatenorden, der von Beginn an auch einen politisch-rationalen Kern besaß, wollte über eine langfristig angelegte Durchdringung der Staatsämter und kirchlichen Positionen die wichtigsten Stellen der politischen Macht unter seine Kontrolle bringen. Die Verwirklichung dieses Plans scheiterte jedoch am bayerischen Staatsapparat.

Im Mittelpunkt des Illuminatengeheimnisses, in das die Mitglieder stufenweise eingeführt werden sollten, stand ein geschichtsphilosophischer Entwurf, der unabhängig vom Grad der Wirkungsgeschichte des Ordens einen bemerkenswerten Versuch einer frühen bürgerlichen Geschichtsphilosophie darstellte. Dieser Entwurf verfolgte die politische Absicht, die teilweise auch von der deutschen Aufklärung artikuliert wurde, die Herrschaft der Vernunft im und für den absolutistischen Staat verbindlich einzuführen. Hinter dem Illuminatengeheimnis stand die philosophische Vorstellung vom Ursprung und Ziel der Geschichte, die von den Illuminaten realisiert werden sollte. Nach der Konzeption Weishaupts, der Geheimbünde als Mittel der Emanzipation der menschlichen Gesellschaft sah, sei die Geschichte der Menschheit identisch mit der Geschichte der Vervollkommnung des ganzen Menschengeschlechts. Diese Vervollkommnung entwickelt sich stufenweise nach dem Plan der Natur. Der Geschichtsprozess verläuft in drei Phasen. Er nimmt seinen Ausgang vom natürlichen Urzustand, entwickelt sich durch Steigerung der Bedürfnisse zu Abhängigkeitsverhältnissen, zu Herrschaft und Knechtschaft, zu Bevormundung der unmündig gehaltenen Menschen durch Adel und Geistlichkeit bis hin zum Despotismus. Ziel ist dann ein von Geheimbünden initiiertes Reich der Tugend und Vernunft. Am Ende steht schließlich eine kosmopolitische Weltordnung ohne Staaten, Fürsten und Stände, ein kosmopolitischer Republikanismus. Im Illuminatenorden sollten die angestrebten Veränderungen der Gesellschaft nicht durch eine Revolution, sondern durch die Moral als gewaltlose Reform erreicht werden. In der Aufklärung sah Weishaupt das einzige Mittel, den Menschen vollkommener, sittlicher und geselliger zu machen.

Das geschichtsphilosophische Konzept Weishaupts diente keinem Selbstzweck, sondern begründete das System des Ordens und dessen Funktion. Der Orden stand nicht zuletzt wegen seiner politisch-ideologischen Ausrichtung bald im Mittelpunkt verschiedener Denunziationen und Verschwörungstheorien. So hieß es in

2. Akademien, aufgeklärte Sozietäten und die Freimaurerei 79

der aufklärungs- und revolutionsfeindlichen „Eudämonia"[109] über die Illuminaten, dass sie u. a. Altäre umstürzen, die Throne untergraben, die Moral verderben, die gesellschaftliche Ordnung über den Haufen werfen, religiöse Einrichtungen zerstören und eine „demagogische Anarchie" einführen. Diese propagandistischen Übertreibungen trafen aber auf die Ziele und Absichten des Ordens nicht zu, weil er die Herrschaft der Moral nur auf konspirativem, gewaltfreiem Weg erreichen wollte. Der Illuminatenorden hob sich in dreifacher Hinsicht von allen Versuchen der Aufklärung ab, Zielvorstellungen in einen universalen, geschichtsphilosophischen Begründungszusammenhang einzubinden: er dehnte erstmals unter dem Namen der Aufklärung den Geltungsanspruch vernünftiger Normen auf den staatlichen Bereich aus, erweiterte den Begriff der Freiheit und verwarf alle bisherigen Mittel der Aufklärung, indem er bewusst die politische Aktion forderte.

1786/87 gründete Carl Friedrich Bahrdt zur Verwirklichung seiner radikal aufklärerischen Ideen eine überregionale und überstaatliche Korrespondenzgesellschaft, die er „Deutsche Union" nannte. Diese Gesellschaft war ein Zusammenschluss von Gelehrten, Schriftstellern und Lesern und verstand sich als Autoren- und Leserverband. Als Ziel schwebte Bahrdt ein genossenschaftlich organisierter Selbstverlag von Autoren vor, der einen engen Kontakt zu den Lesern herstellen sollte. So war Bahrdt bestrebt, eine europaweite Korrespondenz aufzubauen. Eine bedeutende Rolle sollten dabei die Lesegesellschaften spielen, die er vor allem dort errichten wollte, wo seine Union dringend Stützpunkte brauchte. Offenbar dachte er dabei an eine Mischung von Geheimbund und Leserverband, wobei er den engeren Zirkel bewusst von der Öffentlichkeit abschirmen wollte. Das Neue an diesem Geheimbund war die spezifische Organisationsform, die Kombination von Geheimgesellschaft und Leserverband. Im Gründungsaufruf „An die Freunde der Vernunft" (1787) kündigte Bahrdt eine „literarische Gesellschaft" an. Dieser neue Bund wurde als eine radikale aufklärerische Organisation mit dem Ziel konzipiert, den Gegnern der Aufklärung Widerstand zu leisten und sie zu bekämpfen. Der erwähnte Aufruf erreichte mehrere hundert Vertreter der deutschen Intelligenz und fand dort beachtliche Resonanz. Bahrdt gliederte seine „Deutsche Union" zu Beginn in zehn bis zwölf und später in 24 Provinzen und Diözesen. Er vertrat die Auffassung, dass die Lesegesellschaften nicht zu isolierten Gruppen bürgerlicher Intellektueller werden sollten, sondern für die Volksbildung zu sorgen hätten. Im zweiten, verbesserten Plan wurde erneut betont, wie wichtig es sei, den Buchhandel ganz in die Hand zu bekommen. Das wichtigste Forum der Meinungsbildung war das „Politisch-literarische Intelligenzblatt"[110] der Union, die das Ideengut der Organisation propagieren sollte. Die Literaturpropaganda umfasste den ganzen Wirkungsbereich der deutschen Aufklärung. Die Organisation der Leseklubs wurde etwas später im „Geheimen Plan der Deutschen Union" von 1788 geregelt. Dabei handelte es sich um ein drittes Programm, das die maßgeblichen Persönlichkeiten des Bundes erhielten. In der einleitenden Übersicht wird der geheime Bund als Vereinigung von Autoren und Lesern charakterisiert und als eine „stille Verbrüderung des schreibenden und lesenden Publikums" bezeichnet, „deren letzter Zweck ein Geheimnis bleibt".[111]

Ab September 1788 gab Bahrdt einigen Vertrauten seinen „Geheimsten Operationsplan" zur Durchsicht. Darin wurde als letzter Zweck der Union die „Entthronung des Despotismus und Entfesselung der Menschheit"[112] hervorgehoben, eine deutliche Anspielung an den notwendigen Sturz der Fürsten. Bahrdt wurde im April 1789 auf Befehl König Friedrich Wilhelms II. wegen seiner aufklärerischen Aktivitäten und einer Satire gegen die preußische Reaktion verhaftet. Die Regierungen deckten infolge von Denunziationen und Indiskretionen durch Briefkontrollen und Enthüllungsschriften die Deutsche Union auf. Minister Johann

Christoph von Wöllner drohte Bahrdt sogar den Tod an. Nach dem Ausbruch der Französischen Revolution schlug Wöllner jedoch eine andere Taktik ein und empfahl dem König Bahrdts Begnadigung, um den Gefangenen nicht zum Märtyrer zu machen. Daher ließ man die Anklage auf staatsgefährdende Geheimbündelei fallen und verurteilte Bahrdt zu einer Festungshaft. In der Urteilsbegründung wurde das „Verbrechen der Majestätsbeleidigung" hervorgehoben. Bahrdt wurde zur Verbüßung seiner Strafe auf die Festung Magdeburg gebracht, wo auch andere Oppositionelle eingekerkert waren. Als er 1790 nach über einem Jahr Gefängnis aus der Haft entlassen wurde, war er in seiner radikal aufklärerischen Haltung ungebrochen. Noch auf der Festung beendete er 1790 seine vierbändige Autobiographie (Bahrdt 1790), die an fünf Orten erschien. Die wichtigsten politischen Schriften gegen die Wöllner-Reaktion kamen zwischen 1790 und 1792 heraus, in denen er den Absolutismus und die Monarchie kritisierte und gegen Korruption, Mätressen- und Günstlingswirtschaft, gegen Unterdrückung und Aussaugung des Volkes polemisierte. Über den Sturz der Monarchie hinaus verlangte nun Bahrdt sogar eine Demokratie. Das Volk sei nicht nur zur Revolution gegen schlechte Regierungen verpflichtet, sondern sollte auch selbst die Macht übernehmen. Nach Bahrdts Verhaftung löste sich die Union auf, zumal sie von den Regierungen systematisch verfolgt wurde. Örtliche und regionale Gruppen bestanden allerdings bis 1796 weiter. Als Weiterführung des Illuminatenordens kann aber die Deutsche Union nicht bezeichnet werden.

Freimaurerei und Geheimbünde haben als gesellschaftliche Formationen die Aufklärung entscheidend mitgeprägt. Verschiedene Gruppen wie der antiabsolutistische Adel, das finanzkräftige Bürgertum und die Philosophen, die zwar sozial anerkannt, aber ohne politischen Einfluss waren und in den bestehenden Einrichtungen des absolutistischen Staates keinen adäquaten Raum fanden, trafen sich in Kaffeehäusern, in Clubs und Salons, in Bibliotheken und literarischen Gesellschaften, um Kultur und Wissenschaft zu pflegen. Versuche dieser Gruppen, eine selbstständige politische Tätigkeit zu entwickeln, scheiterten am Staat, der seine Ordnung in Frage gestellt sah. So blieb letztlich als einzige Institution, die sowohl dem absolutistischen Herrschaftsanspruch entsprach und ihm gleichzeitig entging, die Freimaurerei. Sie stellte eine für das Bürgertum typische Bildung einer „indirekten Gewalt" im absolutistischen Staat dar.

In den hier erwähnten Gesellschaften wurden schon vor der Französischen Revolution z. T. demokratische Formen der Willensbildung entwickelt, zumal die Gesamtheit der Mitglieder die letzte Entscheidungsgewalt besaß. Die Ämter der Gesellschaft, ihre Ausschüsse, Kommissionen, Versammlungen und ihre Gesetzgebung waren das Abbild eines republikanischen Verwaltungssystems. Auch in den Logen entwickelte sich ein ansatzweise demokratisches Potential, das sich nicht nur in der ständischen Nivellierung, in der Verwirklichung der gesellschaftlichen Gleichheit in den Logen und im humanen Prinzip „Mensch unter Menschen" manifestierte, sondern auch in der Selbstordnung und Selbstverwaltung.

Im ausgehenden 18. Jahrhundert entstand schließlich eine neue Sozietätsform, die sich zwar an den älteren Gesellschaften orientierte, aber doch eine neue Qualität darstellte: die Jakobinerklubs. Sie lehnten sich stark an das Vorbild der französischen Jakobiner an. Besonders deutlich wurde der Unterschied zu den vorhergehenden Gesellschaften in der radikal-demokratischen Organisationsstruktur und in der politischen Zielsetzung, die in der Beseitigung des Feudalsystems lag. Sie waren aber noch keine Parteien im modernen Sinne, da sie sich ganz im Rahmen der Aufklärungsgesellschaften bewegten. Den Klubmitgliedern ging es vor allem um wechselseitige Belehrung und Aufklärung über die natürlichen

2. Akademien, aufgeklärte Sozietäten und die Freimaurerei 83

Rechte des Menschen, eng verbunden mit einem stark ausgeprägten politischen Änderungswillen.

Der Mainzer Jakobiner Anton Joseph Dorsch hat die Funktion des Jakobinerklubs mit dem Hinweis zu beschreiben versucht,

> dem geduckten Volke aufzuhelfen, es mit den unverjährbaren Rechten des Menschen und Bürgers bekannt zu machen und die heiligen Grundsätze der Freiheit und Gleichheit überall zu verbreiten.[113]

Allen Menschen sollten Freiheit und Gleichheit garantiert werden.

Die Aufklärung hatte auch einen beträchtlichen Einfluss auf die Entwicklung der Salonkultur, die besonders in Frankreich im 18. Jahrhundert eine Blütezeit erreichte. Das Bestreben, einen eigenen Salon zu führen, war im 18. Jahrhundert besonders bei Frauen stark ausgeprägt. Manche Frauen bemühten sich, da der Fürsten- oder Königshof nicht mehr der einzige Ort gesellschaftlichen Lebens war, kleine Höfe um sich selbst zu versammeln. Damit verbanden Frauen auch den Versuch, ihre Fähigkeiten zu testen und die Reichweite ihres Einflusses zu prüfen. Die Salons schufen im Absolutismus, in den sie integriert waren, eine neue Lebens- und Kommunikationsweise, die Beachtung und Ausstrahlung fand. Durch ihre Öffnung zu Gelehrten, Literaten und Künstlern wurden sie zu einer Art „Konversationssalon", zu einem Zentrum gesellschaftlicher und intellektueller Auseinandersetzung. Dabei spielte die Aufklärungsphilosophie in den Diskursen eine große Rolle. Die Salongeselligkeit war sehr kosmopolitisch ausgerichtet, weil auch Gäste aus dem Ausland eingeladen wurden.

Die Salons in Deutschland orientierten sich häufig am französischen Vorbild, wobei die französische Kultur vor allem durch den Freimaurer Friedrich II. von Preußen Eingang fand. Als Kronprinz wurde Friedrich in die Loge 1738 in Braunschweig aufgenommen. Er brachte die Freimaurerei auch nach Berlin und nahm auf die

Entwicklung der Bruderkette wiederholt Einfluss. Auch seine Reformen, die er in Preußen durchführte, waren von freimaurerischen Ideen beeinflusst.[114] Er selbst versammelte um sich auf Schloss Rheinsberg eine Männerrunde, einen Freundeskreis, der sich vielseitig mit Bildung, Lesungen und Diskussionen beschäftigte. Auf etwas andere Weise brachte sich die Herzogin Anna Amalia von Sachsen-Weimar, eine Nichte Friedrichs II., in die Salontradition ein. Sie war eine hervorragende Repräsentantin der aristokratischen Kultur ihrer Zeit, deren Vorliebe der Musik aus Italien galt. Das Wittumspalais in Weimar entwickelte sich unter ihrer Schirmherrschaft zu einem „Musenhof", der zum Zentrum des literarischen Austausches in Weimar wurde. Johann Wolfgang von Goethe, Jean Paul, Friedrich von Schiller und August von Kotzebue nahmen dort als geladene Gäste regelmäßig an Leseabenden teil. Die Abendgesellschaft bei der Herzogin wurde zu einem beliebten Salontreffpunkt der literarischen Intelligenz. Auch die Schweiz wurde im Laufe des 18. Jahrhunderts von dieser Salonbewegung ergriffen. Salons und die Pflege der Geselligkeit gehörten dort zum prägenden Kulturbild. Neuen Aufschwung erhielt die Salonkultur schließlich im ausgehenden 18. Jahrhundert durch eine neue geistige Bewegung: die Romantik.

In der Schweiz entwickelte die Sozietätenbewegung – wie in Deutschland und Österreich – verschiedene Typen von Vereinigungen. Die Akademien als der älteste Typus gingen zurück bis in die Zeit der italienischen Renaissance und wirkten im 18. Jahrhundert weiter. Am Beispiel der Schweiz lassen sich die verschiedenen Formen aufgeklärter Sozietäten besonders deutlich aufzeigen. Zu den wissenschaftlichen Gesellschaften zählten die gelehrte Gesellschaft, theologische Gesellschaften und theologische Lesegesellschaften, medizinische Gesellschaften und Lesegesellschaften sowie naturwissenschaftliche Sozietäten. Zu den Bildungsgesellschaften werden Verfassergesellschaften (Edition von Schriften), Sprachgesellschaften, literarische Gesellschaften, Bibliotheks- und Lesegesellschaften gerechnet, zu den Sozietäten für die Förderung der Wirtschaft die ökonomischen und gewerblichen Gesellschaften, zu den Sozietäten, die sich der Förderung der Sozialfürsorge widmeten, die gemeinnützigen und religiös-gemeinnützigen Gesellschaften und zu den politischen Gesellschaften die historisch-politische Gesellschaft, die patriotisch-politische und die militärische Sozietät.

Besonders bedeutsam für die Entwicklung der Sozietäten in der Schweiz war die Helvetische Gesellschaft, die zu Beginn der 1760er-Jahre in Bad Schinznach entstand. In ihr konzentrierten sich alle reformerischen Bewegungen in der zweiten Hälfte des 18. Jahrhunderts und von ihr gingen auch zahlreiche Impulse aus, auch wenn sie selber in diese Entwicklung nicht aktiv eingriff. Sie erweiterte die Kenntnisse in den Naturwissenschaften kaum, sie kritisierte nicht die Neuerscheinungen auf dem Büchermarkt und engagierte sich auch nicht als gemeinnützige Organisation. Die Schweiz bot gerade für die Sozietätsbewegung einen gut überschaubaren, weltoffenen und aufklärerisch beeinflussten Raum. Die Mitglieder der Helvetischen Gesellschaft trafen sich zum Ideenaustausch und entwarfen Utopien in den Kantonen und in den städtischen Zentren zur Verbesserung der Welt. Neben ihr entstanden weitere zahlreiche größere und kleinere Sozietäten. So erwies sich die Sozietätenbewegung in der Schweiz als außerordentlich vielfältig. Da in der Schweiz alles von den Bürgerschaften ausging, entstand dort eine föderalistische Vielfalt von Sozietäten. In diesem breiten Spektrum konnten vier Gruppen unterschieden werden: gelehrte Gesellschaften, gemeinnützig-ökonomische und Lesegesellschaften sowie die Offiziersgesellschaften, die es in Basel, Zürich und auf gesamtschweizerischer Ebene gab. Kantonale Hauptstädte hatten zudem mehrere Gesellschaften. Die meisten ihrer Gründungen fanden in der zweiten Hälfte des 18. Jahrhunderts statt.[115]

Die Freimaurerei und politischen Geheimbünde im 18. Jahrhundert sind durch das unterschiedliche Entwicklungstempo in Wirtschaft und Gesellschaft auf der einen und Staat und Politik auf der anderen Seite sowie durch die dadurch erzeugten Spannungen gefördert worden. Schon zu Beginn des 18. Jahrhunderts stand die freimaurerische Expansion in einem engen und komplizierten Verflechtungsprozess mit der europäischen Politik. Im Jahre 1717 (wahrscheinlich aber erst ca. 1721) wurde die Londoner Großloge gegründet, sechs Jahre später erschienen die Konstitutionen von James Anderson, womit der Übergang von der Werkmaurerei zur spekulativen Maurerei vollzogen wurde.[116] Die Freimaurerei war zu diesem Zeitpunkt in England in das Spannungsfeld von Jakobiten und Anhängern der neuen Hannoveraner Monarchie eingebettet.[117] Die Jakobiten brachten die Freimaurerei von Großbritannien nach Spanien, Italien, Frankreich und vielleicht auch bis nach Russland. Politische Motive verdeutlichen auch die Trennung nationaler Logen von der Londoner Großloge während verschiedener kriegerischer Auseinandersetzungen und die enge Verbindung von Logen und Geheimgesellschaften zu späteren nationalen Unabhängigkeitsbewegungen, wie z. B. in Irland seit den 60er-Jahren des 18. Jahrhunderts und während der Ständerevolution in den österreichischen Niederlanden 1787/88, in Ungarn, Polen und in den Satellitenstaaten Napoleons.

Die europäische Freimaurerei war zwar kein Kind der Aufklärung, sie wurde aber von ihren Ideen stark beeinflusst. Dabei spielte der politische Aspekt eine besondere Rolle. Die Freimaurerei war die einzige Institution der Bürger, die dem absolutistischen Herrschaftsanspruch Rechnung tragen konnte, gleichzeitig war sie aber auch bemüht, ihm dennoch zu entgehen:

> Die Logen der Maurer sind für das neue Bürgertum eine typische Bildung einer indirekten Gewalt im absolutistischen Staat […] In die

Logen, zunächst eine rein bürgerliche Schöpfung, verstehen es die Bürger, den sozial zwar anerkannten, aber politisch ebenfalls entrechteten Adel hineinzuziehen und so auf der Basis sozialer Gleichberechtigung mit ihm zu verkehren [...], Noblemen, Gentlemen and Working Men fanden hier Zutritt, und der Bürger gewann somit eine Plattform, auf der alle ständischen Unterschiede eingeebnet wurden. Mit dieser Tätigkeit richteten sich die Maurer gegen das bestehende Sozialgefüge, standen aber noch nicht in unabweisbarem Widerspruch zum absolutistischen Staat. Die politische Gleichheit der Untertanen führte zur sozialen Angleichung ständischer Unterschiede: dieses Durchführen hieß noch nicht das politische System des absolutistischen Staates selber sprengen. Aber gerade dort, wo die soziale Einebnung der ständischen Hierarchie am stärksten angestrebt und zum Organisationsprinzip gezählt wurde, in den Logen, war die soziale Gleichheit eine Gleichheit außerhalb des Staates.[118]

Auch in Lessings Freimaurergesprächen[119] wird der gesellschaftspolitische Aspekt der Freimaurerei besonders hervorgehoben. Lessing hoffte, dass er im Bruderbund doch jenes Ideal finden könnte, das mit den Zielen der Aufklärung übereinstimmt.

In der Habsburgermonarchie unterstützten die Freimaurer die Reformpolitik Maria Theresias und Josephs II. Manche Forscher betonten sogar in diesem Zusammenhang, dass Joseph II. in der Instrumentalisierung des Bundes für seine politischen Ziele und Absichten als Vorläufer Napoleons bezeichnet werden könne. Leopold II. fasste über die Motive Josephs II. hinaus zur Realisierung seiner Politik sogar die Gründung einer „geheimen Assoziation" ins Auge.[120]

Die Freimaurerei hat zweifelsohne als gesellschaftliche Formation die Aufklärung mitgeprägt und im Aufgeklärten Absolutismus eine wichtige soziale Rolle gespielt. Mit ihren strukturellen Gemeinsamkeiten stellte sie eine spezifische Antwort auf das System des

Aufgeklärten Absolutismus dar. Wie schon erwähnt: Der antiabsolutistische Adels, das gebildeten Bürgertum und die Philosophen, die sozial z.T. anerkannt, die teilweise ohne politischen Einfluss waren und in den bestehenden Einrichtungen des absolutistischen Staates keinen adäquaten Raum fanden, trafen sich in den Freimaurerlogen, um Kunst, Kultur, Wissenschaft und Gesellschaftspolitik zu betreiben.

Schon zur Zeit der Aufklärung entwickelte die Freimaurerei in den Logen – wie schon ausgeführt – ein in Ansätzen demokratischen Potential, das sich im offenen Bekenntnis zur Demokratie manifestierte und das gegen das real bestehende politische System und gegen den ständisch aufgebauten absolutistischen Staat gerichtet war.[121]

Wie die Geschichte der Freimaurerei im 18. Jahrhundert zeigt, waren nicht wenige Mitglieder des Bundes an der Verbreitung der Ideen der Aufklärung, an Reformen und Freiheitsbewegungen aktiv beteiligt. Als Beispiele sollen hier auswahlweise erwähnt werden: Ignaz Edler von Born, Johann Georg Adam Forster, Friedrich II., König von Preußen, Johann Wolfgang von Goethe, Gotthold Ephraim Lessing, Charles Louis de Secondat Montesquieu, François Marie Arouet Voltaire und Christoph Martin Wieland.[122] Diese Freimaurer zeigten die politische, kulturelle und gesellschaftliche Bedeutung des Bundes im 18. Jahrhundert auf. Sie verdeutlichten, dass neben politischen und gesellschaftlichen Strukturen auch einzelne Persönlichkeiten in der Geschichte der Freimaurerei im 18. Jahrhundert eine zentrale Rolle spielten. Ein großes Anliegen der Freimaurerei war auch die Forderung der Gleichheit der Menschen, die sich im Abbau der ständischen Privilegien innerhalb der Logen manifestierte. Die Freimaurerei setzte sich schließlich auch sehr aktiv für die Verbreitung der Menschenrechte ein, wie noch später aufgezeigt wird.[123]

3. DAS DEMOKRATISCHE POTENTIAL DER BRUDERKETTE

In der Freimaurerei zur Zeit der Aufklärung entwickelte sich auch ein in Ansätzen demokratisches Potential, das sich nicht nur in der ständischen Nivellierung, in der Verwirklichung der gesellschaftlichen Gleichheit in den Logen und im humanen Prinzip „Mensch unter Menschen" zeigte, sondern auch in der Selbstordnung und Selbstverwaltung, in der relativ stark ausgeprägte Formen der Willensbildung erkennbar waren, und im offenen Bekenntnis zur Demokratie, das gegen das real bestehende politische System und gegen den ständisch aufgebauten Staat gerichtet war. So heißt es z. B. in der Verfassung der Provinzial- und Großloge von Österreich 1784:

> Grundsätze.
> I.   Die Maurerei in ihrer Verfassung und dem Verhältnisse der (Logen) gegenüber ist eine demokratische Vereinigung und jede (Loge) eine Demokratie.
> II.   Die gemeinschaftliche Beschäftigung derselben ist Wohltätigkeit im ausgebreitetsten Verstande.
> III.   Die Lehre von den Mitteln zur Wohlthätigkeit und der Art, sie auszuüben, ist die Ordenslehre, in den dem Orden eigenen Zeichen, Hieroglyphen und Symbolen aufbewahrt.
> IV.   Die Bestimmung des Verhältnisses der (Logen) gegen einander und zum Orden, macht die Ordensgesetze aus – die besondere Verfassung einer (Loge) wird durch (Logen)Gesetze bestimmt.
> V.   Die demokratische Vereinigung im Ganzen mengt sich nicht in die innere Verfassung der einzelnen Theile, insoweit solche mit den Grundsätzen des Ganzen nicht streitet. - Auf gleiche Art haben auch die Ordensgesetze dasjenige nicht zu bestimmen, was das Innere einer Loge betrifft, insoferne es auf das allgemeine keinen Einfluss hat. Die (Logen)Gesetze gehören also nicht in das Ordensgesetzbuch.

VI. Die gesetzgebende und gesetzvollstreckende Macht des Ordens muß, aus der Natur der demokratischen Vereinigung, bei den (Logen) sein.

VII. Aber da diese sich nicht versammeln können, so müssen sie Repräsentaten wählen, diese stellen bei gemeinschaftlichen Zusammenkünften die (Logen) vor, und handeln entweder aus allgemeiner oder besonderer Vollmacht.

VIII. Aus allgemeiner Vollmacht handeln sie nach dem Buchstaben der Gesetze, und wenn sie darum angerufen werden, wenden sie dieselben auf die einzelnen Fälle an: das heißt: sie üben die gesetzvollstreckende Gewalt aus.

IX. Die Versammlung der Repräsentanten aller (Logen) in den k. k. Erbländern hat den Namen große Landesloge.

X. Da aber die Geschäfte der großen Landesloge sich zu sehr häufen, die Entscheidungen zu sehr sich verzögern, und wegen Anzahl der (Logen) dennoch nicht wohl möglich sein würde, daß von jeder (Loge) mehr als ein Repräsentant daselbst zugegen wäre, so ist die große Landesloge in mehrere Logen nach Provinzen untergetheilt worden, welche in ihren Provinzen die gesetzvollstreckende Gewalt mit Vorbehalt der Appellation an die große Landesloge ausüben.

XI. Da aber auch unsere Provinzloge immer noch zu sehr mit kleinen Geschäften überladen, der Gang der Angelegenheiten gehemmt würde, und darum die (Logen) nur von wenigen vorgestellt werden könnten, so sind unsere Provinzloge mehrere Distriktslogen untergetheilt worden, welche aus einer bestimmten zureichenden Zahl von einzelnen (Logen) zusammengesetzt sind.[124]

In dieser Verfassung, die eine wichtige Vorstufe späterer demokratischer Konstitutionen bedeutet und in der deutlich demokratische Ansätze der politischen Spätaufklärung erkennbar sind, geht das Bemühen der Gesetzgeber hervor, Willkürtendenzen der Großen Landesloge, die 1784 in Wien gegründet wurde, zu verhindern und die Autonomie der Einzellogen und ihrer Mitglieder zu sichern.[125]

3. Das demokratische Potential der Bruderkette

Die zahlreichen freimaurerischen Logenordnungen und -satzungen, von denen hier einige auswahlweise erwähnt werden, enthalten häufig Hinweise, dass der Zweck des Freimaurerbundes die „Darstellung der Menschheit als eines weder durch Unterschied der Confession, der Nationalität, des Stammes, der gesellschaftlichen Stellung noch auch das materiellen Besitzes [...]" sei. Sie ist vielmehr eine „Gemeinschaft in brüderlicher Liebe zum gemeinsamen Streben nach allem Wahren, Schönen und Guten."[126] Hier ist deutlich die von den Logen intendierte ständische Nivellierung im Sinne humanitärer Verwirklichung angesprochen.

Das Überwinden von territorialen, konfessionellen und sozialen Schranken war also ein wesentlicher Bestandteil des humanitären und gesellschaftlichen Verständnisses der Freimaurerei. Schon in den „Alten Pflichten" von 1723 wird unter den „allgemeinen Anordnungen" ausdrücklich darauf verwiesen, dass kein Bruder in eine Loge aufgenommen oder als Mitglied angenommen werden könne, der nicht die einstimmige Annahme durch alle Brüder der Loge bekommen habe.[127] Auch in der „Oeconomischen Encyklopädie [...]" von Johann Georg Krünitz wird betont, dass alle Glieder der Freimaurerei Brüder sind und weder Sprachen, noch Kleider, Meinungen, Würden, Stand und Güter einen Unterschied machen. „Die Gleichheit ist ihr erstes Gesetz. Nach diesem System wird die ganze Welt gleichsam als eine Republik angesehen ..."[128]

Im „System der Freymaurer-Loge Wahrheit und Einigkeit zu den drey gekrönten Säulen in (Prag) heißt es im Abschnitt „Regierung und Polizey der (Loge)":

> Die (Loge) ist eine demokratische Republik, das Wort im ausgedehntesten Verstande genommen. Bey der Versammlung ihrer Brüder also, ohne Unterschied der Grade, der Würden, oder des Alters, ist sie gesetzgebende sowohl als vollziehende Gewalt.[129]

Gleichzeitig wird aber betont, dass nur die arbeitenden Brüder an der Regierung teilhaben können, nicht die Besuchenden und Ehrenmitglieder.

Wichtige Hinweise auf das demokratische Potential finden sich auch im Archiv des Freimaurerordens in Kopenhagen und in zeitgenössischen Darstellungen aus der masonischen Abteilung der Universitätsbibliothek Posen in Ciazen.[130] So heißt es in den Akten der Strikten Observanz des dänischen Freimaurerordens: Keine Gesellschaft kann bestehen, die nicht gewissen Gesetzen gehorcht.

> Ein Hamburger, so gut als ein Engländer, der der republikanischen Freyheit gewohnt ist, (muß) erst viele Vorurtheile überwinden, ehe er einsehen lernet, daß ein stricter Gehorsam gegen billige Obere, mit einer vernünftigen Freyheit sehr gut bestehen kann, und daß eine Freyheit, die die Erlaubnis gibt, sich ohne Unterschied und Einschränkung, gegen Verordnungen aufzulehnen, die auf das allgemeine Absondere, diesen Namen nicht verdient, sondern eigentlich eine verderbliche Zügellosigkeit ist. Aus diesem unrichtigen Begriffe von der Freyheit, und des Wortes Frey-Maurer, entstand der merkwürdige Satz in den Gesetzen, der ungefähr also lautet: ‚Es wird kein Gesetz dieser (Loge) für verbindlich angesehen, sofern es nicht aus unsern Protocoll erhellet, daß es durch Mehrheit der Stimmen angenommen ist'.[131]

In den zeitgenössischen Broschüren findet sich häufig das Thema der Gleichheit der Menschen, wobei auf den großen Vorteil der Freimaurerei hingewiesen wird, dass sie die Duldsamkeit der verschiedenen Stände befördere.

> Wer sollte es nicht wissen, in welcher Entfernung noch vor nicht langen Zeiten, die verschiedenen Stände der Menschen untereinander lebten, und mit welchem Kaltsinn sie sich noch einander begegnen, da, wo die Maurerey bis jetzt ihr Haupt nicht empor hob? Der Gelehrte

verachtete den Kaufmann, weil er glaubte, daß nur durch ihn Ordnung, Sittlichkeit und Recht unter den Menschen erhalten und befördert würde. Der Kaufmann verachtete den Gelehrten, weil er glaubte, seine Schätze regierten die Welt, und nur durch ihn würden die Menschen zusammen verbunden. Der Krieger verachtete Beide, und wurde von Beiden verachtet. – Wer war es anders, als die Maurerey, die diesen lächerlichen Stolz verdrängte, und die verschiedenen Stände der Menschen näher zusammen verband?[132]

Die demokratischen Ansätze zeigten sich besonders im freimaurerischen Postulat der natürlichen Gleichheit aller Menschen, das allerdings – wie bereits angedeutet – im Gegensatz zur faktischen gesellschaftlichen Ungleichheit stand, die aber von den Aufklärern in der Regel als zwangsläufig hingenommen wurde. Deren Einstellung ändert sich erst nach 1789, denn nun glaubt ein Teil der Freimaurer, dass die Gleichheit auch im realpolitischen Raum durchgesetzt werden müsse, um den freimaurerischen humanitären Zielen zum Durchbruch zu verhelfen. Der Weg ist allerdings ambivalent: einige bleiben noch im Rahmen aufklärerischer Reformen, die radikaleren Logenmitglieder lehnen die revolutionäre Veränderung nicht prinzipiell ab. Bei den liberalen Aufklärern wurden allerdings auch nach 1789 die politischen Konsequenzen noch weitgehend verschwiegen, weil sie nur schwer durchgeführt werden konnten.

Darüber hinaus manifestierte sich das demokratische Potential – wie bereits erwähnt – besonders in den Formen der Willensbildung, zumal die Gesamtheit der Mitglieder die letzte Entscheidungsgewalt besaß. Die Ämter der Logen, ihrer Ausschüsse, Kommissionen, Versammlungen und ihre Gesetzgebung waren im Sinne der Mitbestimmung aller Glieder nach dem Mehrheitsprinzip das Abbild eines republikanischen Verwaltungssystems. Selbstordnung und Selbstverwaltung müssen aber auch als wichtiges frühes demokratisches Element der entstehenden bürgerlichen Gesellschaft im Allgemeinen gesehen werden. Die Statuten der Freimaurerei, die sich in wesentlichen Punkten kaum voneinander unterschieden, waren in ihren Grundgedanken auf die Gleichberechtigung aller Mitglieder ausgerichtet. Alle wichtigen Entscheidungen, wie z. B. die Aufnahme neuer Mitglieder und die Abänderungen der Statuten, wurden von allen Mitgliedern gemeinsam in den regelmäßig stattfindenden Versammlungen getroffen. Die Statuten sollten die herrschaftsfreie Kommunikation und die Gleichrangigkeit aller Mitglieder sichern. Sie regelten auch die Wahl der Beamten und den Ablauf der Sitzungen. Dieser demokratische Ansatz ist insofern bemerkenswert, als es in anderen sozialen und politischen Bereichen der noch feudalabsolutistischen Gesellschaft diese Tendenz nicht gab.

Die Statuten gaben allerdings noch keine Garantie, dass das gesellschaftliche Leben konfliktfrei ablief, zumal es in der Freimaurerei und insbesondere in Hochgraden Oligarchisierungstendenzen und eine z. T. restriktive Mitgliederpolitik gab. Letztlich blieb jedoch entscheidend, dass jede strukturelle Veränderung die Zustimmung der Mehrheit aller Mitglieder erforderte. Die Satzungen garantieren die Gleichheit der Brüder, bei denen Stand, Herkunft und Konfession keine entscheidende Rolle mehr spielten. Damit wurde erstmals die Möglichkeit geschaffen, dass Menschen aus verschiedenen Ständen und Berufen in der Loge die gleiche Stimme besaßen und ihre Meinung frei äußern konnten. Dies war aber nicht gleichbedeutend mit Gleichheit in der öffentlichen Gesellschaft, wo die ständischen Unterschiede weiterhin aufrecht blieben.[133]

4. DIE ENGLISCHEN REVOLUTIONEN IM 17. JAHRHUNDERT

Der indirekte Einfluss der Freimaurerei lässt sich politisch auch durch den Weg zum modernen Parlament in England aufzeigen. Erstmals gab es dort die Formel vom „King-in-Parliament" 1534 im Dispensationsact, „wonach die gesetzgeberische Souveränität des Landes einzig und allein bei König, Lords und Commons" lag, „die im ‚most High Court of Parliament' den gesamten, „Realm (Royaume)" repräsentierten.[134] Von König Heinrich VIII. wurde diese besondere Stellung des Parlaments hervorgehoben. Stand der englische König bisher über dem Parlament, so war er nun ein Teil desselben Parlaments. Das House of Commons bildete die größte repräsentative Körperschaft, die es in England vorher nicht gab. Das Unterhaus hatte zahlreiche gewählte Mitglieder und Züge einer selbstregierenden Institution. Durch die „Acts of Parliament" verwandelte sich das Unterhaus schon durch vorhergehende Veränderungen von einer ursprünglichen Beschwerdeinstanz in ein Instrument der Regierungspolitik. Die Commons nahm der König nun auch als gleichberechtigten Partner an. Das Wesentliche des „King-in-Parliament" lag für Kurt Kluxen darin, „dass das Prinzip der legislativen Souveränität einer gemischten Versammlung von König, Lords und Commons zugeschrieben wurde, die alle drei im Gesetzgebungsprozess unentbehrlich und gleichberechtigt waren."[135]

Das Prinzip des „King-in-Parliament" stellte keine theoretische Programmatik dar, sondern war eine praktische Notwendigkeit. Hier dominierte bereits die Repräsentationsidee gegenüber dem „High Court of Parliament":

Die allerhöchste und absolute Macht des englischen Reichs liegt im Parlament […] Denn jeder Engländer wird dort als anwesend verstanden, entweder in Person oder durch Bevollmächtigte und Vertreter, gleichgültig was sein Rang, Status, Würde oder Eigenschaft auch sein möge, vom Fürsten (mag es ein König oder eine Königin sein) bis zur niedrigsten Person in England. Und die Zustimmung des Parlaments gilt als Zustimmung von jedermann.[136]

Der Gesamtzustand der Nation war allerdings noch immer trotz dieser parlamentarischen Entwicklung sehr vom König oder der Königin abhängig. König Jakob I. sah dann 1605 das Parlament nur mehr als „King's Council" und nicht als Stätte legislativer Souveränität.

Von historischer Bedeutung war die „Petition of Right" von 1628, deren Urheber Richter Sir Edward Coke war, und die vom dritten Parlament König Karl I. verabschiedet wurde. Sie bezog sich, was besondere Relevanz hatte, nicht mehr auf das Einzelrecht, sondern auf das Recht allgemein.[137] Das „Common Law" war für Coke die „Regel von Recht überhaupt, die eine über König und Parlament hinausreichende Kompetenz der Richter in Rechtssachen verlangte".[138] „Common Law" und „Magna Charta" hatten große Wirkung, weil sie auch in der „Puritanischen Revolution" die Rechtfertigung des Widerstandes bildeten:

> In der Glorreichen Revolution wurde die Unabhängigkeit der Dritten Gewalt und die Balance der drei Gewalten zum Verfassungsgrundsatz erhoben in der „Act of Settlement" von 1701, und mit der „Bill of Rights" von 1689 die königliche Prärogative den Regeln des Common Law unterworfen.[139]

Diese parlamentarische Entwicklung war eine wesentliche Voraussetzung für die moderne Demokratie. König Karl I. berief ein Parlament, das sogenannte „kurze Parlament", das nur drei Wochen bestand, und dann das „lange Parlament" 1640 ein, das von 1648 bis 1653 tagte und 1659 nochmals für wenige Monate existierte.

Bedeutung hatte vor allem das „lange Parlament", das revolutionäre Änderungen hervorbrachte, „die über die Commonwealth-Zeit Bestand hatten und dem selbstherrlichen Regiment der ersten Stuartkönige den Garaus machten".[140]

In dieser Zeit begann auch das Prinzip der Gewaltentrennung stärker zu werden, insbesondere die Legislative und Exekutive. „Die Gewaltentrennung wurde als Erbgut der Verfassung und alte Form der Rechtssicherheit angesehen."[141] Die Theorien der Volkssouveränität „dachten nicht an eine technische Souveränität des Volkes im Parlament, sondern an eine Sicherung des Volkes gemäß den ‚Customs' des Common Law".[142] Dieses hatte auf die konstitutionelle Entwicklung in England großen Einfluss. Die „Bill of Rights" 1689 vermittelten dem König eine konstitutionell umschriebene Grundlage: „Recht und Gesetz standen ... über der Krone, die zum Staatsorgan geworden war"[143], und das Parlament bestimmte über die Grundlagen der Verfassung. So hat die englische Entwicklung im 17. Jahrhundert die wichtigsten Strukturelemente des Parlamentarismus und der frühen Demokratie geschaffen.

Langfristig war die Glorreiche Revolution in England für den späteren Parlamentarismus und für die langsame Entstehung der Demokratie eine nicht zu unterschätzende Voraussetzung. „Die in der Glorious Revolution von 1688 zum Tragen gekommene Verfassungsdoktrin wie die in ihr geschaffenen Verfassungsinstitutionen wurden für den normativen Begriff der Konstitution und der Republik bestimmend".[144] Das aus Ober- und Unterhaus zusammengesetzte Parlament „verkörperte und vertrat (repräsentierte) die führenden Kräfte des Landes".[145] Dieses parlamentarische System war geprägt von Grundrechten, Gewaltenteilung und Repräsentativverfassung – alles wesentliche Elemente der späteren Demokratie.

Bereits im 16. Jahrhundert waren gegenüber dem mittelalterlichen Feudalismus veränderte gesellschaftliche Organisationsformen entwickelt worden, wie der moderne Staat und die bürgerliche Wirtschaft, wobei diese Entwicklungstendenzen im Verlauf des 17. und 18. Jahrhunderts konkretere Gestalt annahmen. Gegen die alten Feudalkräfte setzte sich langsam eine Zentralisierung der öffentlichen Gewalt in Form monarchischer Herrschaft durch, allerdings mit unterschiedlicher absolutistischer Ausprägung der Krongewalt in Frankreich, Deutschland, Österreich und England. Die Machtentfaltung des moderneren Staates beruhte besonders auf der Wirtschaftskraft des Landes, die zur Finanzierung seiner Machtmittel – Beamtenapparat und stehendes Heer – herangezogen wurde. Deshalb förderte der Absolutismus die Entfaltung der bürgerlichen Wirtschaftstätigkeit, die jedoch in die ständische Gliederung der Gesellschaft eingebunden blieb. Die gesellschaftliche Privilegierung der alten Feudalstände geriet schließlich in einen immer stärker hervortretenden Widerspruch zur realen Bedeutung des Wirtschaftsbürgertums, das die Ausschaltung willkürlicher Herrschaftseingriffe in seinen gesellschaftlichen Tätigkeitsbereich und die Mitbeteiligung an der staatlichen Herrschaftsausübung verlangte.[146]

In Frankreich waren bereits im 16. Jahrhundert mit dem Ende des Bürgerkrieges wichtige Elemente der monarchischen Herrschaftszentralisierung durchgesetzt, sodass die Macht der Krone zumindest keine gleichwertige Konkurrenz fand. Die Generalstände blieben in Folge ihrer Ungeschlossenheit politisch unbedeutend und wurden 1614 unter Ludwig XIII. letztmals einberufen. Die Parlamente büßten ihren politischen Einfluss, die Einwirkung auf königliche Erlässe, weitgehend ein und wurden auf ihre Funktion als Rechtsorgan beschränkt. Der königliche Verwaltungsapparat bereitete sich immer weiter auf die Provinzen aus, auch wenn die staatliche Organisation noch erhebliche Lücken in der administrativen Vereinheitlichung des Landes aufwies.

Die Einordnung der englischen Entwicklung in das Ancien Régime wurde dadurch erschwert, dass sie einen erheblich anderen

Verlauf als in Frankreich oder Deutschland nahm. In gewissem Sinne ist sie bereits eine frühe Umgestaltung der von dort bekannten Herrschaft und Gesellschaftsordnung, in deren Zusammenhang sie aber dennoch steht, weil sich auch in England die politische Basis von einer schmalen aristokratischen Oberschicht auf breitere Teile des Bürgertums erweiterte und die während der langen Herrschaftszeit der Tudor-Dynastie gefestigte Landesherrschaft der Krone zugleich im Parlament eine Gegenkraft bekam, die sich auf stark entwickelte Selbstverwaltung in den Grafschaften (durch die adeligen Großgrundbesitzer) und den Städten (durch die bürgerlichen Korporationen) stützte. Wenn auch die Verteilung der tatsächlichen Macht zwischen der monarchischen Regierung und dem Parlament noch keineswegs ausgewogen war, so stand der Krone doch bereits ein Repräsentativorgan der Gesellschaft, jedenfalls ihrer sozial führenden Oberschicht gegenüber, auf das die Interessenvertretung dieser Gesellschaft angelegt war. Freilich fehlte diesem Parlament trotz seiner Kompetenz zur Steuerbewilligung und seines Petitions- und Widerstandsrechts zunächst noch die entscheidende Anerkennung als eigenständiges Element der Herrschaftsordnung, die eine wirksame politische Kontrolle der monarchischen Macht ermöglicht hätte. Dennoch führte diese Entwicklung nicht – wie auf dem Festland – zum monarchischen Absolutismus, sondern bereits im 17. Jahrhundert zu einer konstitutionellen Beschränkung der Monarchie.[147]

Die beiden Englischen Revolutionen 1640 bis 1688 sind in der Forschung als Krisenperiode mit revolutionären Einschnitten bezeichnet worden. Zweifelsohne gibt es einen Zusammenhang zwischen den beiden Revolutionen Mitte des 17. Jahrhunderts und in den ausgehenden 80er-Jahren, weil sie sich in ihren Ursachen und zentralen Problemen der Machtverteilung zwischen Krone und Parlament berühren. Zudem wurde durch die Revolution 1688 in einem zweiten Anlauf das erreicht, was bei der vorhergehenden

Revolution nicht gelungen ist. England hatte im 16. Jahrhundert als einziges europäisches Land ein Parlament, das ein nationales und auch funktionsfähiges Repräsentationsorgan besaß. Es bestand aus zwei Häusern, nämlich dem House of Lords (Oberhaus) und dem House of Commons (Unterhaus), was für die Anfänge der Demokratie in Europa nicht ohne Bedeutung war.[148]

Im Zusammenhang mit den Ursachen der ersten Englischen Revolution muss zwischen Streitfragen, die in den Finanzproblemen der Krone zu suchen waren und die strukturellen Schwächen des englischen Staates aufzeigten, und Faktoren unterschieden werden, die zu einem Prestigeverlust der Monarchie führten, Entfremdungserscheinungen und Polarisierungsprozesse zwischen Hof und Land und die dadurch verursachten Kommunikationsprobleme zwischen ihnen, Entwicklungen, die als Bedrohung der Religion aufgefasst wurden und die Furcht vor einer Rekatholisierung in England nährten, sowie Veränderungen und Eingriffe, die während des persönlichen Regiments König Karls I. das gesamte libertäre Verfassungssystem bedrohten, weil diese sich auch gegen die Institution des Parlamentes, gegen fundamentale Rechtsprinzipien und gegen die Autonomie der Grafschaften wandten. Und schließlich gab es auch Anstöße, die von außen bewirkt wurden und den König zur Einberufung des Parlaments zwangen, die zum langen Parlament führten.[149] Die wichtigste Aufgabe des langen Parlaments war, das Regime der persönlichen Herrschaft zu beseitigen. Neben der Entfernung der gefährlichsten und verhasstesten Ratgeber des Königs beschloss es mehrere wichtige Reformgesetze zur Beseitigung der immer wieder angeführten Gravamina und zur Verhinderung von Übergriffen des Monarchen. Der Monarch sollte fest an das Recht gebunden werden.

Die Aktivitäten der Bevölkerung zeigten eine religiöse Zielsetzung und waren auch Teil von Massenaktionen, die vor allem in der Hauptstadt stattgefunden haben und durchaus revolutionäre

Züge aufwiesen. Es waren aber nicht nur religiöse Gründe, die die Massen auf die Straße trieben, sondern auch ökonomische Depressionen besonders im Textilgewerbe, obwohl die Englische Revolution nicht allein durch eine Wirtschaftskrise oder durch einen Elendsdruck der ärmsten Schichten als Auslöser des Revolutionsprozesses bezeichnet werden kann.[150] Für König Karl I. war die englische Verfassung eine gute Verbindung zwischen absoluter Monarchie, Aristokratie und Demokratie, zwischen König, Oberhaus und Unterhaus. Freilich wurde diese gemischte Verfassung nun durch das Unterhaus und dessen politische Bestrebungen zumindest gestört. Die konstitutionelle Balance hat sich sehr stark in Richtung auf das Unterhaus verschoben.

Der König mit seinen Anhängern befürchtete, dass durch die Unterhaus-Mehrheit die Gefahr einer Übernahme der Macht durch das gemeine Volk drohe, was den Ausbruch von Chaos und Verwirrung mit sich bringen würde. Diese verfassungsrechtliche Auseinandersetzung zwischen königlicher Zentralgewalt und dem Parlament wurde dann im Herbst 1642 durch den militärischen Konflikt gesteigert, womit der englische Bürgerkrieg begann. Neben dem Protestantismus ist auch die Libertät schon im 17. Jahrhundert als ein besonderes Merkmal der nationalen Identität Englands gesehen worden. So wurde der Widerstand gegen autoritäre Entwicklungen in Richtung absoluter Monarchie gestärkt, in dem diese als unenglisch bezeichnet wurde. Der Levellerführer John Lilburne stellte dazu 1648 fest: „Wir sollten nach ausländischem Muster geformt werden", und meinte damit die absolute Tyrannei.[151] Zum libertären Selbstverständnis in England zählte vor allem die Institution des Parlaments, das einen integralen Bestandteil der englischen Verfassungs- und Rechtsordnung darstellte. Zudem war das Parlament im traditionellen Denken der Engländer fest verankert. Das Unterhaus vertrat den Anspruch, das Volk zu vertreten, was in gewissem Sinne schon als ein demokratischer Aspekt bezeichnet werden konnte. Dabei spielte sicher auch die Tatsache eine Rolle, dass England im Vergleich zu anderen europäischen Monarchien kaum ein Ständestaat war, womit auch keine „Verhärtung der Ständestruktur" stattgefunden hatte.[152] Die starke Verteidigung des Parlaments und der Freiheitsrechte durch den Widerstand war vielleicht auch durch den adeligen Konstitutionalismus begründet, besaß aber in England eine über den Adel weit hinausführende Anziehungskraft aufgrund einer breiteren und volkstümlicheren Basis.

Der erste Bürgerkrieg wurde im Frühjahr 1646 beendet und war eine Niederlage des englischen Königs, die er nicht akzeptieren wollte. „Er spekulierte einerseits auf die bewaffnete Intervention von Seiten auswärtiger Mächte zu seinen Gunsten und baute andrerseits auf die Gegensätze unter seinen Gegnern. Bereits die Tatsache, dass er sich in den Gewahrsam der schottischen Armee begab, war ein taktisches Manöver und Teil seiner Versuche, seine Kontrahenten gegeneinander auszuspielen. Der König war, hat man nicht zu Unrecht gesagt, bestrebt, den militärisch verlorenen Krieg durch Intrigen nachträglich doch noch zu gewinnen. Es kam in der Tat zu einem Spaltungsprozess und zum Konflikt zwischen seinen Gegnern, von dem Karl I. jedoch letztlich, weil er sein Spiel überreizte, nicht profitierte, sondern in dem er selber vernichtet wurde."[153]

Die „Republik" in England 1649 bezeichnete man auch als „improvisierte". Die Überlegenheit der Republik gegenüber der Monarchie musste erst noch entwickelt werden. So wurde die Einführung der republikanischen Staatsform als eine Möglichkeit betrachtet, weil man in ihr eine auch wirtschaftlich vorteilhafte Staatsform sah. Sogar Royalisten waren davon überzeugt, dass republikanische Strukturen macht- und handelspolitische Vorzüge aufweisen. In den späteren Jahren nach 1650 trat dann nach Desillusionierungen der Konservativismus wieder stärker hervor, wie im

„Instrument of Governement" (1653), eine geschriebene Verfassung, mit der die Regierung sich wieder ihrer traditionelleren Form annähern und eine klare rechtliche Grundlage erhalten sollte. In der Forschung wurde betont, dass dieses „Instrument" die revolutionäre Entwicklung in England beendet hätte. So folgte eine „Remonarchisierung" des Regimes. 1660 wurde die Monarchie restauriert. Vor der Revolution von 1688 wurde sogar das auch demokratisch wichtige Ergebnis der Revolution, nämlich die Machtbeschränkung des Königs und die Sicherung der Bedeutung des Parlaments, wieder in Frage gestellt. Mit der Revolution von 1688/89 sind einige wichtige Grundfragen der englischen Politik endgültig gelöst worden, wie z. B., dass das Parlament nun zu einem unverzichtbaren, kontinuierlichen Bestandteil des politischen Systems wurde. Zweifelsohne war die endgültige Begrenzung der Monarchie eine wichtige Stufe in Richtung finanzieller und wirtschaftlicher Entwicklung des Landes.[154] Obwohl die Revolution nicht als revolutionäre Neuordnung bezeichnet werden konnte, blieb sie doch nicht ohne einige Reformen. Für die Weiterentwicklung des Parlamentarismus in England war sie aber von großer Relevanz. Der Historiker Jacob Burckhardt meinte, dass durch die beiden Englischen Revolutionen des 17. Jahrhunderts England konstitutionell geworden sei.[155]

Mit der Durchsetzung der parlamentarischen Monarchie war in England bereits eine Interessenkoalition von Aristokratie und Bürgertum verwirklicht, auch wenn allein eine beschränkte gesellschaftliche Oberschicht durch das Parlament an der Herrschaft im Staat beteiligt war. Obwohl das traditionelle Wirtschafts- und Sozialgefüge seit dem ausgehenden 18. Jahrhundert völlig verändert wurde, vollzog sich in England der Übergang zur bürgerlichen Vorherrschaft ohne tiefgreifende Veränderung der entwickelten politischen Reformen. Der Umsturz des Systems blieb im Unterschied zu Frankreich vermeidbar, weil die konstitutionelle Monarchie einen Organisationsrahmen parlamentarischer Herrschaft zur Verfügung stellte, der sich auch bei einer Verbreiterung der gesellschaftlichen Basis für die Herrschaftsausübung verwenden ließ. Eine solche Entwicklung, die Einbeziehung des Bürgertums in die parlamentarische Repräsentation, bedeutete einen ersten Schritt zur Demokratisierung der Parlamentsherrschaft.

Im Jahre 1640 brach in England, wie bereits erwähnt, der Konflikt zwischen den beiden Teilhabern an der Souveränität offen aus, die Bürgerkriege endeten mit dem Sturz und der Hinrichtung des englischen Königs und mit der Niederlage des königlichen Absolutismus. 1649 wurde die Monarchie abgeschafft und eine parlamentarische Republik errichtet, die 1653 von der Militärdiktatur Oliver Cromwells abgelöst wurde. Im revolutionären Denken der Bürgerkriege kamen bereits Ideen auf, die die Souveränität für das Parlament allein beanspruchten.

Nach der Repräsentationstheorie ist das Volk, von dem die Gewalt ausgeht, mit dem Parlament so vollkommen identisch, dass es keinen Rekurs vom Parlament an das Volk geben kann: das Parlament ist das Volk, ist der Staat. Bei John Locke geht es nicht um den Schutz des Menschen vor der Staatsgewalt, sondern um die zu diesem Zweck erst zu errichtende Staatsgewalt. Das Gemeinwesen entsteht durch einstimmigen Gesellschaftsvertrag. In der bestehenden „political society" gilt das Mehrheitsprinzip, dessen Anerkennung ausdrücklicher Bestandteil des Gesellschaftsvertrags ist. Bedeutsam war für die Demokratieentwicklung auch Lockes Trennung der Gewalten, die er aus der englischen Verfassung seiner Zeit ableitete, sie aber ausdrücklich mit der Anfälligkeit des Menschen für Machterweiterung rechtfertigte. Neben der Legislative gab es die Exekutive, die die Gesetze nach innen zu vollstrecken hat, und die Föderative, die für die äußere Sicherheit zuständig ist. Herrschaft wird dabei durch Konsens legitimiert.[156]

Nach der „Glorreichen Revolution", die die Staatsgewalt in die Hände einer Oligarchie legte und England zu einer gentry-Republik machte, konnten die strittigen Verfassungsprobleme gelöst werden. Eine Reihe von Gesetzen umschrieb dabei das neue Regierungssystem. Die Krone stand künftig unter dem Gesetz und war damit zu einem Staatsamt geworden. Die politische Initiative blieb zwar bei der Krone, die Souveränität sollte aber beim König, bei den Lords und Commons gemeinsam liegen. In England hielt sich das neueingerichtete politische System vergleichsweise stabil. Es hatte sich ab 1689 langsam zum modernen Parlamentarismus weiterentwickelt und auf evolutionärem Wege zwei institutionell nicht vorgesehene demokratische Einrichtungen geschaffen: die parlamentarische Ministerverantwortlichkeit und die legitime Opposition.

Aus diesen hier erwähnten Entwicklungsschritten des englischen Parlamentarismus sind die wichtigsten frühdemokratischen Ideen auch von Freimaurern unterstützt worden, weil sie zum Teil mit den Vorstellungen der Bruderkette weitgehend übereinstimmten. Im ausgehenden 16. Jahrhundert wurde die Organisation der schottischen Steinmetze reformiert und die Mitglieder dieser Logen wurden an die neuen esoterischen und philosophischen Entwicklungen herangeführt. Dadurch wurde die Attraktivität für Mitglieder, die nicht arbeitende Steinmetze waren, erhöht. Diese Entwicklung beeinflusste auch die englische Freimaurerei dieser Zeit. Besonders einflussreich auf die religiösen Ideen der Freimaurerei, die im Symbol des Großen Baumeisters aller Welten zusammengefasst wurden, war die Entstehung des englischen Deismus, der zur Zeit der ersten Englischen Revolution entstand. Damit bezeichnete man den Glauben an einen Gott aus Verstandesgründen im Gegensatz zum Gottesverständnis der Offenbarungsreligionen mit ihren heiligen Schriften. Der Deismus wurde allerdings sehr unterschiedlich interpretiert. Im freimaurerischen Sinne brachten die Deisten zwar das Göttliche mit dem Ursprung des Universums in Verbindung, bezweifelten aber ein weiteres Eingreifen Gottes in die Evolution. Zur Zeit der Aufklärung wurde der Deismus dann vor allem als freidenkerische Glaubensströmung gesehen.[157]

Die Amerikanische Revolution

1. DER EINFLUSS DER FREIMAUREREI

Der Einfluss der Freimaurerei auf Politik und Gesellschaft in den USA manifestiert sich besonders in der Amerikanischen Revolution und im Bürgerkrieg. Michael Hochgeschwender charakterisiert die Amerikanische Revolution als ein einschneidendes Erlebnis nicht nur für die amerikanische Geschichte: „Die Amerikanische Revolution war ein komplexes, mitunter widersprüchliches historisches Ereignis, genauer: eine epochale Kette von Ereignissen, ein Prozess, der lange vor dem Ausbruch der Gewalttätigkeiten 1774 begann und erst Jahrzehnte nach dem Frieden von Paris 1783, der den USA die Unabhängigkeit brachte, allmählich zu einem Ende kam. Historische Ereignisse sind beständig interpretationsbedürftig. Nicht umsonst haben sich Historiker, Politikwissenschaftler und Publizisten seit den 1780er-Jahren über den Charakter der Amerikanischen Revolution gestritten."[158] Natürlich war der amerikanische Bürgerkrieg von zahlreichen Mythen begleitet, insbesondere auch von der Erklärung, dass die Revolution ein unumkehrbarer Weg zu liberalen Fortschritts- und Freiheitsidealen war.[159]

Zeigt sich schon vor dem amerikanischen Bürgerkrieg der große Einfluss der amerikanischen Freimaurerei auf das gesellige Vereinsleben, so wurde der politische Einfluss durch die Amerikanische Revolution noch weiter verstärkt. Washington D.C. war im 18. Jahrhundert nicht nur die Bundeshauptstadt der Vereinigten Staaten von Amerika, sondern auch der Mittelpunkt der Freimaurerei und hier besonders das Capitol, zu dem Präsident George

Washington unter maurerischem Ritus den Grundstein legte. 1769 kam es zur Vereinigung der St. Andrews Lodge in Boston mit mehreren englischen Militärlogen der Ancients zur Großloge von Massachusetts. Als Großmeister für Boston, Neu-England und einen Umkreis von 100 Meilen fungierte Joseph Warren, der später im Unabhängigkeitskrieg in der Schlacht von Bunkerhill fiel. 1773 verlieh ihm der Schottische Großmeister den Titel eines Großmeisters für den amerikanischen Kontinent.[160] 1872 verlegte die Südliche Jurisdiktion des Alten und Angenommenen Schottischen Ritus ihren Sitz nach Washington in das House of the Temple. George Washington profilierte sich als hervorragender Kämpfer für die amerikanische Unabhängigkeit und wurde der erste Präsident der Vereinigten Staaten. Freimaurer wurde er 1752 in der „Fredericksburg Lodge No. 1" in Virginia. Im Jahre 1778 übersiedelte er nach Philadelphia und nahm dort an der berühmten Johannistagprozession der Großloge von Pennsylvania teil. Er soll während der ganzen Amerikanischen Revolution sehr viele Logen besucht haben, was auf sein freimaurerisches Engagement hinweist. 1788 wurde er Stuhlmeister der Loge „Alexandria" in Virginia und blieb dies auch in seiner Zeit als Präsident der Vereinigten Staaten. Bei seiner Übernahme des Präsidentenamtes leistete er 1789 den Eid auf die Bibel der St. John's Lodge No. 1 in New York. Den Eid nahm der Kanzler und gleichzeitige Großmeister der Großloge von New York, Robert R. Livingston ab, und General Jakob Morton, der bei der Zeremonie als Marshall fungierte, war Großsekretär und Stuhlmeister der St. John's Lodge. Einer der Biografen Washingtons, Sidney Hayden, verglich das öffentliche und private Leben des amerikanischen Präsidenten mit den Zielen der Freimaurerei und betonte, dass er von der freimaurerischen Übung sehr geprägt wurde: „Die Tugenden, die den Menschen veredeln, werden in der Freimaurerei gelehrt, geehrt und gepflegt; sie fördern das häusliche Leben und sind die Normen für die höchsten Pflichten des Staatsmannes."[161]

2. DIE PRÄSIDENTEN

Nach Washington waren noch weitere Präsidenten auch als Freimaurer tätig, wie Andrew Jackson (1829–1837), Theodore Roosevelt (1901–1909), William Howard Taft (1909–19013), Warren Gamaliel Harding (1921–1923) und Harry S. Truman (1945–1953).[162]

Andrew Jackson wurde vor 1800 Mitglied der St. Tammany Lodge No. 1 in Nashville/Tennessee, die später ihren Namen auf Harmony Lodge No. 1 änderte. Regulär wird Jackson in den Akten der Großloge von North Carolina und Tennessee 1805 als Mitglied erwähnt. 1813 wurde er Großmeister der Freimaurer von Tennessee. Theodore Roosevelt, der auch den Friedensnobelpreis als Vermittler im Russisch-Japanischen Krieg bekam, wurde 1900 in der Loge Matinecocke Lodge 806 in Oyster Bay auf Long Island rezipiert, und gleichzeitig wurde er auch Ehrenmitglied der Loge „Rienzi" in Rom. William Howard Taft profilierte sich als hervorragender Richter und leistungsfähiger Verwaltungsbeamter. Er wurde 1909 Mitglied der Kilwinning-Loge No. 365 in Cincinnati im Bundestaat Ohio. Warren Gamaliel Harding berief als Präsident die Washingtoner Abrüstungskonferenz ein und wurde in die Marionlodge No. 70 in Marion/Ohio als Freimaurer aufgenommen. Er engagierte sich auch ganz im freimaurerischen Sinne für die Gleichheit der Rassen und trat auch für Friedensverträge ein. Harry S. Truman galt als besonders aktiver Freimaurer und war von den freimaurerischen Zielen stark beeinflusst. Rezipiert wurde er in der Belton Lodge No. 450 in Grandview/Missouri. 1911 gründete er mit einigen Freimaurerbrüdern die Grandview Lodge No. 618 und war dort erster Stuhlmeister. Im Jahre 1940 erfolgte seine Wahl zum Großmeister der Großloge von Missouri.[163]

Der amerikanische Staatsmann Benjamin Franklin, Buchdrucker, später Buchhändler, Schriftsteller und Erfinder des Blitzableiters, war nicht nur überzeugter Aufklärer, sondern auch einer der Hauptbegründer der amerikanischen Unabhängigkeit. Mit den Ideen der Freimaurerei wurde er in London konfrontiert, von denen er sofort begeistert war.[164] Seine Chancen, in eine Loge aufgenommen zu werden, waren zunächst gering. 1731 wurden jedoch die Widerstände aufgegeben, sodass seine Rezeption erfolgen konnte. Dort widmete er sich sehr intensiv der Königlichen Kunst. In den USA erschienen aus seiner Feder in der „Pennsylvania Gazette" verschiedene Logennachrichten, und 1734 gab er dort eine Ausgabe der Konstitution von James Anderson heraus. Schon vorher, 1732, wurde er Zweiter Großaufseher. Zwei Jahre stand er als Provinzial-Großmeister an der Spitze der Bruderschaft. Als er nach dem Unabhängigkeitskrieg als Gesandter der 13 Vereinigten Staaten nach Paris reiste, schloss er sich dort der berühmten Loge „Les neufs sœurs" an. 1778, erst sehr spät, wurde der französische Philosoph Voltaire im ehemaligen Noviziat des aufgehobenen Jesuitenordens, dem Sitz der Großloge von Frankreich, feierlich in diese Eliteloge aufgenommen. Das Aufnahmezeremoniell wurde wegen des hohen Alters und der Gebrechlichkeit Voltaires verändert. Auf Franklin gestützt, wurde er mit unverbundenen Augen in den Tempel geführt. Er beantwortete Fragen zur Philosophie und Moral, ehe er zum Meister vom Stuhl der Loge Lalande geführt wurde, der ihm den Eid abnahm und Zeichen, Griff und Wort des Lehrlings mitteilte. Von 1779 bis 1782 war Franklin Stuhlmeister. Als amerikanischer Politiker und Patriot wurde ihm in Paris große Verehrung zuteil, und die beiden Enzyklopädisten Diderot und d'Alembert nannten ihn sogar die Verkörperung praktischer Weisheit. Sein freimaurerischer Einfluss ist nicht nur in den USA, sondern auch im Vorfeld der Französischen Revolution in Paris von einiger Bedeutung gewesen.

Die Amerikanische Revolution, die mit der Boston Tea Party 1763, einem Aufstand gegen die britische Kolonialherrschaft begann, führte dann in mehreren Schlachten zur Geburt der amerikanischen Nation. Freimaurerische Ideen flossen vor allem in die Unabhängigkeitserklärung vom 4. Juli 1776 ein. Erst im Zeitraum von 1812 bis 1815 fand dann die Revolution im britisch-amerikanischen Krieg ihr Ende. Die Geschichte der Amerikanischen Revolution ist gekennzeichnet von zahlreichen Widersprüchen, sodass die neuere Forschung davon ausgeht, dass es sich bei ihr um ein Mosaik handelt, das kein geschlossenes Bild entwickelt. Dies hängt natürlich mit der Janusköpfigkeit von Revolutionen allgemein zusammen, „die auf der einen Seite ganz dem frühneuzeitlichen, partikularistischen und rückwärts gewandten Denken verpflichtet war, auf der anderen Seite aber das Potential zu einem der Zukunft zugewandten, folgenreichen Universalismus in sich barg, eine Revolution also, die sich historisch präzise in der Zeit des Übergangs zur Industriemoderne verorten lässt."[165] Zweifelsohne entfalteten die Ideen der Revolution, insbesondere die Freiheitsideale und die Menschen- und Bürgerrechte, nicht nur in den USA, sondern auch darüber hinaus eine globale Wirkung. In der Unabhängigkeitserklärung der Vereinigten Staaten von Amerika wurde von den 13 britischen Kolonien in Nordamerika am 4. Juli 1776 die Trennung von Großbritannien und ihr Recht, einen eigenen souveränen Staatenbund zu gründen, proklamiert. Dieser Text war eigentlich die Gründungsurkunde der USA. Der Erfolg der Amerikanischen Revolution war nicht zuletzt in der Tatsache begründet, dass die Bevölkerungsmehrheit in den 13 Kolonien im Zeitraum von 1760 bis 1790 den liberalen Staatstheorien John Miltons, John Lockes, James Harringtons und Algernon Sydneys die Zustimmung erteilte.[166]

3. DIE AMERIKANISCHE UNABHÄNGIGKEITSERKLÄRUNG UND DIE MENSCHENRECHTE

Am 4. Juli 1776 proklamierten die 13 britischen Kolonien in Nordamerika die Loslösung von Großbritannien und hoben ihr Recht hervor, einen eigenen souveränen Staatenbund zu bilden. Der vom Zweiten Kontinentalkongress verabschiedete Text „The Unanimous Declaration of The Thirteen United States of America" ist die Gründungsurkunde der USA und gilt als wirkungsmächtigstes Dokument der demokratischen Staatsphilosophie. Der Text wurde größtenteils von Thomas Jefferson verfasst. Er wurde von einem Vorbereitungskomitee entworfen, dem neben Thomas Jefferson John Adams, Benjamin Franklin, Robert R. Livingston und Roger Sherman angehörten. Jeffersons Denken und Handeln orientierte sich an den Ideen der Aufklärung und der Freimaurerei. So setzte er sich für eine Trennung von Religion und Staat, für mehr Freiheit des einzelnen Menschen und für eine föderale Struktur der Vereinigten Staaten ein. In den Jahren von 1801 bis 1809 war er der dritte amerikanische Präsident.

Unverkennbar ist hier der Einfluss der liberalen Staatstheorien John Miltons, John Lockes, James Harringtons und Algernon Sidneys, der durch die Partei der radikalen Whigs vermittelt wurde, wobei auch die geistig-religiösen Ideen der Siedler eine Rolle spielten. Auch Thomas Paines Einfluss ist groß gewesen. Er war britischer Zollbeamter und gebildeter Privatlehrer und 1774 über Vermittlung von Benjamin Franklin in die USA emigriert. Er profilierte sich in Philadelphia als Gegner der Sklaverei und als Befürworter der amerikanischen Unabhängigkeit. Bekannt wurde er durch sein 1776 veröffentlichtes Pamphlet „Common Sense" („Gesunder Menschenverstand"). Er betonte darin vor allem die Notwendigkeit einer Trennung vom Mutterland und trat für demokratische naturrechtliche Ideen ein, die auch für die spätere Unabhängigkeitserklärung von Bedeutung waren.

Aus der religiösen Grundüberzeugung der Siedler begründete er die Unabhängigkeitserklärung und die allgemeinen Menschenrechte aus theologischer Sicht und dem biblischen Schöpfungsglauben. Die „Virginia Declaration of Rights", die schon vorher am

12. Juni 1776 vom Konvent in Virginia verabschiedet wurde, lieferte eine naturrechtliche Begründung der Menschen- und Bürgerrechte: „Alle Menschen sind von Natur aus gleich, frei und unabhängig und haben bestimmte ihnen innewohnende Rechte." Die Unabhängigkeitserklärung setzt sich aus drei Teilen zusammen, die eine logische Argumentationskette bilden. In der Präambel erklärt sie, angeregt von John Locke und auf der Basis des Naturrechts, die unveräußerlichen Menschenrechte des Individuums und das Recht des Volkes, eine alte durch eine neue Regierungsform zu ersetzen. Im zweiten Abschnitt werden die konkreten Handlungen der britischen Krone angeführt, die die natürlichen Rechte der Kolonisten dauerhaft und schwerwiegend verletzt haben. Der dritte Teil, die Schlusserklärung, enthält die Folgerung, dass die Loslösung vom britischen Mutterland vom Naturrecht legitimiert ist und die 13 Kolonien für die Zukunft das Recht beanspruchen, als unabhängige und souveräne Staaten zu handeln. Die erste deutsche Übersetzung der Unabhängigkeitserklärung wurde einen Tag nach ihrer Verabschiedung in der deutschsprachigen Zeitung „Pennsylvanischer Staatsbote" in Philadelphia veröffentlicht. Die Grundideen dieser Unabhängigkeitserklärung und die damit verbundenen Menschenrechte wurden von den Freimaurern in den USA mitbeeinflusst.

Das Hauptquartier der Unabhängigkeitsbewegung war in Boston die „Green Dragon"-Taverne. Dort hatte auch die St. Andrew Lodge ihr Wirkungszentrum. Zahlreiche Freimaurer waren in der Amerikanischen Revolution und im Befreiungskampf beteiligt. George Washington wurde bereits erwähnt, weitere einflussreiche Brüder waren James Otis, der als Erster vor Gericht die Menschenrechte verkündete, Samuel Nord Adams, John Hancock, Alexander Hamilton, Patrick Henry, Richter John Marshall, James Monroe, die Generäle Nathaniel Greene Lee, Marion Sullivan, Lord Stirling, Putnam, Baron Steuben, De Kalb, Lafayette, Montgomery, Jackson,

Gist, Knox, Wooster, Ethan Allan und Paul Revere. Auf beiden Seiten waren während des Befreiungskrieges auch sogenannte Feldlogen aktiv. Als Anführer des Freiheitskampfes galten die Freimaurer Samuel Adams und John Hancock, Mitglieder der „Merchants Lodge" in Quebec und der „St. Andrews Lodge" in Boston.

Der Text der Unabhängigkeitserklärung, der mehrere freimaurerische Ideen enthält, gilt als wichtiges Plädoyer, weil er darlegt, warum sich das amerikanische Volk vom britischen König freisprechen darf. Begründet wird dies damit, dass jeder Mensch von Natur aus unveräußerliche Rechte habe, wie Leben, Freiheit und das Streben nach Glückseligkeit. Die Regierung hat die Aufgabe, diese Rechte zu schützen. „Wir erachten es als selbstoffenbare Wahrheit, dass alle Menschen gleich geschaffen sind, dass sie von ihrem Schöpfer mit gewissen unveräußerlichen Rechten begabt sind; dass zu diesen Leben, Freiheit und das Streben nach Glück gehöre; dass, diese Rechte zu sichern, Regierungen unter den Menschen eingesetzt sind, welche ihre gerechten Befugnisse von der Einwilligung der Regierten ableiten, dass, sooft eine Regierungsform gegen diese Zeile zerstörend wirkt, es das Recht des Volkes ist, sie zu ändern oder abzuschaffen, eine neue Regierung einzusetzen und sie auf solche Grundsätze zu bauen, ihre Befugnisse solchergestalt einzurichten, als sie ihn am meisten geeignet erscheint, seine Sicherheit und sein Glück zu bewirken".[167]

Die Menschenrechte sind heute trotz unterschiedlicher Menschenbilder zur grundlegenden und weltweit gültigen politischen Idee geworden. Sie bieten die Mindeststandards für die rechtliche, politische, soziale und ökonomische Lage von Menschen. Allerdings sind sie nicht überall auf der Welt tatsächlich respektiert bzw. durchgesetzt, aber kaum ein Regierungsvertreter oder Staat wagt es noch, die Menschenrechte prinzipiell in Frage zu stellen. Natürlich gibt es in Bezug auf die Menschenrechte entgegengesetzte Positionen und verschiedene Deutungen der Menschenrechtsidee, wie

3. Die amerikanische Unabhängigkeitserklärung und die Menschenrechte

z. B. eine asiatische „Interpretation" gegenüber der dominierenden westlichen „Deutung", die weniger individualistisch orientiert ist, oder eine islamische „Interpretation", die die Begründung der Menschenrechte in der Scharia für unverzichtbar hält. Trotzdem sind die Auseinandersetzungen für Menschenrechte zu einem global bestimmenden politischen Emanzipationsmodell geworden.

Die Menschenrechte gehen in der Geschichte relativ weit zurück. Sie sind von Philosophen, Juristen und Theologen bereits im 17. Jahrhundert als Kern eines neuzeitlichen Naturrechts bezeichnet und von der Amerikanischen Revolution und den späteren bürgerlichen Revolutionen feierlich proklamiert worden. Die Landesfreiheiten, die in vielen Ländern des Mittelalters gewährt wurden, waren nicht Freiheiten des Menschen, sondern der Stände und der Korporationen. Dies trifft auch auf die Magna Charta von 1215 zu, mit der die Geschichte der englischen Freiheit einsetzte und die ihre Freiheiten nur der ständischen Korporation gab. Sie ist aber eine Basis zur späteren Entwicklung der individuellen Menschenrechte. Zu erwähnen wären hier vor allem die „Petition of Rights" von 1628 und die berühmte „Habeas-Corpus-Akte" von 1679. Zehn Jahre später brachte die Glorreiche Revolution in England die „Bill of Rights" hervor.

Von großer Bedeutung für die weitere Entwicklung der Menschenrechte war zweifelsohne – wie schon früher erwähnt – die berühmte Erklärung der Unabhängigkeit von 1776 in den USA, in der ausdrücklich betont wurde, dass die Menschen mit unveräußerlichen Rechten ausgestattet seien. So hat die Kolonie Virginia ihrer Verfassung eine besondere „Bill of Rights" vorangestellt, „die vom gleichen Grundgedanken der natürlichen Freiheit und Gleichheit und vom unveräußerlichen Recht des Menschen auf Leben, Freiheit, Eigentum und Glück ausgehend im Einzelnen festlegt, auf welche Weise diese Rechte gesichert werden sollen."[168]

Im 19. Jahrhundert werden die Menschenrechte ergänzt durch die sozialen Grundrechte im Einflussfeld der Industriellen Revolution. Im Verlauf dieses Jahrhunderts werden sie in den Verfassungen der europäischen Nationalstaaten zunehmend nationalisiert. Die historische Entwicklung der Menschenrechtsidee erfolgte in drei aufeinanderfolgenden Phasen: Die erste Etappe wird markiert durch das bereits erwähnte philosophische Naturrecht des 17. und 18. Jahrhunderts, die zweite Phase setzt ab Mitte des 18. Jahrhunderts ein und ist eng verbunden mit den Menschenrechten der Philosophen und der bürgerlichen Revolutionen, und die dritte Etappe beginnt nach dem Zweiten Weltkrieg, womit die Menschenrechte einen grundlegend anderen rechtlichen Status annehmen, in dem sie nach 1945 zum Gegenstand eines international gültigen Rechtssystems werden. Die Grundlage dieses Rechtssystems bildet die „Allgemeine Erklärung der Menschenrechte" von 1948, die zunächst eine zwischenstaatliche Absichtserklärung war und in den folgenden Jahrzehnten eine Serie von völkerrechtlich verbindlichen Pakten bringt. Zusätzlich etablieren sich schrittweise völkerrechtliche Instanzen und Mechanismen oberhalb der einzelnen Staaten, deren Aufgabe es ist, die Menschenrechtslage innerhalb der Staaten zu kontrollieren. Die Standarderzählung der Menschenrechte sieht den Rechtsstaat als neutrales Instrument zur Realisierung menschenrechtlicher Ideen.

Menschenrechte sind heute berechtigte Ansprüche an die öffentliche politische Ordnung. Kern ist die Berechtigung jedes Menschen „in einer politischen Ordnung zu leben, die ihre Mitglieder als Gleiche berücksichtigt und ihnen damit gleichermaßen gewährleistet, dass ihre grundlegenden Ansprüche erfüllt werden".[169] Zwei Konzeptionen sind dabei von Bedeutung, die moralische und die politische. Der Unterschied zwischen diesen beiden Konzeptionen der Menschenrechte bezieht sich auf den Grundbegriff, der die Menschenrechte erklärt, einerseits gleiche moralische Achtung oder freie politische Selbstbestimmung. Die traditionellen Begründungsformen für Menschenrechte haben sich heute in drei Modellen verdichtet: das Modell des Gesellschaftsvertrags, das Vernunft- und das soziale Modell. Über die moralische und die politische Konzeption der Menschenrechte gibt es verschiedene Kontroversen, die noch nicht ausgeräumt sind und weiter bestehen.

Eng mit den Menschenrechten ist auch die Menschenwürde verbunden, die dem ethischen Wert der menschlichen Persönlichkeit entspringt, die jedem Menschen wegen seines Menschentums zukommt. Die Menschenwürde bildet auch die Basis der ethischen Freiheit, die sich darin manifestiert, dass der Mensch keinem anderen Gesetz verpflichtet ist als seinem eigenen. „Handle so, dass du die Menschheit sowohl in deiner Person als in der Person eines jeden anderen jederzeit zugleich als Zweck, niemals bloß als Mittel brauchst." Dieser Imperativ von Immanuel Kant hat sehr viel mit der Idee der Menschenwürde zu tun. Jeder Mensch ist würdig, als Zweck des moralischen Handels zu dienen. Zur eigenen Würde zählen Eigenschaften wie die Tugend der Selbsterkenntnis, Selbstbeherrschung und Selbstveredelung. Alles auch freimaurerische Tugenden und Verhaltensweisen. Auch die Würde des Mitmenschen, die Tugend der Gerechtigkeit und Liebe zählen wesentlich dazu. Die Freimaurerei achtet die Menschenwürde entsprechend ihres humanen Menschenbildes, die jedem Menschen zukommt, ohne Rücksicht auf seine Weltanschauung und seinen Glauben.[170]

Systematisch betrachtet, weisen die Menschenrechte drei wichtige Merkmale auf: die politisch rechtlichen Standards, den universalen Geltungsanspruch und die Durchsetzung gleicher Freiheit bzw. gleichberechtigter Partizipation, die in der Anerkennung der Würde des Menschen wurzeln. Menschenrechte stellen in diesem Sinne eine politisch-rechtliche Kategorie dar. Ihr Geltungsanspruch ist nicht auf einen humanitären Appell begrenzt, sondern nimmt in politisch-rechtlichen Institutionen und Verfahren konkrete Gestalt an. Im modernen Verfassungsstaat finden die Menschenrechte eine Verankerung als einklagbare Grundrechte. Ein erfolgreiches Beispiel für die regional-völkerrechtliche Normierung von Menschenrechten ist die Europäische Menschenrechtskonvention, die im Rahmen des Europarates 1950 entstand. In Kraft trat sie 1953. Der Begriff der Menschenrechte inkludiert auch einen universalen Geltungsanspruch. Weil die Menschenrechte für jeden Menschen gleichermaßen Gültigkeit haben, verstehen sie sich auch als Gleichheitsrechte. „Die menschenrechtliche Gleichheit meint allerdings nicht Uniformität, sondern gleiche Freiheit, und zwar nicht nur gleiche persönliche oder private Freiheit, sondern auch gleichberechtigte Mitwirkung an den Belangen der Gemeinschaft, vor allem der politischen Gemeinschaft".[171]

Die Menschenrechte stellen nicht nur eine Form des gemeinsamen Nenners aller Grundwerte dar, die man in den unterschiedlichen Religionen oder Kulturen findet, sondern sie fordern auch einen universalen und zugleich eigenständig modernen Freiheits- und Gleichheitsanspruch. Dieser Anspruch kann mit religiösen Traditionen durchaus in Konflikt geraten, wie viele Beispiele zeigen. Die Anerkennung der Menschenrechte von Seiten der Weltreligionen erfordert daher Bereitschaft zur Selbstkritik und zu Reformen.

> Nur dadurch ist es möglich, den humanen Anspruch der Menschenrechte – konzentriert im Bekenntnis zur unantastbaren Würde jedes Menschen – als Chance für die (Neu-)Erschließung freiheitlicher Sinnpotentiale in religiösen Traditionen wahrzunehmen und religiösen Glauben gleichzeitig als Motiv für menschenrechtliches Engagement einzubringen.[172]

Heute wird die Modernität der Menschenrechte stark hervorgehoben, was allerdings nicht die Propagierung einer fortschrittsideologischen Zivilisationsmission zu Lasten religiöser Traditionen und Vielfalt bedeutet. Was die Verbreitung und Propagierung der

Menschenrechte betrifft, hatten die Freimaurerlogen eine tragende Funktion, weil sie mit dem humanitären Wirken der Freimaurerei in enger Verbindung standen. Die Freimaurerei wirkt primär nicht als Organisation und macht ihren Einfluss auch nicht über Großlogen oder Logen geltend, sondern über die einzelnen Brüder in ihrem jeweiligen Wirkungsbereich. Sie haben eine katalysatorische Wirkung bei ihrer Verbreitung und sind ein wichtiger Weg für den Weltfrieden.

Die Französische Revolution und die Menschen- und Bürgerrechte

1. DIE FRANZÖSISCHE REVOLUTION ALS BRUCH DES GESELLSCHAFTLICHEN BEWUSSTSEINS

Dass die Aufklärung ein geistig-kulturelles Klima schuf, das für den Ausbruch der Französischen Revolution günstig war, steht heute in der Forschung weitgehend außer Frage. Dass sie durch ihre starke Politisierung und Ideologisierung seit den 70er-Jahren des 18. Jahrhunderts das Entstehen einer neuen politischen Kultur in der Französischen Revolution begünstigt hat, ist eine weitere wesentliche Tatsache.[173]

Die Französische Revolution entsprach den besonderen Bedingungen Frankreichs am Ende des 18. Jahrhunderts. Sie war in Zielsetzung und Verlauf nicht eindeutig. Trotz unterschiedlicher Verlaufsperioden kann man die wichtigsten Entwicklungen in einigen wenigen Schwerpunkten zusammenfassen. Ihre Bedeutung liegt zunächst in den von ihr erlassenen neuen Proklamationen, wonach sie eine Revolution der Freiheit und Gleichheit war und am Ende des 18. Jahrhunderts, von den Ideen der Aufklärung beeinflusst, eine neue Gesellschaftsordnung etablierte. Verlauf und Ergebnis zeigen jedoch, dass sie nicht monolithisch gesehen werden kann, zumal sich in ihr in Abfolge der Diskurs der verfassunggebenden Revolution mit der Verfassung von 1791 und zuvor schon mit der Erklärung der Menschenrechte von 1789 berührten, worauf sich die jakobinische Verfassung von 1793 anschloss, die den Kulminationspunkt der Vorstellung von einer sozialen Demokratie darstellte, und schließlich die Verfassung des Jahres III (Revolutionskalender) mit ihren neuen bürgerlichen Wertvorstellungen. In diesem Zusammenhang wurde in der Forschung von drei verschiedenen Revolutionen gesprochen, die 1789 parallel verliefen: die Revolution der Abgeordneten in Versailles, die der klein- und unterbürgerlichen Schichten in den Städten und die der Bauern auf dem Land.[174]

Unter dem Gesichtspunkt der frühen Demokratieentwicklung beseitigte die Revolution die ungleichen Hierarchien der Gesellschaft des Ancien Régime und ersetzte sie durch das Prinzip der Gleichheit. Die Voraussetzung dafür war die Beseitigung aller früheren Privilegien und Abhängigkeiten. Unter dieser Gleichheit ist vor allem die zivile Gleichheit in all ihren Formen zu verstehen, einschließlich jener der Protestanten und Juden. Einschränkungen gab es allerdings bei den Sklaven und bei den Schwarzen. Erst der jakobinische Konvent hat dann kurzfristig eine Entscheidung im emanzipatorischen Sinne getroffen. Daraus geht hervor, dass die bürgerliche Revolution die Gleichheit auch begrenzte. Politisch kam es zwischen 1793 und dem Jahr II nur zu einer einzigen Erprobung des Allgemeinen Wahlrechts für männliche Erwachsene. Im Jahre III dominierte das Zensuswahlrecht, das zwischen aktiven und passiven Bürgern aufgrund eines Zensus differenzierte. Diese Einschränkungen waren soziale Schranken, die die Grenzen der bürgerlichen Demokratie dieser Entwicklungsphase der Revolution klar aufzeigten.

Die Revolution hat weiters auch das Prinzip der Freiheit proklamiert: Die persönliche Freiheit des Bürgers und die Unverletzlichkeit der Person. Die Revolutionsregierung wollte jede willkürliche Grausamkeit der Strafe beseitigen und berief sich dabei auf die Menschenfreundlichkeit (Humanität) der Aufklärung. Die Glaubensfreiheit beseitigte das Bildungsmonopol der katholischen Kirche und umfasste von vorneherein die Protestanten und später auch die Juden. Am Ende dieser Entwicklung stand die Trennung von Kirche und Staat. Diese zeitabhängige Entscheidung war allerdings eine bloße Antizipation, die keineswegs dem Charakter der Revolution entsprach. Laizistisch war sie nur vom Winter 1793 bis zum Direktorium, während die Zivilverfassung des Klerus 1791 ebenso wie das Konkordat von 1801 Kompromisse mit der herrschenden Religion darstellten. Die Meinungsfreiheit bedeutete die logische Fortsetzung der Glaubensfreiheit, auch wenn die Verfassungsgeber die Einschränkung hinzufügten, dass diese nicht zum Missbrauch der Freiheit führen dürfe. Die politischen Freiheiten boten die Basis für zahlreiche exemplarische Erfahrungen: die Erklärung der Menschenrechte proklamierte die Volkssouveränität, den Grundsatz der Wählbarkeit auf allen Ebenen und die Notwendigkeit eines repräsentativen Staatswesens mit Gewaltenteilung. Alle diese demokratischen Elemente waren in den Verfassungen von 1791 und 1793 enthalten, wenngleich die Letztere stärker die Dezentralisation hervorhob und durch Volksabstimmungen die direkte Demokratie vorbereitete.

Eine ähnliche Kontinuität galt auch für die Verfassung des Jahres III, die gleichfalls die Gewaltenteilung besonders betonte. Damit wurden die Grundlagen des politischen Liberalismus im 19. Jahrhundert in Frankreich geschaffen.[175] Die Prinzipien Freiheit und Gleichheit, bedeutsame Eckpfeiler demokratischer Vorstellungen, müssen hier noch durch den Begriff der Brüderlichkeit vervollständigt werden. Die wirklich gelebte Brüderlichkeit, die mit der Pflicht zur Fürsorge gegenüber den Mittellosen und dem Recht auf Leben identisch war, galt jedoch als Einschränkung des Rechtes auf Eigentum und war daher eine in den Ventôse-Dekreten angekündigte Utopie der jakobinischen Demokratie des Jahres II.

Da die Französische Revolution nicht ohne Störungen verlief und ihre konstitutionellen und demokratischen Proklamationen durch den Verlauf des Revolutionsgeschehens ernsthaft bedroht wurden, müssen hier auch einige Ursachen dieser Gefährdung erwähnt werden. Es ist sicher kein Zufall, dass Maximilien Robespierre die repräsentative Versammlung als Ausdruck des Volkswillens, der sich mit dem Allgemeinen Willen (Rousseau) deckt, ablehnte. Parlamente waren für ihn geprägt von Sonderinteressen, obwohl sie formal durch Wahl des Volkes entstanden. Eine repräsentative Versammlung, die auf der Grundlage eines Wahlzensus gewählt wurde, war nach seiner Auffassung nicht im Sinne des Volkes. Die absolute Unabhängigkeit einer parlamentarischen Versammlung war für ihn „repräsentativer Despotismus".[176] Deshalb war er bestrebt, Sicherungen gegen diese Form des Despotismus einzubauen, wie die ständige Volkskontrolle über die gesetzgebende Körperschaft und direkte demokratische Aktionen durch das Volk.

Robespierre polemisierte auch gegen ein Bündnis zwischen Legislative und Exekutive, das für ihn einem Komplott gegen das Volk gleichkam. Der Allgemeine Wille war für ihn jener der Volksmehrheit und daher nicht gleichbedeutend mit parlamentarischer Mehrheit oder Minderheit. Diese prinzipielle Einstellung, die als direkte demokratische Aktion umschrieben werden kann, lief in Richtung einer Rechtfertigung der unmittelbaren Volksaktion, die Unterdrückung und den Despotismus, die Regierungskomplotte und die Intrigen der Abgeordneten zu bekämpfen. Unter den repräsentativen Einrichtungen des Pariser Volkes, der Kommune und den Sektionen, kann nur die Kommune als gewählte und klar definierte Körperschaft bezeichnet werden. Die Sektionen setzten sich in Form von Volksversammlungen der Bewohner verschiedener Bezirke zusammen. Hier allerdings wurde direkte Demokratie praktiziert, wobei jedoch die revolutionären Aktivisten, eine kleine Minderheit, dominierten. Im Frühjahr 1793 vertrat Louis Antoine de Saint-Just noch immer das Prinzip des unbeschränkten Selbstbestimmungsrechtes des Volkes.

Die Freimaurerei war zwar grundsätzlich gegen gewaltsame

Revolutionen, weil sie Konflikte, politische und gesellschaftliche Probleme gewaltfrei lösen wollte, doch war sie über einzelne Brüder doch bereit, sich am revolutionären Geschehen zu beteiligen, insbesondere dann, wenn die politische Entwicklung im Gegensatz zu freimaurerischen Werten stand.

2. FREIMAUREREI, REVOLUTION UND JAKOBINISMUS

Im Verhältnis zwischen Freimaurerei und Französischer Revolution zeigt sich die Rolle der Logenbrüder deutlich, weil sie Einfluss auf das Revolutionsgeschehen genommen haben. Wohl waren einzelne Mitglieder an der Vorbereitung und am Verlauf der Revolution aktiv beteiligt, die Bauhütten in der Spätaufklärung und am Beginn der Revolution waren aber weder Zentren der Konspiration noch ideologische Kommissionen oder „Generalstäbe des Umsturzes, sondern in erster Linie Treffpunkte, Diskussionsrunden und Kommunikationszentren, Orte des persönlichen Kontakts, Umschlagplätze für Ideen und Schriften, Anlaufstellen und Transmission für die Ideen der Aufklärung und der Revolution."[177] In diesem Sinne war die Freimaurerei mit ihren Ideen und Handlungsweisen zwar bei der geistigen Vorbereitung der gesellschaftlichen Entwicklungen durch das kulturelle, humanitäre und ethische Engagement ihrer Mitglieder beteiligt, aber nicht am gewaltsamen Umsturz. Diese Aktivitäten steigerten sich vor allem dann, wenn die gesellschaftlichen und politischen Verhältnisse, wie am Beispiel der Französischen Revolution deutlich wird, in einem Spannungsverhältnis zu den freimaurerischen, humanitär-ethischen Anliegen standen.[178]

Dass auch enge Beziehungen zwischen Freimaurern und Jakobinern bestanden, ist ein weiteres Beispiel für den Einfluss der Französischen Revolution auf die Bruderkette.[179] Bei den Jakobinern ist die demokratische Souveränität bis an ihre Grenze getrieben worden. In dieser Entwicklung bestand die Gefahr einer Vorstufe zu einer totalitären Demokratie. Die totalitären Anlagen basierten auf der Überzeugung, die alleinige Wahrheit zu vertreten. Je mehr sich die Jakobiner der Machtergreifung näherten, umso intensiver formulierten sie ihren Standpunkt über Freiheit. Die jakobinische Diktatur entwickelte sich stufenweise ohne genauen Plan. Sie beruhte auf zwei wesentlichen Fundamenten: auf der Ergebenheit der Gläubigen und der strengen Orthodoxie. In dieser Verbindung lag wahrscheinlich auch ihre Stärke. Zu Beginn war der Jakobinismus eine Bewegung, die für das Selbstbestimmungsrecht des Volkes eintrat, später wurde er zu einer „Gemeinschaft der Gläubigen". Unterwerfung wurde zur Erlösung, Gehorsam als Freiheit gesehen und die Mitgliedschaft in Jakobinerklubs zu einem Symbol der Zugehörigkeit zu den „Erwählten" und „Reinen". So entstand im revolutionären Frankreich eine inoffizielle Organisation der Demokratie, die den offiziellen Organismus und seine Glieder verdoppelte. Die Jakobiner identifizierten sich mit dem Volk, und das offizielle Dogma lautete sogar: die Jakobiner sind das Volk. Die jakobinische Gesellschaft sei ihrem Wesen nach unbestechlich, ihre ganze Macht liege in der öffentlichen Meinung, und sie könne daher die Interessen des Volkes nicht verraten. Die Protokolle des Jakobinerklubs in den letzten Monaten vor dem Thermidor zeigen jedoch, dass sich die Forderung der plebiszitären Volkssouveränität in der Herrschaft einer kleinen Gruppe der Nation erfüllte. Die Idee des Selbstbestimmungsrechtes des Volkes geriet auf die Bahn einer immer exklusiveren Orthodoxie. Die Jakobiner waren davon überzeugt, dass ihre Diktatur nur ein Vorspiel zu einem harmonischen Zustand der Gesellschaft sei.[180] Diese Überzeugung ging von der Annahme aus, dass der Mensch in seiner Anlage gut und im Sinne der Aufklärung der Vervollkommnung fähig sei und ein sozialer Fortschritt vor sich gehe, der in ein Endstadium sozialer Integration und Harmonie einmünde.

Die Französische Revolution hinterließ auch über Frankreich hinaus tiefe Spuren. Von der aufgeklärten Öffentlichkeit wurde besonders ihre erste Phase begrüßt und gefeiert. Kein geringerer als Friedrich Gentz, der später zu den Exponenten der Metternich'schen Restriktion zählte, betonte im Jahre 1790, dass er das „Scheitern dieser Revolution ... für einen der härtesten Unfälle halten" würde, „die je das menschliche Geschlecht betroffen haben."[181] In Zentraleuropa blieb die Rezeption der Revolutionsideen auf eine relativ schmale Intelligenzschicht begrenzt, die zwar in den gesamteuropäischen Kontext der Aufklärungsbewegung eingebunden war, aber die Aufklärungsphilosophie nicht politisch verwirklichte. Zudem fehlte bei den unteren Volksschichten ein revolutionäres Bewusstsein, da die dafür notwendige Aufklärung nicht vorhanden war. In den Städten fehlte weiters auch eine starke handwerkliche bzw. industrielle Mittel- und Unterschicht, wie z. B. in Paris die Sansculotterie, die eine wesentliche Rolle in der Revolution spielte. Trotzdem konnten die Jakobiner außerhalb Frankreichs, darunter zahlreiche Mitglieder von Freimaurerlogen, beachtliche Revolutionstheorien entwickeln.[182] Während in Frankreich der Robespierrismus den Höhe-, Wende- und Vollendungspunkt der radikalen Revolution darstellte, war der Jakobinismus außerhalb Frankreichs erst die Voraussetzung dafür, dass der Weg für eine revolutionäre Veränderung der politischen und sozialen Verhältnisse eingeleitet werden konnte.

Auf die Bedeutung der Freimaurerei für die Herausbildung der Menschenrechte wurde bereits hingewiesen. Die „Erklärung der Menschenrechte" der Französischen Revolution vom 13. September 1791 wurde auf Initiative des Freimaurers Marie-Joseph Motier de Lafayette angenommen und zuerst in der Loge in Aix-en-Provence proklamiert. Dort heißt es: „Alle Menschen sind von Natur frei und unabhängig. Jede Regierungsgewalt gehört allein dem Volke, die Behörden sind weiter nichts als die Bevollmächtigten und Diener desselben und ihm zu jeder Zeit verantwortlich."[183] In der Revolutionsparole „Freiheit, Gleichheit, Brüderlichkeit" sind die Menschenrechte und deren Ausprägungen enthalten und besonders stark in der französischen Freimaurerei verankert. Die Großloge von Wien gründete die Österreichische Liga für Menschenrechte. Die tschechische Liga für Menschenrechte ist z. T. auch von Freimaurern konstituiert worden. Die Vereinten Nationen haben die Menschenrechte 1948 in ihre Satzungen aufgenommen und am 10. Dezember 1948 die Allgemeine Erklärung der Menschenrechte erlassen.

3. DIE NAPOLEONISCHE ZEIT

Zur Zeit Napoleons I. gab es in Frankreich mehrere Militärlogen bzw. Feldlogen. Trotz der napoleonischen Kriege fanden rituelle Arbeiten in diesen Logen statt. Der Kaiser selbst war zwar sehr wahrscheinlich kein Freimaurer, obwohl seine Zugehörigkeit zum Bund öfter behauptet wurde. So soll er auf der Fahrt nach Ägypten in Malta in die Freimaurerei aufgenommen worden sein. Ein offizieller Bericht des Grand Orient über ein freimaurerisches Fest, dass 1805 stattgefunden hat, enthält eine Rede, in der darauf hingewiesen wird, dass Napoleon „auf seinem ägyptischen Feldzug das maurerische Licht gesucht und empfangen habe, in Ägypten, dem Lande, auf das die Uranfänge der Freimaurerei zurück gehen."[184] Diese angeblich erfolgte Aufnahme ist in der Forschung allerdings sehr umstritten. 1797 soll Napoleon eine Logenarbeit in Nancy besucht haben, vielleicht vorher auch schon in Valence. Dort war er als Artillerieleutnant in Garnison. 1806 widmete die Loge in Grenoble Napoleon eine Büste, die in ihrem Tempel aufgestellt wurde. Die Straßburger Loge „La Fraternité" bezeichnete ihn bei einer Tafelloge als „Br. Napoleon, Haupt der Nation und Retter Frankreichs."[185] Es gibt auch ein weitverbreitetes Bild, das Napo-

leon in maurerischer Bekleidung zeigt, zudem sind auch mehrere Maurerschurze, die Napoleon getragen haben soll, überliefert.[186]
Alle diese Hinweise sind aber noch kein sicherer Beweis, dass Napoleon wirklich Freimaurer war. Was jedoch als weitgehend sicher gilt, ist, dass der Kaiser in der Freimaurerei einen geistigen und ethischen Machtfaktor sah. Napoleon, der die Gruppe der „Ideologen" zunächst förderte und mit ihnen den Staatsstreich vom 18. Brumaire durchgeführt hatte, erkannte die Macht dieses Zirkels, der mit seinem Vernunftglauben, dass die Welt nach den Ideen zum Vorteil der Menschen eingerichtet werden könne, für die Realisierung seiner pädagogischen Reformen auch politische fordern musste. Diese Gruppe fasste „Ideologie" zunächst noch als eine philosophische Grundwissenschaft auf, sie wollte aber später auf der Basis wissenschaftlicher Erkenntnis auch Einfluss auf die Politik des französischen Staates gewinnen, wobei sie sich besonders auf das Erziehungs- und Unterrichtswesen konzentrierte.[187] Die Bestrebungen der Ideologen führten zu einer Konfliktsituation mit Napoleon, der 1803 die Klasse der moralischen und politischen Wissenschaften am „Institut national", das Zentrum der Ideologenbewegung in Paris, aufhob. Damit wollte er künftige selbstständige wissenschaftliche Untersuchungen über politische, wirtschaftliche und moralphilosophische Themen verhindern, da er in ihnen eine Gefahr für sein politisches System sah. Der Gesinnungswandel Napoleons, der dem Institut 1797 angehört hatte, ist signifikant für den Übergang von Aufklärung in Gegenaufklärung im Rahmen des Prozesses von Machtgewinnung und Machterhaltung. Für die Ideologen, darunter auch einige Freimaurer, stellte die Freiheit die unabdingbare Voraussetzung für wahrhaft wissenschaftliche Erkenntnis und die Errichtung eines Staatswesens dar, indem der freie Tausch der Gedanken und Güter möglich sein sollte.[188]
Dass Napoleon der Freimaurerei letztlich doch wohlwollend gegenüberstand, verdeutlicht auch die Tatsache, dass seine Brüder

dem Bund angehörten und auch an der Spitze freimaurerischer Körperschaften standen. Die profilierten Persönlichkeiten seiner Umgebung waren zudem in der Leitung des Grand Orient de France tätig. Sein Bruder Louis war Großmeister, Marschall André Masséna Großadministrator, der Senator Charles Theobald de Choiseul-Praslin Großkonservator, Joachim Murat und der Kanzler der Ehrenlegion Bernard Germain Lacépède Großaufseher, Jérôme Lalande Großredner, Admiral Magon Großschatzmeister, die Marschalle Pierre Riel de Beurnonville und Jacques Macdonald Großexperten, François-Étienne Kellermann Großarchivar, Horace-François Sebastiani Großsiegelbewahrer sowie Charles Pierre François Augereau und François-Joseph Lefebvre Großalmosenier. 1805 beeinflusste er die Wahl seines Bruders Joseph zum Großmeister und die Wahl Jean-Jacques de Cambacérés und Murat zu Stellvertretern. Nach 1804 war sich der Kaiser nicht mehr ganz sicher, ob die Freimaurer noch eine kaisertreue Gesinnung besaßen. So wurden seit 1810 die Logen in Frankreich durch Spitzel unterwandert.[189]

In Frankreich bildeten sich schon vor der Zeit Napoleons, während seiner Herrschaft, dann aber verstärkt Militär- und Feldlogen heraus, die zur Ausbreitung der Bruderkette wesentlich beitrugen. In Europa sind Militärlogen vor allem in Frankreich sehr früh gegründet worden. Militärlogen existierten in fast allen Regimenten. Sie bestanden zunächst aus Offizieren, später bildeten sich auch Unteroffizierslogen. In den Feldlogen wurden rituelle Arbeiten abgehalten und Reden über Vaterlandsliebe und Patriotismus gehalten. Obwohl die Freimaurer stark kosmopolitisch orientiert waren, stand diese Haltung nicht unbedingt in einem Gegensatz zur Heimatliebe und zum Patriotismus.

Reformen, Nationalismus, Liberalismus und Demokratie

1. FREIMAUREREI UND REFORMEN

In zahlreichen freimaurerischen Reden aus dem 19. Jahrhundert wird ersichtlich, dass Kosmopolitismus, Vaterland, Patriotismus, Ehre, Gesetz und Ordnung die zentralen Schlüsselbegriffe der Freimaurerei dieser Zeit waren. Zweifelsohne fand unter dem Einfluss der politischen, gesellschaftlichen Entwicklung und der Industriellen Revolution ein grundlegender Wandel der Freimaurerei statt, der durch Reformen gekennzeichnet war. An diesen Reformen waren auch Freimaurer wesentlich beteiligt, insbesondere an den preußischen Neuerungen oder auch an den Reformen in den Rheinbundstaaten. Karl August von Hardenberg war Staatskanzler und Freimaurer. Er wurde 1768 in die Göttinger Loge „Augusta zu den drei Flammen" aufgenommen, war auch Mitglied der Loge „Zum weißen Pferd" in Hannover und deren Stuhlmeister. Heinrich Friedrich Karl Freiherr vom und zum Stein, gleichfalls preußischer Staatsmann, arbeitete mit Hardenberg wesentlich am großen preußischen Reformwerk mit, das als Grundlage der deutschen Freiheit galt. 1778 wurde er Mitglied der Loge „Joseph zu den drei Helmen" in Wetzlar. Auch General Feldmarschall Gebhard Leberecht von Blücher war Freimaurer und 1782 Mitglied der Loge „Augusta zur goldenen Krone" in Stargard. 1799 trat er in die Loge „Zum hellen Licht" in Hanau ein. 1802 bis 1806 war er Meister vom Stuhl der Loge „Zu den drei Balken" in Münster. Amtlich klang der Begriff Reform im Finanzedikt von 1810 an, in dem „eine gänzliche Reform des Abgabe-Systems" angekündigt wurde. Häufig wurden die

Begriffe „Regeneration" und „Reorganisation" in dieser Zeit benutzt, womit der Bruch mit der Tradition sichtbar werden sollte. In den Rigaer Denkschriften verwendeten Hardenberg und Karl Altenstein „Reform" zur Kennzeichnung einzelner gewaltloser Veränderungen wie Reform der Finanzen, Reformen in der Erziehung und in Bildungsinstitutionen und der Integration der Juden in den Staat.[190]

Eine genauere und intensive theoretische Auseinandersetzung mit dem Begriff „Reform" als Gegenbegriff zu „Revolution" fand dann in der staatsrechtlichen Debatte nach Abschluss der Revolutionsepoche statt. Die Grundlage dieser Auseinandersetzung bildete auch in der Freimaurerei die Erkenntnis, dass aus dem wachsenden Widerspruch zwischen gesellschaftlicher Entwicklung und politischer Statik und den darauf resultierenden Konflikten durch rechtzeitige Anpassung mit Reformen entgegengesteuert werden könne, um die drohende Revolution zu verhindern. Reform wurde dabei als Entwicklung innerhalb einer Kontinuität verstanden und ihre Kriterien waren Vernünftigkeit, Maß, Bedächtigkeit, Schonung der Tradition und Einsichtigkeit in die Notwendigkeit von Veränderungen. Fortschritt wurde auch als weiterentwickelte Tradition aufgefasst. Wichtig waren für den Erfolg von Reformen der Zeitfaktor bzw. die Wahl des richtigen Zeitpunkts. Die Formel von Reform als „sanfte Umbildung" und Revolution als „rasche Umwälzung" bestimmte später die weiteren Überlegungen.

Eine neue Dimension erhielt die Diskussion durch die Erfahrungen mit der Restauration. Der Gegensatz Reform-Revolution wurde nun durch das dritte Glied der „Reaktion" erweitert. Dadurch gewann die Reform als Kontrastbegriff zur Reaktion schärfere Konturen. Reformen seien dann unbedingt notwendig, so lautete die neue Forderung auch in Freimaurerkreisen, wenn sich durch Änderung der Verhältnisse und durch erhöhte geistige Bedürfnisse des Volkes Formen des staatlichen Lebens als überholt herausstellten.

1. Freimaurerei und Reformen 133

Zeitgemäße Reformen könnten so Revolutionen verhindern. Häufig wurde auch vor überstürzt durchgeführten Reformen gewarnt, wie z. B. in den Rheinbundstaaten, da sinnvolle Reformen mit dem Bewusstseinsstand des Volkes übereinstimmen und in der öffentlichen Meinung gefordert werden müssten. Unzeitgemäß vorgenommene Reformen könnten zur Unzufriedenheit und zu einer Verfehlung ihres Zweckes führen, warnten einige Theoretiker des Vormärz. Karl von Rotteck stellte 1839 die Alternative „Revolution und Radikalismus" gegen „Reaktion und Konservativismus" auf und bekannte sich ausdrücklich zur Revolution. Reform wurde langsam zu einem selbstverständlich gebrauchten Begriff und als normale Rechtsentwicklung betrachtet. Reform sei das gesunde, wohlgeordnete Staatsleben und ihr Ausbleiben führe zur Revolution, wurde betont. Mit Rotteck trat ein radikaleres Verständnis von Reform hervor, das den Begriff aktivistisch bestimmte.[191]

Nach der Julirevolution 1830 in Frankreich wurde der Begriff Reform stärker zu einem politischen Programm, das vor allem von der demokratischen Bewegung in Süd- und Südwestdeutschland im Sinne eines „revolutionären" Reformverständnisses Verwendung fand. Die Revolution sollte hier auf gesetzlichem Weg erreicht werden. In diesem Verständnis war Reform nicht Anpassung unter Bewahrung von erhaltenswerter Tradition, sondern Abschaffung und Umwälzung des bestehenden politischen und gesellschaftlichen Systems. Konkretes Ziel der politischen Neuerungen nach 1830 war bei den radikalen Reformern die Einheit Deutschland in Gestalt einer unitarischen Republik auf der Grundlage der uneingeschränkten Geltung der Volkssouveränität, in Österreich noch zusätzlich die Beseitigung oder Lockerung des Metternich'schen Polizeisystems und antiliberalen Obrigkeitsstaates. Metternich gab unter dem Eindruck der Folgen von 1830 dem Begriff Reform sogar eine neue Bedeutung, indem er ihn für seine restaurativ-restriktive Politik in Anspruch nahm. Reform bedeutete für ihn Abschaffung von Neuerungen, die sich nicht bewährt haben. Lorenz von Stein wiederum entwickelte in der Tradition Georg Wilhelm Friedrich Hegels den Begriff der „sozialen Reform". Reformträger war dabei der Staat, der zur Lösung der sozialen Frage neben der politischen Reform auch die soziale Neuerung in Angriff nehmen müsse. Aufgabe der sozialen Reform war für Stein die Freisetzung der Arbeit zum Eigentumserwerb und nicht die Verwirklichung eines schematischen Gleichheitsprinzips. Nach der Revolution 1848/49 gewann dann der Begriff Reform erneut an öffentlicher Bedeutung. Er büßte zwar an Prägnanz durch zahlreiche Beziehungen zu verschiedenen Bereichen des politischen und gesellschaftlichen Lebens ein, die Grundkategorien aller Reformforderungen blieben aber im Grunde weiterhin gleich, nämlich die Veränderung als Verbesserung des bestechenden politischen und gesellschaftlichen Systems.[192] Der Reformgedanke spielte auch innerhalb der Freimaurerei eine gewisse Rolle, da unter dem Einfluss der Restauration und des entstehenden Nationalismus Diskussionen innerhalb der Bruderkette zunahmen.

Deutlich erkennbar ist in der Geschichte der Freimaurerei der Neuzeit, dass schon am Beginn des 19. Jahrhunderts innerhalb der Bruderkette eine Reformwelle entstanden war. Diese bezog sich vor allem auf die Organisation der Großlogen und Logen und auf den Inhalt der rituellen Arbeiten. Die Reformbestrebungen fanden vor allem in Deutschland und Italien statt. Bei den Reformen ging es auch um eine Abkehr von den Fehlentwicklungen und Verirrungen des 18. Jahrhunderts, von der Strikten Observanz und anderen freimaurerischen Systemen. Dabei stand eine Vertiefung der Lehre und des humanitären Inhalts aufgrund wissenschaftlicher Forschungen und philosophischer Interpretationen der Symbolik und Ritualistik im Vordergrund. Auch die Großlogenverfassungen sollten mit Ausnahme Englands modernisiert werden und die maurerische Arbeit an die Forderungen der Zeit angepasst werden.[193]

Einer der wichtigsten Reformer der deutschen Freimaurerei war der Theaterdirektor, Bühnendichter und Schauspieler Friedrich Ludwig Schröder. Er vertrat die Auffassung, dass die Freimaurerei dringend Reformen benötige, um das damals herrschende chaotische Durcheinander von Systemen und Spielarten zu beseitigen. Die freimaurerische Lehre müsste, so war seine Forderung, in ihrer ursprünglichen Reinheit wieder freigelegt werden. Er reformierte das Ritual und führte eine nach ihm benannte Lehrart ein, die einflussreich war und längere Zeit nachwirkte.[194] Die stark empfundene Reformbedürftigkeit innerhalb der Freimauerlogen hing mit den Folgewirkungen der Französischen Revolution und der einsetzenden restaurativen Gegenbewegung zusammen. Zudem verstärkte sich eine Tendenz zur „Verbürgerlichung" der Bruderkette, die in einem Spannungsverhältnis zum aristokratischen Anteil stand. Auch der schon vorher in der Freimaurerei vorhandene Grundkonflikt zwischen dem Fortwirken mythischer Riten und dem nun verstärkten rationalen Tugendverständnis im Sinne der Aufklärung verschärfte sich in dieser Zeit, sodass der Wunsch nach Reformen lauter wurde. Die nationale Frage wurde in der Freimaurerei zu einem wichtigen Diskussionsgegenstand. Dabei wurden grundsätzlich zwei Ebenen unterschieden: das Verhältnis zum Staat und dessen Entwicklung zum Nationalstaat und das Verhältnis zur nationalen Frage. Beide Ebenen wurden miteinander verknüpft.[195]

2. NATIONALISMUS UND EINIGUNGS- BZW. FREIHEITSBEWEGUNGEN

Stark beeinflusst wurde die Freimaurerei geistig und politisch auch vom entstehenden Nationalismus und den verschiedenen Einigungs- und Freiheitsbewegungen seit dem 19. Jahrhundert. Unter Nationalismus verstand man unterschiedliche Weltanschauungen und die damit verbundenen politischen Bewegungen, die als Ziel die Herstellung und Konsolidierung eines souveränen Nationalstaates und eine starke Identifizierung und Solidarisierung des Volkes mit der Nation verfolgten. Die Wurzeln nationalistischer Ideen gehen zwar weiter zurück, wurden aber seit der Französischen Revolution bedeutsamer, insbesondere dann zur Zeit der Restauration. In der Typologie des Nationalismus gab es zwei Hauptrichtungen: den „staatsbürgerlichen Nationalismus", der Staatsangehörigkeit primär politisch bestimmt, während der „ethnische Nationalismus" eine Schicksalsgemeinschaft darstellt. In der Freimaurerei spielte der staatsbürgerliche Nationalismus eine besondere Rolle, weil er dem Liberalismus nahestand.

Im 19. Jahrhundert bildeten sich auch verschiedene nationalistische Mythen heraus, um die neugeschaffenen Nationen als Traditionsgemeinschaften zu stützen.[196] In Frankreich, Italien und Griechenland waren die freimaurerischen Gesellschaften in den revolutionären nationalen Bewegungen aufgegangen, in Deutschland und Österreich traten freimaurerische und politische Geheimbünde größtenteils unabhängig voneinander auf. In Russland kam es nach dem Beginn des 19. Jahrhunderts zur Wiedergeburt und Ausbreitung des neuen Logenwesens. Dazu trug vor allem auch die Regierungszeit Zar Alexanders I. bei, die durch einen milden Liberalismus ausgezeichnet war. 1810 erfolgte die formelle Erlaubnis, die Logen wieder zu eröffnen, was zu offiziellen Beziehungen zwischen der Regierung und den Logen führte. 1825 kam es in Petersburg zu einer Erhebung des russischen Geheimbundes der Dekabristen, der aber scheiterte. Die Dekabristen selbst nannten ihren politischen Geheimbund „Bund der Rettung", weitere Geheimbünde bezeichneten sich als „Wohlfahrtsgesellschaft", „Nördlicher Bund" und „Südliche Vereinigung". Dazu gesellten sich noch die „Vereinigten Slaven" und auch Mitglieder der polnischen „Patriotischen Gesellschaft". Viele der Dekabristen waren Freimaurer, insbesondere ihre Führer. Von der Freimaurerei übernahmen sie in ihre Geheimbünde das Bekenntnis zur Humanität und Toleranz und auch Zeremonien und Rituale. Auch der Reformadel spielte in der erwähnten Aufstandsbewegung eine Rolle.[197] Politische Geheimbünde standen in den Befreiungskriegen allerdings häufig der Freimaurerei kritisch gegenüber. Ernst Moritz Arndt hat diese Kritik zusammengefasst:

> Wenn diese Gesellschaften (die Freimaurer) auch keinen gefährlichen Staat im Staate bilden, so wirken sie doch dadurch am Verderblichsten, dass sie wie alles, was sich absondert und in einen vornehmen Geheimnis zusammenschließt, die notwendige Sucht haben, dasjenige an sich zu ziehen, was durch Geburt, Reichtum, Macht und Geist ausgezeichnet ist. Weil der Staat die allgemeinste und weiteste Genossenschaft alles Lebendigste, Geistigste und Mutigste in seine offene Sonnenbahn reißen muss, damit es dort für Tugend und Menschlichkeit ringe und kämpfe, darf er etwas nicht bestehen lassen, das fern von der großen Gesellschaft, fern von der Gemeinschaft des Volkes ein einzelnes und geheimes Leben will.[198]

In den Logen hat sich der nationale Gedanke schon zu Beginn des 19. Jahrhundert zu verbreiten begonnen. Dabei stand in der Freimaurerei das kosmopolitische Interesse mit dem vaterländischen, patriotischen nicht im Gegensatz. Häufig wurde in diesem Zusammenhang in den Logen das Vaterland hervorgehoben, wobei dieser ältere Begriff in der Freimaurerei im ganzen 19. und auch zum Teil noch im 20. Jahrhundert verwendet wurde. Die nationale Frage war daher auch keine Entscheidungsproblematik für die Freimaurerei. Sie vereinigte über das ganze 19. Jahrhundert Mitglieder der regierenden Häuser mit revolutionären Demokraten und neuaufsteigenden Schichten, die alle den nationalen liberalen Parteirichtungen angehörten. Im ersten deutschen Parlament, in der Frankfurter Paulskirche von 1848, waren 56 Freimaurer aus den verschiedensten Schichten und politischen Lagern aktiv.[199] Freimaurer engagierten sich auf allen Seiten gesellschaftspolitisch, wobei diese Aktivitäten über die einzelnen Brüder und nicht über die Freimaurerei als Organisation liefen. Dass Weltbürgertum, Kosmopolitismus und Nationalidee keinen ausschließenden Gegensatz bildeten, erklärt sich aus der freimaurerischen Ritualistik.

Nach dem Sturz Napoleons wurden die Geheimbünde politischer und spielten – wie auch die Freimaurerei – künftig in den Nationalbewegungen eine Rolle. Besonders deutlich wird das am Beispiel der italienischen Einigung. Unter „Risorgimento" verstand man die Zeitspanne nach dem Wiener Kongress bis zur Einigung Italiens. Angestrebt wurde von den politischen und sozialen Bewegungen ein unabhängiger Nationalstaat Italien. An diesen Bewegungen waren zahlreiche Freimaurer beteiligt. Auch außerhalb Italiens gab es nationalstaatliche Unabhängigkeits- und Einheitsbewegungen, die sich in der ersten Hälfte des 19. Jahrhunderts noch stark an den Ideen der Französischen Revolution orientierten. Die Träger des Risorgimento waren verschiedene Interessengruppen, die von den gemäßigten Liberalen bis zu den Vertretern einer demokratischen Republik reichten. Trotz unterschiedlicher ideologischer Ausrichtungen war diesen Strömungen doch eine Idee gemeinsam, nämlich die des Nationalismus. Mehrere Aufstände waren vor allem gegen die Vorherrschaft der Bourbonen im Königreich beider Sizilien und gegen die der habsburgischen Österreicher in Nord- und Mittelitalien, die sich bis zu Revolutionen und Kriegen weiterentwickelten. Diese Erhebungen führten dazu, dass sich die italienische Einheit 1861 unter Führung Piemont-Sardiniens von „oben" als konstitutionelle Monarchie durchsetzte. Filippo Buonarroti galt als Vordenker der italienischen Befreiungsbewegung und strebte bereits sehr früh eine italienische Einigung auf sozialrevolutionärer Grundlage an. Er wurde in eine alte und vermögende toskanische Adelsfamilie hineingeboren und verbrachte seine Kindheit weitgehend sorgenfrei. Er erfuhr auch eine Ausbildung in den Fächern Mathematik und Philosophie. Sein Studium der Rechtswissenschaften begann er in Pisa. Die liberale und offene geistige Situation im Großherzogtum Toskana, wo Peter Leopold als Großherzog regierte, übte einen nicht unbedeutenden Einfluss auf den jungen Buonarroti aus. Mit großem Interesse studierte er die philosophischen Schriften der französischen Aufklärer Jean-Jacques Rousseau, Claude Adrien Helvétius, Gabriel Bonnot de Mably und Étienne-Gabriel Morelly, deren Sozialtheorien und Sozialkritik ihn stark beeinflussten.

Nach seiner Promotion zum Doktor der Rechte ergriff er den Beruf eines Advokaten, der ihn aber nicht befriedigte. So wurde er Freimaurer und verbrachte seine Zeit in Logen und philosophischen Zirkeln. Politisch verfasste er Artikel und Pamphlete, die sich gegen die Feudalordnung und den Despotismus wandten. Da seine Kritik immer schärfer wurde, veranlasste Großherzog Leopold 1786 eine Hausdurchsuchung und beschlagnahmte die verbotenen Schriften von Paul Henri Thiry d'Holbach. Über die Französische Revolution schrieb Buonarroti in der Florentiner „Gazzetta universale" Artikel, weshalb er Ende 1786 nach Korsika fliehen musste. Ende 1790 war er aber gezwungen, seine dort erscheinende Zeitschrift „Il giornale patriotico di Corsica" wieder einzustellen, weil er breitere Bevölkerungsschichten nicht erreichen konnte. In Korsika wurde er von der Verwaltung mit dem Verkauf von beschlagnahmten Kirchengütern beauftragt und brachte durch diese Tätigkeit die korsische Bevölkerung gegen sich auf.

Im Juni 1791 zwangen wütende Bauern Buonarroti von Bastia per Schiff nach Livorno zu fahren, wo er inhaftiert wurde. Nach einigen Wochen wurde er als offizieller Berichterstatter für die Angelegenheiten Korsikas vom Wohlfahrtsausschuss in Paris auf die Insel zurückgeschickt. Um die Einbürgerung in Frankreich zu erhalten, reiste er 1793 wieder nach Paris, wo er für seine Verdienste vom Nationalkonvent die französische Staatsbürgerschaft erhielt. In Paris trat er in den Club der Jakobiner ein und verkehrte im Kreis um Robespierre. 1794 wurde er zum Revolutionskommissar für das im Königreich Piemont besetzte Gebiet Oneglia ernannt. Dort versuchte er die revolutionären Maßnahmen auf Italien zu übertragen und für die Einheit Italiens zu arbeiten. Nach seiner Überzeugung sollte das künftige, geeinigte Italien fest an das revolutionäre Frankreich angebunden werden. 1795 wurde er aus Oneglia nach Paris abberufen und dort zu einer Gefängnisstrafe verurteilt. Hier lernte er noch im selben Jahr im Gefängnis Gracchus Babeuf kennen. Kurz nachher wurde er im Zuge einer Generalamnestie für inhaftierte Jakobiner wieder freigelassen.

Nun schloss er sich der „Gesellschaft der Freunde der Republik" an und gewann rasch an Einfluss. So wurde er zu Präsidenten „Panthéon-Clubs" gewählt. Da das Direktorium ein Erstarken der Opposition von links befürchtete, wurde der Panthéon-Club wieder geschlossen. Nun begab sich Buonarroti wieder nach Italien und versuchte dort, durch konspirative Aktivitäten wichtige Persönlichkeiten der französischen Armee in Italien für die Einigung zu gewinnen. So konnten seine Anhänger für kurze Zeit eine revolutionäre, jakobinische Herrschaft in der piemontesischen Stadt Alba aufbauen. Dann kehrte er nach Paris zurück und bildete 1796 mit Babeuf, Augustin Alexandre Darthé und anderen Anhängern das „Geheime Exekutivdirektorium für das öffentliche Wohl", um die „Verschwörung der Gleichen" vorzubereiten und durchzuführen. Diese Verschwörung führte allerdings zum Scheitern, weil die Unterstützung der bäuerlichen Bevölkerung fehlte. Durch einen Polizeispitzel wurde er noch im selben Jahr mit Babeuf und anderen verhaftet. Der oberste Gerichtshof in Vendôme verurteilte schließlich Buonarroti 1797 zur Deportation.

Von nun an agierte er als Mitglied verschiedener Geheimgesellschaften für die staatliche Einheit Italiens. Er schloss sich nach dem

2. Nationalismus und Einigungs- bzw. Freiheitsbewegungen 141

Sturz Napoleons der Risorgimentobewegung an. 1828 verfasste er in Brüssel sein Hauptwerk „Babeufs Verschwörung für die Gleichen", ein Werk, das die wichtigste Quelle für die Darstellung der Ereignisse während der Französischen Revolution war und vor allem die sozialistischen Bewegungen des 19. und 20. Jahrhunderts beeinflusste. Nach der Julirevolution 1830 in Frankreich ging er wieder nach Paris, wo er Giuseppe Mazzini kennenlernte. Mazzini begrüßte Buonarrotis nationale Ideen und dessen Kampf für die Einheit Italiens. Darüber hinaus befürwortete er auch eine republikanische Staatsform für Italien. Mazzini und sein „Junges Italien" lehnten aber Buonarrotis soziale Ideen prinzipiell ab.[200]

Eine wichtige Rolle spielten im Risorgimento, wie bereits erwähnt, auch politische Geheimbünde, wie z. B. die Carboneria, der „Köhler-Bund", der in Italien höchstwahrscheinlich durch rückwandernde Flüchtlinge entstanden ist, die in Frankreich oder in der Schweiz von den „Fendeurs" (Holzfällern) gehört hatten oder vielleicht Mitglieder dieses Bunds waren. Möglich wäre auch, dass die Carboneria in Süditalien mit den „Charbonniers" der Franche Comté in Verbindung stand. Schon 1797 musste sich der neapolitanische Polizeiminister Antonio Cristoforo Salicetti mit einer Verschwörung befassen, die er als „carbonaristisch" bezeichnete.[201] Die Carboneria verbreitete sich schnell unter den Kleinbürgern und Handwerkern der Haupt- und Provinzstädte. Die Organisation der Carbonari war freimaurerähnlich aufgebaut und deshalb manchmal auch mit der Freimaurerei gleichgesetzt. Die napoleonischen Logen wurden mit der Ankunft der Österreicher in Veneto sofort geschlossen. An ihre Stelle trat eine Reihe neuer Geheimorganisationen mit politischer Zielsetzung. Im Norden waren es vor allem die von Buonarroti aus Genf angeführten „Delfi" und im Süden Italiens der Geheimbund der Carbonari. Neben diesen beiden Organisationen existierten auch kleinere Bünde, die zum Teil selbstständig oder auf Initiative der beiden großen Geheimbünde entstanden.[202]

In Neapel erreichten die unzufriedenen Aufständischen 1820 durch eine von der Carboneria angeregte friedliche Massenkundgebung vom König die Bewilligung einer Konstitution. Die Erhebung der Carbonari unter General Guglielmo Pepe war vor allem gegen die Misswirtschaft König Ferdinands I. gerichtet. Die Aufständischen wollten eine Landesreform und versuchten, die Unruhen auf das übrige Italien auszuweiten. Bei diesen verschiedenen Aufständen beteiligten sich auch wieder vereinzelt Freimaurer, die sich mit den politischen Zielen der Carbonari identifizierten. Auch an weiteren Revolten, wie z. B. in Piemont und Ober- und Mittelitalien, beteiligten sich wieder Freimaurer. 1827 begann Giuseppe Mazzini seine Tätigkeit in der Carboneria in Genua. Er breitete sein Verbindungsnetz von Genua bis in die Toskana und in die Lombardei aus. Mazzini war Freimaurer und wurde 1827, kurz vor Abschluss seines Studiums der Rechtswissenschaften an der Universität Genua, in die Loge der Carboneria aufgenommen. Er entwickelte sich schon sehr früh zum Demokraten und Freiheitskämpfer des Risorgimento. 1828 veröffentlichte er seinen ersten patriotischen Beitrag in der Zeitung „Indicatore Genovese", ein Blatt, das sehr rasch zu einem Sprachrohr der italienischen Nationalbewegung wurde. 1829 folgte allerdings das Verbot dieser Zeitung. Daher kam es dann zur Gründung des „Indicatore Livornese", wo er sein Konzept einer nationalen italienischen Republik publizierte. Er verfolgte das politische Ziel der Selbstbestimmung der europäischen Völker und die Unabhängigkeit und Einigung der italienischen Staaten. Diese Einigung sollte in einer Republik erfolgen, die nur durch eine revolutionäre Erhebung des Volkes und die Vertreibung der fremden Besatzungsmächte möglich sei. In Marseille gründete er eine neue Bewegung, die die Bezeichnung „Giovine Italia" (Junges Italien) trug. Diese Vereinigung brachte auch eine gleichnamige Zeitung heraus, in der sich Mazzini für eine gesamtitalienische republikanische Erhebung aussprach. Diese Zeitung fand illegal in allen italienischen Fürstentümern Verbreitung.

Am Beginn der 1830er-Jahre kam auch Giuseppe Garibaldi zur Vereinigung Mazzinis. 1834 erfolgte dann in Bern der Zusammenschluss der drei von Mazzini gegründeten Vereinigungen „Junges Italien", „Junges Deutschland" und „Junges Polen" unter der Parole „Freiheit –Gleichheit – Humanität" zum Geheimbund „Junges Europa", dessen Ziel ein demokratisches Europa der Völker war. In der Schweiz redigierte Mazzini die Zeitschrift „La Jeune Suisse" (Die Junge Schweiz). 1837 reiste er nach London und organisierte dort die italienischen Arbeiter. Er polemisierte auch gegen die Fremdherrschaft in Italien, wo sich seine Anhänger in der „Partei der Aktion" formierten.[203]

Da Mazzini mit seinen Ideen 1848/49 in Mailand erfolglos blieb, ging er nach Rom, wo es seit der Mitte des Jahres 1848 stärkere revolutionäre Unruhen gab. 1849 rief er nach der Flucht des Papstes Pius IX. im Kirchenstaat die Republik aus und nahm an führender Stelle als einer der Triumviren 1849 gemeinsam mit Carlo Armellini und dem Freimaurer Aurelio Saffi an der kurzlebigen Römischen Republik teil. Diese Republik wurde durch das französische Militär noch im selben Jahr gewaltsam niedergeschlagen, sodass Mazzini erneut nach London gehen musste. Dort setzte er sich im Exil mit der Theorie der Befreiung und Einigung mehrerer europäischen Staaten auseinander und rief mit anderen Emigranten das Europäische Komitee zur Errichtung einer europäischen Republik ins Leben. 1859, am Beginn des italienischen Krieges zwischen Piemont-Sardinien und Frankreich auf der einen und Österreich auf der anderen Seite, sprach er sich gegen das Bündnis Sardiniens mit Frankreich aus, weil König Viktor Emanuel II. Frankreich als Gegenleistung für dessen Unterstützung die Abtretung Savoyens und Nizzas zugesagt hatte. Er unterstützte auch 1860 Garibaldis Expedition zur Befreiung Siziliens und schlug ihm die

Befreiung Roms und Venedigs vor. Die vom Ministerpräsidenten Piemont-Sardiniens Graf Camillo Cavour initiierte Einigung Italiens nach 1859 stieß bei ihm auf Ablehnung, weil er die nationale Frage auf demokratischem Wege von unten lösen wollte. Im Jahre 1870, nach der Einigung Italiens, reiste er nach Pisa. Seine politischen demokratischen Ziele blieben zwar erfolglos, trotzdem war sein Beitrag zur Einigung Italiens beachtlich, insbesondere seine Utopie für ein Europa der Völker. Diese politischen Vorstellungen waren auch von Freimaurern mitbeeinflusst.

Neben Mazzini spielte vor allem Giuseppe Garibaldi in der italienischen Einigungsbewegung eine zentrale Rolle. Er zählte zu den wichtigsten italienischen Freiheitskämpfern und war einer der populärsten Persönlichkeiten des Risorgimento. Geistig und politisch beeinflusst wurde er von Mazzini. 1834 nahm er an einem Aufstand in Piemont teil, der aber scheiterte. 1836 floh er nach Südamerika und beteiligte sich dort an der Farrapen-Revolution in Brasilien. 1841 zog er sich nach Montevideo zurück und übernahm ein Jahr später ein Flottenkommando. Gegen den argentinischen Diktator Juan Manuel de Rosas stellt er eine italienische Legion auf, und 1847 war er mit seinen Freiwilligen an der Verteidigung Montevideos gegen Argentinien beteiligt. Ein Jahr darauf kehrte er dann nach Europa zurück und nahm am italienischen Unabhängigkeitskrieg gegen Österreich teil. 1849 war er Anführer der Revolutionsarmee und konnte mit seinen Truppen die Franzosen aufhalten, musste aber dann vor deren Übermacht weichen. Nach der Niederschlagung der Römischen Republik floh er nach New York. 1854 kehrte er dann wieder nach Italien zurück und unterstützte Sardinien in einem weiteren Krieg gegen Österreich. 1860 startete er mit seinen tausend Rothemden von Genua aus in Richtung Süden, um Sizilien und Neapel zu erobern. Er besetzte Palermo und brachte dann ganz Sizilien unter seine Kontrolle. Im selben Jahr setzte er auf das Festland über und besetzte kampflos

Neapel. Er beteiligte sich auch an Operationen gegen den Kirchenstaat. Als Graf Cavour dann selbst mit piemontesischen Truppen in Unteritalien angriff, übergab Garibaldi seine Gewinne in Sizilien und Neapel an König Viktor Emanuel II. Nach seiner schweren Verwundung in der Schlacht von Aspromonte 1862 musste er sich auf die Insel Caprera zurückziehen. Im dritten Unabhängigkeitskrieg gegen Österreich versuchte er 1867/68 weitere Erfolge zu erzielen, seine Einheiten wurden aber bei Mentana durch Truppen des Papstes und mit französischer Hilfe zurückgeschlagen.[204]

Schon 1844 wurde Garibaldi in Montevideo in die französische Freimaurerloge „Les Amis de la Patrie" aufgenommen und affiliierte noch im selben Jahr in die Loge „Sebezia" in Neapel. 1864 verfolgte ein Freimaurerkongress in Florenz das Ziel, die Vereinigung der Großlogen in Italien zu erreichen. Daraufhin kam es zur Gründung eines Dachverbandes der Großlogen, dessen Großmeister Garibaldi wurde.[205] Auch der italienische Staatsmann Camillo Graf Benso di Cavour, dessen Hauptverdienst die Einigung Italiens war, gehörte einer Freimaurerloge in Turin an und profilierte sich politisch vor allem als Staatsmann und reformorientierter Liberaler. So setzte er sich z. B. für liberale Kirchengesetze ein und vertrat den Standpunkt „Freie Kirche im freien Staat".[206]

Revolutionäre Wege in die Unabhängigkeit blieben nicht nur auf Europa beschränkt, sondern entstanden auch in Lateinamerika, wo Freimaurer an den Unabhängigkeitsbestrebungen beteiligt waren. Eine große Mehrheit der Bevölkerung in Lateinamerika lehnte eine Einengung ihrer Freiräume ab. Die in Amerika Geborenen forderten für sich mehr Mitspracherechte, zumal sich das quantitative Verhältnis zu den Europaspaniern zu deren Vorteil verlagerte. Die Reformen, mit denen man den Einfluss des Mutterlandes auf die Kolonien stärken wollte, intendierten allerdings auch die Hoffnung der Abschüttelung der spanischen Herrschaft und stärkten das Selbstbewusstsein der Kreolen. Dazu kam noch, dass die Ideen der Aufklärung, die Amerikanische und Französische Revolution die lateinamerikanischen Eliten stark beeinflussten. Die verschiedenen Aufstände in dieser Zeit in Lateinamerika hatten aber noch keinen direkten Kausalzusammenhang mit diesen Revolutionen. Die Rebellionen, die mehr lokale Reaktionen auf die sozialen und ökonomischen Folgen der bourbonischen Reformen waren, verdichteten sich dann allerdings später, wobei vor allem die Kritik an der Kolonialpolitik zunahm.[207] Auch die Überwindung der Sklaverei spielte eine gewisse Rolle. Dass dann zu Beginn des 19. Jahrhunderts und später in Iberoamerika die Unabhängigkeitsbewegungen zunahmen, war auf die Krise der Mutterländer zurückzuführen. Der Prozess der Unabhängigkeit verlief in zwei Phasen, die erste umfasst den Zeitraum von 1810 bis 1816, in der kreolische Oberschichten in mehreren Regionen die Unabhängigkeit erklärten. In dieser Zeit gab es mehrere Aufstände mit widersprüchlichen politischen Zielen. Die zweite Phase begann nach 1816. In Neu-Spanien, wo sich seit der Niederschlagung der Sozialrevolution die Realisten in Amerika festigen konnten, begann sich eine neue Revolutionsdynamik zu entwickeln. Durch die Spanische Revolution von 1820 kam es zu einer erneuten politischen Mobilisierung in Zentralamerika, die zwei Lager hervorbrachte: „die unabhängigkeitsbefürwortenden Liberalen und für Reformen innerhalb des Kolonialsystems plädierenden Konservativen."[208]

Simón Bolívar, der sich als Nationalheld des südamerikanischen Befreiungskampfes gegen Spanien profilierte, wurde 1807 Freimaurer und gründete die Logen „Protection des Vertus" in Venezuela und „Ordre et Liberté" in Peru. Es gelang ihm, Neugranada und anschließend das ganze nördliche Südamerika zu befreien. Er wurde schließlich auch Präsident der Republik Großkolumbien (zu dem damals Neugranada, Venezuela, die Gegend des heutigen Ecuador zählten) und auch Präsident von Peru. Bolívars politisches

Hauptziel war die politische Unabhängigkeit Lateinamerikas gegenüber Europa und den USA. Er entwickelte fortschrittliche Sozialvorstellungen und trat für einen Panamerikanismus ein. Sein auf dem Panama-Kongress 1826 vorgestellter Plan einer Konföderation aller anwesenden lateinamerikanischen Staaten konnte aber nicht verwirklicht werden. Bolívar galt als Führungsfigur des stärker werdenden Selbstbestimmungswillens der in Lateinamerika geborenen Oberschicht.[209] Von seinen Verbündeten im Stich gelassen, trat Bolívar dann 1830 von seinen Ämtern zurück. Anlässlich der Feierlichkeiten zu seinem 100. Todestag beantragten die Freimaurer in Bolivien, Ecuador und Chile die Errichtung eines Nationaldenkmals. Am Beispiel des Freimaurers Bolívar zeigt sich die Ambivalenz der Unabhängigkeitsbewegungen Lateinamerikas und auch die große Heterogenität dieser Entwicklungen. Er wurde als Held verehrt und in der öffentlichen Wahrnehmung als Befreier zum Mythos.[210]

3. DER LIBERALISMUS UND DIE ANFÄNGE DER DEMOKRATIE

Aus politischer und ideengeschichtlicher Sicht gab es auch enge Verbindungen der Freimaurerei zum Liberalismus und zu den Anfängen der Demokratie.[211] Die Grundideen der Aufklärung und der Französischen Revolution beeinflussten vor allem den Liberalismus und die Demokratie im 19. Jahrhundert. Zu einem Hauptanliegen des Liberalismus wurde die Entfaltung des Individuums, die so umfassend sein sollte, wie es der Handlungsraum anderer Individuen und die Allgemeinheit überhaupt zulassen. Daher versuchte der Liberalismus generell, diese individuelle Entfaltung gegen alle formellen und informellen Eingriffe sowie Behinderungen zu schützen. Die wichtigsten politischen Grundsätze des Liberalismus wie Grundrechte, Rechtsstaatlichkeit und Gewaltenteilung, die schon im 19. Jahrhundert in den USA ausgeprägt waren, finden sich heute in allen Verfassungen westlicher Demokratien als fester Bestandteil.

Die erwähnten liberalen Forderungen steigerten sich später zu liberalen Vorstellungen über die politische und gesellschaftliche Ordnung, wobei es vor allem um die Gestaltung einer Ordnung der Freiheit nach liberalen Grundsätzen ging. Vorbild waren hier immer die Vereinigten Staaten. Zu den entscheidenden liberalen Forderungen zählte vor allem eine schriftliche Verfassung, die dem Staat gewährt werden sollte und in der die Organisation der politischen Herrschaft sowie die Rechte und Partizipationsmöglichkeiten der Bürger festgelegt sind. Wichtige Impulse gingen hier auch von den Freimaurern aus, die größtenteils diese Grundlagen förderten und ihre Logen selbst als Demokratie im Kleinen betrachteten.[212] Den Orientierungsrahmen dazu bildeten die freie, ungehinderte Entfaltung des Individuums, die Möglichkeit allgemeiner und umfassender Bildung und eine ökonomische Betätigung bis hin zum Manchester- und Neoliberalismus. Durch die Entwicklung politischer Durchsetzungskraft zur Gestaltung einer gesamtgesellschaftlichen Ordnung ergaben sich für den Liberalismus erhebliche Probleme. So wurde es zunehmend fraglicher, ob die besitzende und gebildete Gruppe gegenüber den nachdrängenden Schichten noch dominieren und die für sie günstige Ordnung verteidigen konnte. Der Liberalismus wurde sich auch in der sozialen Frage als strukturelle Folgewirkung einer nach liberalen Grundsätzen gestalteten Gesellschaft mit freier Entfaltung des Kapitals im 19. Jahrhundert bewusster. Während im ursprünglichen Liberalismus die Unterschiede von Armut und Reichtum als natürliche Folge verschiedener eingesetzter Fähigkeiten und Arbeitsintensitäten bei vorausgesetzter Chancengleichheit galten, wird im sozialen Liberalismus diese Rechtfertigungsposition aufgehoben. So wurde der Staat gefordert, zugunsten der sozial Schwachen, die ohne eigenes Verschulden grundsätzlich benachteiligt waren, kompensierend einzugreifen. In England wurde dieser Positionswechsel des Liberalismus am stärksten bei John Stuart Mill sichtbar, in Deutschland gegen Ende des 19. Jahrhunderts bei Friedrich Naumanns national-sozialem Liberalismus.

Sozial war der Liberalismus eng mit der Entwicklung des Bürgertums verbunden. Er wurzelte in der Interessenslage und Lebensführung der ökonomisch sich entfaltenden und an Bildung interessierten Mittelschichten. Liberales Gedankengut fand sich zwar auch – zumindest partiell – bei Angehörigen der Oberschichten, prägend war aber die Einstellung und Interessenslage des Wirtschafts- und Besitzbürgertums. Der zentrale Kernbestand des Liberalismus – freie Entfaltung des Individuums, verstanden als Ausbildung aller seiner Fähigkeiten – war zunächst interessanterweise unpolitisch, aber rasch politisch abzusichern, womit er politische Folgen provozierte. Liberales Denken war zwar nicht genuin demokratisch, aber die repräsentative Demokratie stellte einen Kompromiss zwischen der liberalen und demokratischen Position dar. Die Freimaurer waren in ihrer gesellschaftspolitischen (nicht parteipolitischen) Einstellung oft an diesem Kompromiss beteiligt.

Die neuzeitliche Geschichte der Demokratie hat ihren geografischen Schwerpunkt zweifelsohne im angloamerikanischen Raum. Sie ist eng mit dem Aufstieg der nordamerikanischen Kolonien zur Nation verknüpft. Andererseits beinhaltet der moderne Begriff der Demokratie einiges, das nicht vorwiegend mit der amerikanischen Entwicklung erklärt werden kann. Bekanntlich umfasst der Demokratiebegriff nicht nur den modernen Staatstypus, sondern auch eine gesellschaftliche Organisations- und Lebensform. Im Hinblick auf die Entwicklung des Gleichheits- und Solidaritätspostulats belegen französische Quellen schon sehr früh und stärker als in anderen Räumen, dass sich mit dem Aufkommen des Revolutionsgedankens die radikale Forderung nach Freiheit und Gleichheit in starkem Ausmaß verbindet. Es steht heute außer Zweifel, dass die politische Spätaufklärung in Europa und die Französische Revolution neben der Amerikanischen Revolution die entscheidenden Grundlagen der frühen Demokratieentwicklung schufen.[213]

Mit den Englischen Revolutionen im 17. Jahrhundert sowie mit der Aufklärung und Französischen Revolution bekam die frühe demokratische Bewegung besonderen Auftrieb, weil die Auseinandersetzung mit Problemen der politischen Ordnung intensiver wurde. Dass das republikanische Ethos im 19. Jahrhundert weiterlebte, verdeutlichen die verschiedenen politischen Geheimbünde, Verschwörungen und Aufstände gegen die Restauration und gegen den erstarkenden Konservativismus. Konkrete Beispiele dafür sind die Rebellion gegen die spanische Herrschaft, die in Lateinamerika zur Entstehung von Republiken führte, die Julirevolution 1830 in Frankreich und der griechische Unabhängigkeitskampf gegen das Osmanische Reich. Nach 1820 vermehrten sich auch die Versuche, verschiedene Herrschaftshäuser zu stürzen, wie in Spanien, in Neapel, im Piemont und in Russland. In Frankreich und Italien stürzten der Geheimbund der Carbonari und die Republikaner die Bourbonen und zerschlugen die Ordnung des Wiener Kongresses.[214] Während der Julirevolution von 1830 waren etwas mehr als 5000 politische Flüchtlinge in Paris, die größtenteils für eine Republik eintraten. Auch nach der Julirevolution engagierten sich viele politische Persönlichkeiten für den Republikanismus mit dem Ziel der Konstituierung eines Europas der freien Republiken. Unter diesen Republikanern waren auch zahlreiche Freimaurer, die sich politisch gegen das Nachwirken der Restauration wandten.

Es ist eine Tatsache, dass einzelne Freimaurer direkt und indirekt an der Entwicklung des Liberalismus, des liberalen offenen und undogmatischen Denkens und an der Herausbildung liberaler Grundwerte beteiligt waren. Diese entsprachen weitgehend der freimaurerischen Denkweise. So sind auch die „Alten Pflichten" des James Anderson von 1723, ein freimaurerisches Grunddokument, vom Geist des liberalen und toleranten Denkens geprägt. Die grundsätzlichen Forderungen des Liberalismus wurden von den Freimaurern unterstützt. Dazu zählte auch der freimaurerische Anteil an der Entstehung der Erklärung der Menschen- und Bürgerrechte, die als Charta des modernen Liberalismus bezeichnet wurden. In der Freimaurerforschung wurde sogar behauptet, dass die Freimaurerei „die einzige wirklich große und dauerhafte Gemeinschaftsbildung des idealistischen Liberalismus" gewesen sei.[215]

4. DIE REVOLUTIONEN 1830 UND 1848/49

Für die konkretere Ausbildung und Abgrenzung einer liberalen Ideologie war die Julirevolution 1830 in Frankreich und die damit verbundene Politisierung bedeutsam, die ganz Europa ergriff. Das Unbehagen an der restaurativen Politik am Metternich'schen System sowie die sozialen Probleme der Industrialisierung bezogen auch den kulturellen Bereich in die kritische Reflexion mit ein. Sie durchbrach gleichsam die Abschirmung, hinter der die Literatur und Philosophie der Romantik und des Idealismus unter den Bedingungen der Restauration einen gewissen Höhepunkt erreicht hatte. Die Dichtung wurde politisch, zunächst im Roman, seit den 40er-Jahren auch in der Lyrik. Dazu kam noch die Abspaltung eines radikalen Demokratismus vom Liberalismus. Gemeinsam war dem Liberalen und demokratischen Politikverständnis die rationale Begründung des Staates von den Individuen her durch die Annahme eines Gesellschaftsvertrages. Während jedoch der Liberalismus den Missbrauch der Macht des Souveräns durch verfassungsmäßige Sicherungen, durch Freiheitsrechte, Gewaltenteilung und rechtsstaatliche Vorkehrungen zu verhindern und seine politischen Ziele auf dem Weg der Reformen und der Vereinbarung mit den bestehenden Gewalten zu erreichen versuchte, hob die demokratische Theorie den Unterschied zwischen dem Inhaber der Staatsgewalt und dem Volk auf. Sie setzte den Souverän und das Volk gleich. Dies war das Konzept der Volkssouveränität, das aus gegebenem Anlass auch revolutionär durchgesetzt werden konnte. Diese Differenz war allerdings nur in Ansätzen vorhanden, während in den Staaten des Deutschen Bundes der Abspaltungsprozess zu einer Radikalisierung und zu starken ideologischen Spannungen unter den politischen Parteien führte.[216] Freimaurer finden wir in diesem Politisierungsprozess sowohl auf der liberalen wie auch auf der demokratischen Seite.

Die doppelte Erfahrung zum einen durch die Französischen Revolution und zum anderen durch die von England ausgehende Industrielle Revolution steckte den Horizont des demokratischen Denkens im 19. Jahrhundert ab. Die Begründung und Begrenzung politischer Herrschaft im Rückgriff auf die Erfordernisse einer sich selbst regulierenden bürgerlichen Gesellschaft waren die zentralen Anliegen der politischen Theorie. Mit der Herausbildung der bürgerlichen Gesellschaft, bei der den Freimaurerlogen einige Bedeutung zukam, und ihren Öffentlichkeitsformen ist auch ein Bedeutungswandel der politischen Theorie verknüpft. Auf der einen Seite wurde das politische Leben im 19. Jahrhundert in einem bisher nicht gekannten Ausmaß von politischen und sozialen Bewegungen bestimmt, die aus ihrer Interessenlage heraus gesamtgesellschaftliche Ordnungsvorstellungen durchzusetzen versuchten. Das politische Denken im 19. Jahrhundert war durch ideologische, also auf Interessenlagen realhistorischer Bewegungen verweisende Zuordnungen erklärbar, sodass es in verschiedene Strömungen und Theorien eingeteilt werden konnte. Die Hauptströmungen, wie Liberalismus und Demokratie, Konservativismus, Sozialismus und Anarchismus (der Nationalismus lag dazu quer) wiesen auch zahlreiche Querverbindungen auf, die sich nicht nur als Bewegung der kritischen Abgrenzung, sondern auch als eine Deutungskonkurrenz vollzogen.[217]

In Frankreich war die Französische Revolution Ausgangspunkt erster sozial-egalitärer Programme. Die Erfahrung der Französischen Revolution blieb für die sozialistische und kommunistische Revolutionstheorie der Folgezeit bestimmend, die vor allem den Zusammenhang von politischer und unvollendeter sozialer Revolution hervorhob. Zwischen 1789 und 1849 bildete sich in Frankreich ein differenziertes Feld frühsozialistischer Positionen heraus. Die dort ausgetragenen Kontroversen über die Verbesserung der Lage der Arbeiterschaft, praktischen Möglichkeiten der Umgestaltung der kapitalistischen Wirtschaftsordnung, Reform oder Revolution, die Rolle des Staates, die Bedeutung der Wissenschaft und die Kraft der Utopie sowie über die Perspektiven des gesellschaftlichen Fortschritts und die politischen Erfahrungen des Frühsozialismus in England und Frankreich blieben für das sozialistische und demokratische Denken insgesamt prägend. Für die Demokratieentwicklung in Frankreich wurde vor allem die Charte von 1830 bedeutsam, die auf einem Vertrag gründete und nicht mehr auf dem königlichen Willen. Sie legitimierte sich nicht mehr durch das „Droit-divin", sondern durch den souveränen Willen des Volkes, also durch die Volkssouveränität. Die Kammer berief nun den König und hat ihm die Charte zur Annahme vorgelegt. Sie gab sich fortan als Repräsentantin der souveränen Nation aus. Entscheidend war weiters, dass das liberale Bürgertum zum Durchbruch gelangte und nun 1830 auch das seinen Interessen entsprechende politische Regime erhielt. In Frankreich gab es keine eigentlichen republikanischen oder demokratischen Parteien zu dieser Zeit, sondern nur lose Gesellschaften, Gruppen Gleichgesinnter und einige Zeitungen. Was sie jedoch untereinander verband, war nicht so sehr eine politische Theorie, sondern der Glaube an das Volk. In geradezu mystischer Überhöhung wurde das Volk zum Träger der Politik des freiheitlichen Fortschritts und der menschlichen Entwicklung. Im Credo der Republikaner stand das Volk im Gegensatz zur Aristokratie und zum Großbürgertum, und das Volk waren alle jene Menschen, die nicht zur herrschenden Schicht gehörten. Das Volk lehnte sich gegen die Knechtschaft auf, erkämpfte sich die Freiheit und bereitete einer von Macht und Geld beherrschten Zeit ein Ende. Herrschaft des Volkes war gleichbedeutend mit Demokratie. Auf diese Weise war der Glaube an das Volk von einem eigentlichen Glauben an die Demokratie, die zum Mythos erhoben wurde, nicht zu trennen. In den demokratischen Ideen der Republikaner stand ab nun die Volkssouveränität im Zentrum, und nur die Gesamtheit des Volkes konnte der staatlichen Gewalt ihre Legitimation geben.[218]

Nach vorübergehender Blüte der Restauration änderte sich die politische Situation mit der Julirevolution in Frankreich 1830 grundlegend, da diese gesamteuropäische Wirkungen erzielte. Für die liberale und demokratische Bewegung war bedeutsam, dass die revolutionäre Bewegung auch viele deutsche Teilstaaten und die Habsburgermonarchie erfasste, wie die konstitutionslosen Staaten Nord- und Mitteldeutschland (außer Preußen) mit neoabsolutistischer und bürokratischer Willkür. Auf die Unruhen und bürgerlichen Verfassungsbewegungen folgte eine zweite Verfassungsbewegung, die den süddeutschen Konstitutionalismus ergänzte. In der westmitteldeutschen Kontaktzone zwischen den zollpolitischen Vertragssystemen und dem Südwesten kam es zu politischen und sozialen Protestbewegungen. Diese Konflikte im Vormärz waren die Folgen von Spannungen zwischen Staat und Gesellschaft und zwischen Modernisierung und Systemerhaltung. Auch die Ereignisse in Belgien und Polen riefen starke Reaktionen hervor, wobei besonders die belgische Verfassung auf größere Sympathien in Deutschland stieß. Die Polenfreundschaft des liberalen Bürgertums war ein wichtiger Aspekt des im Zuge der Julirevolution entstandenen und sich gegen das System der Reaktion richtenden oppositionellen Protestverhaltens in nord- und mitteldeutschen Staaten. Revolutionäre Formen nahm sie vor allem in jenen Ländern Nord- und Mitteldeutschlands an, wo das Fehlen einer Konstitution und die Willkür der Fürsten und Regierungen besonders stark ausgeprägt waren. Durch die kontroverse Auslegung des Verfassungsrechts waren die verschiedenen Volksbewegungen in dieser Zeit vom Nebeneinander parlamentarischer Auseinandersetzungen und neuen Formen des politischen Protests gekennzeichnet.[219]

Die Ziele und Ursachen der Julirevolution wie auch die Sozialstruktur ihrer Trägergruppen waren unterschiedlich. Zentrale Ursachen bildeten die starken politischen Spannungen, die deutlich darauf hinwiesen, dass die in der französischen Gesellschaft vorhandenen Auffassungen über die künftige politische Herrschaftsordnung weit auseinanderliefen. Ende Juli 1830 wurde der französische König Karl X., der politisch einen strikten Restaurationskurs verfolgte, nach Straßenkämpfen gezwungen, aus Paris zu fliehen. Sein Nachfolger wurde der „Bürgerkönig" Louis-Philippe. Die revolutionäre Bewegung umfasste über Frankreich hinaus auch größere Teile Kontinentaleuropas. So setzten belgische Revolutionäre die Trennung vom Königreich der Niederlande durch und führten eine konstitutionelle Monarchie ein. Auch in Warschau gab es einen Aufstand gegen die russische Herrschaft. Ähnlich erging es den Aufständischen in Ober- und Mittelitalien. Die Julirevolution zeigte auch Folgen in der Schweiz, wo es 1831 den Liberalen gelang, in Zürich, Bern und Luzern Verfassungen, die auf der Idee der Volkssouveränität beruhten, einzuführen. Bei allen diesen Bewegungen und den neuen Verfassungen waren auch Freimaurer wesentlich beteiligt. Auch der Einfluss der Julirevolution auf Mitteleuropa war beträchtlich. In Deutschland folgten seit 1830 Reformen, Unruhen, politischen Reform- und soziale Protestbewegungen. Ähnliches galt auch für die Habsburgermonarchie, wo es ebenfalls nach 1830 zu Unruhen und Tumulten kam.[220] Im Vormärz wurden schließlich nach der Julirevolution von Demokraten, darunter auch einige Freimaurer, wichtige Ansätze zu Revolutionstheorien und radikaldemokratischen Positionen entwickelt. In diesem Zusammenhang war die Auseinandersetzung mit der Französischen Revolution 1789 ein wichtiger Gesichtspunkt.[221]

In der Februarrevolution 1848/49 führten die Spannungen zwischen der „demokratischen Republik" und der „sozialen Republik" zu heftigen politischen Auseinandersetzungen. Die Regierungen waren zwar mehrheitlich bürgerlich und wollten sich vorerst mit politischen Reformen begnügen, wurden nun aber von der Linksopposition und den proletarischen Kräften stark unter Druck gesetzt. Der Wahlzensus wurde abgeschafft und der Durchbruch zur Demokratie langsam vollzogen. Das Bürgertum war allerdings in Frankreich über den Aufstandsversuch der jakobinischen Linken erschreckt und irritiert, sah den sozialen Status bedroht und suchte daher nach Sicherheiten. Louis Napoleon bereitete einen Staatsstreich vor, der 1851 tatsächlich erfolgte. Die Kammer wurde aufgelöst und die Opposition mit Verhaftungen und Verbannungen ausgeschaltet, zweifelsohne eine Entwicklung, die einen vorübergehenden Rückschlag in der Herausbildung der Demokratie darstellte. Die Februarrevolution und das Scheitern der chartistischen Wahlrechtsbewegung in England markierten gleichsam den Niedergang des Frühsozialismus als politische Bewegung. Für die weitere Entwicklung des sozialistischen und demokratischen Denkens gewannen das Werk und das Wirken von Karl Marx und Friedrich Engels an Bedeutung. In den letzten beiden Jahrzehnten des 19. Jahrhunderts wurden ihre politischen Auffassungen weiter ausgebaut und zur Weltanschauung des Marxismus verdichtet, also zum dominierenden Einflussfaktor der organisierten Arbeiterbewegung. Aufgrund des wachsenden politischen Einflusses der sozialistischen Arbeiterbewegung im Rahmen des sich langsam demokratisierenden politischen Systems und konfrontiert mit den Herausforderungen des Kapitalismus kam es allerdings im Marxismus zu Kontroversen über die einzuschlagende Transformationsstrategie. Diese führten zu einer internen Ausdifferenzierung politischer Strömungen.[222]

Die Revolutionsbewegung 1848 verstand sich als große Freiheitsbewegung. Es ging um die Freiheit der Presse, freie Vereinsbildung, Wahlen zu Parlamenten, Freizügigkeit und um Versammlungsfreiheit, auch um Wahlen zu einer Volksvertretung, um Geschworenengerichte und Volksbewaffnung. Im Zentrum der politischen Ziele standen die Grundrechte als gemeinsamer Wertekanon, insbesondere die persönliche und politische Freiheit sowie die Sicherung des Eigentums. Auch soziale Rechte wurden aufgrund der Folgen der Industrialisierung gefordert, insbesondere soziale Gerechtigkeit und Gleichheit. Hinter diesen Forderungen standen auch zahlreiche Freimaurer. Sie traten weiters auch für Konstitutionen und zum Teil für republikanische Ideen ein, wenngleich es auch unter den Brüdern Anhänger einer konstitutionellen Monarchie gab. Mit der ersten Bundesverfassung vom September 1848 wurde zum Beispiel die Schweiz vom Staatenbund zum Bundesstaat geeint, wobei die Bundesverfassung der schweizerischen Eidgenossenschaft auf diese Verfassung 1848 zurückging. Hinter ihr standen einige politisch sehr aktive Freimaurer.[223]

In der Frage der Nationalität entstanden im Zuge der Revolution eindeutige Grenzen. Es kam vor allem zu Zwietracht und Meinungsverschiedenheiten in den verschiedenen Nationalitäten. Es fehlte dabei an Homogenität und an der Bindung der Ethnizität an ein Staatsterritorium.[224] Im Gesamten gesehen kann man allerdings die Revolution von 1848/49 nur teilweise als gescheitert betrachten.

5. LAIZISMUS, KULTURKAMPF UND MODERNE

Der Begriff „Laizismus" geht zurück auf das 19. Jahrhundert und entstand zuerst in Frankreich. Gemeint war hier eine betont antiklerikale Haltung und die strikte Trennung von Kirche und Staat. Aus katholischer Sicht und von der Kirche wurde die Freimaurerei als die treibende Kraft des Laizismus betrachtet und als Vertreterin einer reinen Diesseitskultur und Hauptförderin dieser liberalen Richtung bezeichnet. Die kirchliche Begründung war, dass die Freimaurerei in ethischen Fragen „rein naturalistisch – humanitär... eingestellt sei und in der Metaphysik den undogmatischen Gottesbegriff mit rein subjektiver Binnenzeichnung vertrete". [225]

In der Freimaurerei wurden allerdings zwei Richtungen unterschieden. Die eine sah im „Allmächtigen Baumeister aller Welten" ein Symbol als spirituellen Seinsgrund, das sich als undogmatischer Gottesbegriff verstand, andererseits gab es auch freimaurerische Gruppen, die durchaus an einen persönlichen Gott glaubten. Bei der ersten Richtung spielte die Ethik ohne transzendente Bindung eine große Rolle, die auch als laizistisch bezeichnet werden konnte. Die Ethik aus freimaurerischer Perspektive war immer bestrebt, einen Beitrag zu einer humanistischen und ästhetisch wertvollen Verweltlichung zu leisten.

Im Jahre 1905 wurde in Frankreich das Gesetz zur Trennung von Kirche und Staat beschlossen, für das sich besonders der damalige Abgeordnete und spätere Ministerpräsident Aristide Briand, ein Freimaurer, einsetzte. In der französischen Verfassung von 1946 wurde der Begriff „Laizismus" erstmals erwähnt. Ist der Laizismus am Anfang vor allem als Kampfbegriff gegen eine religiöse Ideologie aufgefasst worden, wurde daraus die Forderung nach der strikten Trennung von Religion und Staat um das Gebot der Gleichheit und des Respekts gegenüber allen Religionen und Weltanschauungen erweitert. Auch in diesem Zusammenhang haben sich die Freimaurer für eine Erweiterung stark engagiert.

Erst auf dem Zweiten Vatikanischen Konzil hat die katholische Kirche dann eine „relative Laizität" des Staates akzeptiert. In Frankreich hat sich der Laizismus zu einer Art politischem Ideal entwickelt, um damit die Grundsätze der Neutralität des Staates gegenüber den Religionen, die Gleichbehandlung und die Glaubensfreiheit zu unterstreichen. So ist der Laizismus ein Verfassungsprinzip geworden und Religion eine ausschließliche Privatangelegenheit. Diese Entwicklung war ganz im Sinne weiter Kreise der Freimaurerei.[226]

Die laizistische Entwicklung in Frankreich beeinflusste auch den Grand Orient de France, der auf einem Konvent 1877 die Streichung jeder Erwähnung eines göttlichen Prinzips in der freimaurerischen Verfassung des GO beschloss. Dieses folgenreiche Ereignis führte schließlich zur Spaltung der Freimaurerei.[227]

Die laizistische Richtung der Freimaurerei führte die Verweltlichung der menschlichen Gesellschaft auf das Ergebnis eines ökonomischen und sozialen Entwicklungsprozesses zurück. Diese Ethik wurde auch innerhalb der Freimaurerei als „Akklimatisation" bezeichnet, bei der mithilfe des Laizismus die Diesseitskultur des Leidens der Menschheit gemildert werden sollte. In diesem Zusammenhang spielen im humanitären Engagement der Freimaurerei auch die zahlreichen Sozialprojekte eine große Rolle.

In der zweiten Hälfte des 19. Jahrhunderts nahmen die Auseinandersetzungen zwischen der katholischen Kirche und dem Staat zu, sodass Rudolf Virchow im Deutschen Reich den Begriff „Kulturkampf" einführte. Dieses Wort hat sich in den Auseinandersetzungen durchgesetzt, obwohl es sprachlich unglücklich formuliert war und zu Missverständnissen führen konnte.[228]

Im Allgemeinen wurden in der Forschung als Kulturkampf die Auseinandersetzungen zwischen Staat und katholischer Kirche im

19. Jahrhundert gesehen, bei denen der Versuch einer Neuordnung des Verhältnisses von Staat und Kirche im Zentrum stand. Dabei bekämpften sich die Anhänger von zwei konkurrierenden Weltanschauungen, die Konservativen und die Liberalen. Eigentlich ging es um die Durchsetzung einer liberaleren Politik, die von katholischer Seite bekämpft wurde. Bei ihnen ging es um den Einfluss der Religion und Kirche auf Öffentlichkeit und Politik und vor allem um den Primat von Kirche und Religion über den Staat und die Wissenschaften. Darüber hinaus hatte der Kulturkampf auch soziale, politische und kulturelle Dimensionen. Er wurde trotz Verschärfung der Konfliktsituation unter Papst Pius IX. nach 1878 beendet und leistete zur Trennung von Kirche und Staat einen wichtigen Beitrag.

Die Freimaurerei war vom Kulturkampf nur relativ gering betroffen, begrüßte aber größtenteils die Trennung von Staat und Kirche und die Zurückdrängung des Religiösen in der Gesellschaft. In den romanischen Ländern war die Situation allerdings anders, weil sich dort aufgrund der stark entwickelten Auseinandersetzungen zwischen Staat und Kirche das Verhalten der Freimaurer zugunsten des Staates änderte, wie vor allem in Frankreich. Die Freimaurer strebten hier besonders eine Befreiung von der kirchlichen Gewalt an und wurden auch politisch aktiv.[229]

Durch die starke Reformorientierung, die Aufklärungs- und Säkularisierungsbestrebungen, die Beteiligung an der Herausbildung der Demokratie und des modernen Parlamentarismus und ihrer geistigen Bedeutung war die Freimaurerei auch ein nicht zu unterschätzender Bestandteil der Entstehung und Entwicklung der Moderne.

Unter Moderne verstand man die Veränderungen und Umbrüche in der politischen, ökonomischen, gesellschaftlichen und kulturellen Entwicklung.[230] Zweifelsohne ist vor allem durch die europäische Doppelrevolution (Französische und Industrielle Revolution), die Modernisierung im 19. und am Beginn des 20. Jahrhunderts vorangetrieben worden, an der auch Freimaurer aktiv beteiligt waren. Mit der Französischen Revolution und nach 1789 entstand eine Mentalität, die durch ein neues Zeitbewusstsein geprägt war und einen neuen Begriff der politischen Praxis hervorbrachte. Moderne Züge trägt diese historische Entwicklung, die mit dem Ancien Régime brach, vor allem darin, dass sie ein neues Verständnis von Politik entwickelte, das im Zeichen von Selbstbestimmung und Selbstverwirklichung stand. Dieses Vertrauen beruhte auf dem aufgeklärten Diskurs, an dem sich jede politische Herrschaft orientieren und legitimieren sollte. Zweifelsohne ist aber das Projekt der Moderne bis heute unvollendet geblieben und neuerdings durch postmoderne Kritik wieder in Frage gestellt worden. Schon am Beginn der Moderne wurden durch reformerische und gesellschaftliche Zielvorstellungen sowie Utopien wichtige Elemente der Modernisierung im 19. Jahrhundert entwickelt. Vor allem erfuhr der gesellschaftliche Wandel durch die erwähnten Revolutionen eine erhebliche Beschleunigung. Dabei spielten die Dynamisierung innergesellschaftlicher Kräfte, die revolutionären Impulse, aber auch die verschiedensten Neuerungen eine entscheidende Rolle. So haben sich nach der Französischen Revolution zwei alternative Modelle einer Zukunftsgesellschaft herausgebildet: die Idee der klassenlosen Gesellschaft und die Konzeption einer immer stärker werdenden neuen bürgerlichen Gesellschaft. Auch die Frage nach der Utopie war mit dem Projekt der Moderne eng verknüpft. Die Freimaurerei war mit ihrer symbolischen Vorstellung vom Bau am Tempel der allgemeinen Menschenliebe und der Vermenschlichung der Gesellschaft nahe an einer Utopie.

Bei den Modernisierungsprozessen seit dem 18. Jahrhundert handelte es sich um langablaufende Entwicklungen, durch die zuerst in Westeuropa und später in der übrigen Welt gesellschaftliche Transformationen entstanden. Die Modernisierung war nicht nur eine spezifische Veränderung, sondern umfasste ein komplexes Geflecht verschiedenster Umwandlungsprozesse, an denen zahlreiche Freimaurer durch ihre geistigen und gesellschaftspolitischen Aktivitäten beteiligt waren.[231] Da Aufklärung und Moderne heute starker postmoderner Kritik ausgesetzt sind, unternimmt die Freimaurerei verstärkte Anstrengungen zur theoretischen Erfassung der geistigen Situation der Zeit. Dabei werden vorrangig Modernisierung bzw. Modernität mit dem Prozess der Rationalisierung aller Gesellschafts- und Wissensbereiche identifiziert. Die Freimaurerei weiß aber, dass diesen Vorgängen gegenläufige Tendenzen gegenüberstehen, die sie in ihrer geistigen Arbeit stärker berücksichtigen muss.[232]

Vom Ersten zum Zweiten Weltkrieg

1. FREIMAUREREI UND DER ERSTE WELTKRIEG

In der Zeit des Hochimperialismus hat sich in Europa ein großes Konfliktpotential herausgebildet, das sich im Ersten Weltkrieg von 1914 bis 1918 entlud. Der Weltkrieg begann im Juli 1914 mit der Kriegserklärung Österreich-Ungarns an Serbien, wo sich kurz vorher das Attentat von Sarajevo ereignete und die Julikrise auslöste. Der Krieg wurde dann im November 1918 mit dem Sieg der aus der Triple-Entente entstandenen Kriegskoalition beendet.[233]

In Freimaurerkreisen wurde in verschiedenen Publikationen der Erste Weltkrieg als Wahnsinn kommentiert und zum Teil den Mittelmächten die Hauptschuld am Ausbruch des Krieges gegeben. Viele Freimaurer waren daher um Konfliktlösung und Frieden bemüht. Bereits in der Zeit vor dem Ersten Weltkrieg haben sich Freimaurer in pazifistischen Gruppen zusammengeschlossen. Die Suche nach den Schuldigen des Krieges führte bei den Freimaurergegnern dazu, dass sie die Urheber in der Freimaurerei sahen. Die damit verbundene Verschwörungstheorie ging sogar soweit, dass der Abschluss der Friedensverträge auf die „geheimen Diktatoren" zurückgeführt wurde. In diesem Zusammenhang kam es in der antimasonischen Propaganda zu einer maßlosen Überschätzung der Bedeutung aller jener Politiker, die angeblich Freimaurer waren. Deren Ziel sei es gewesen, eine planmäßige Vernichtung der mitteleuropäischen Monarchien vorzunehmen und eine Weltrepublik zu errichten.[234] Alle Persönlichkeiten, die zum Beispiel in Deutschland die neue Regierungsform der Republik anstrebten und unterstützten, wurden als freimaurerische Hochverräter bezeichnet. Einer der heftigsten Gegner der Freimaurerei waren Erich Ludendorff mit seiner Frau. Ludendorff schrieb mehrere antifreimaurerische Schriften, in denen er die „Kriegshetze und Völkermorde" in den letzten 150 Jahren beschrieb, die „schändlichen Geheimnisse der Hochgrade" aufzeigte und die „Vernichtung der Freimaurerei durch Enthüllung ihrer Geheimnisse" betreiben wollte. Freimaurer und Juden hätten sich gegen Deutschland verschworen, den Ersten Weltkrieg angezettelt und Deutschland durch ein freimaurerisches Diktatfriedensprogramm ruiniert, so lautete die Kurzformel der Beschuldigungen. Dabei kam aus der Sicht der Freimaurergegner der „Entente-Freimaurerei" große Bedeutung zu. Der Vorwurf wurde noch weiter zugespitzt, indem man der „Entente-Freimaurerei" unterstellte, dass sie bereits vor dem Ausbruch des Ersten Weltkrieges das Netz der „Erdrosselung" Deutschlands gesponnen und die von „Freimaurerhand" unterirdisch gelegten Minen aufgedeckt hätte. [235]

Ähnliche Argumente gegen die Freimaurerei führte auch Friedrich Wichtl ins Feld, auf den Ludendorff in seiner Propaganda auch zurückgriff. Wichtl gab den Freimaurern die Schuld am Mord von Sarajevo. Manchmal fand sich in der freimaurerischen Gegnerschaft auch der Vorwurf, dass die Logen den Ersten Weltkrieg nicht verhindert hätten, obwohl dies nach ihrer Auffassung möglich gewesen wäre. Hier wurden vor allem der Einfluss und die Macht der Freimaurerei deutlich überbewertet.

Während der kriegerischen Auseinandersetzungen waren die Freimaurer, wie aus Zeitdokumenten hervorgeht, stets bemüht, die Gebote der Humanität zu achten. Es gab allerdings auch Freimaurer und Logen, die dem Krieg zum Teil positiv gegenüberstanden und ihn sogar für ein „erfrischendes Stahlbad" hielten. Dies waren vor allem nationalistische und patriotische Kreise innerhalb der Bruderkette. Allgemein herrschte in der Freimaurerei die Meinung, dass die auswärtigen Beziehungen grundsätzlich nicht von der aktuellen Politik abhängig sein sollten, sondern auf Kriegsdauer zu unterbrechen, aber nicht abzubrechen wären. Die Großlogen sollten dem Geist des Hasses entgegenarbeiten. So kam es dann im Interesse des Friedens zu Resolutionen und auch zu freimaurerischen Kongressen (1917 und 1918). Auf dem Kongress der Freimaurer des Vierbundes in Berlin wurden in einem Telegramm an den deutschen Kaiser folgende Grundsätze festgelegt:

> Die freimaurerischen Körperschaften der vier verbündeten Völker erblicken in der Veredelung und sittlichen Vervollkommnung der Menschen die wesentliche Aufgabe der Freimaurerei. Mit Genugtuung sind sie sich bewusst, vor und im Kriege von aller politischen, zum Kriege führenden, den Krieg schürenden und die Völker verhetzenden Propaganda sich ferngehalten zu haben. Sie sind entschlossen, ihren Überlieferungen auch ferner hin treuzubleiben, in dem hohen Bewusstsein, dass auf dem Boden wahrer Vaterlandsliebe in der Befolgung des höchsten Sittengesetzes und der Pflege ihrer Humanität allein die Grundlage geschaffen werden kann für die Aufrichtung eines geistigen Tempelbaues der Menschheit. Die Mitarbeit der Brr. anderer Völker ist ihnen hierbei, wenn sie sich zu den gleichen Grundsätzen bekennen, willkommen.[236]

Während des Weltkrieges brach auch in Russland 1917 die Oktoberrevolution aus, die die Welt beträchtlich verändert hat. Nach der Revolution von 1905 wurde der Erste Weltkrieg zu einer schweren Belastungsprobe für das Zarenreich. Russland musste territoriale Verluste hinnehmen, die Lebensmittelversorgung der Städte verschlechtere sich und brachte soziale Spannungen hervor. Die schlechte Politik des Zaren und seiner Regierung führte zu einem Autoritätsverlust des Regimes. Im Herbst 1917 steigerten sich die sozialen und politischen Krisen, sodass es zum Ausbruch der Oktoberrevolution kam. Im Zusammenhang mit der Vorbereitung der Revolution und der revolutionären Ereignisse entstanden verschiedene Verschwörungstheorien, die in der Überzeugung kulminierten, dass im Wesentlichen Freimaurer die Revolution geplant und auch durchgeführt hätten. Dass auch freimaurerische Ideen von einigen Revolutionären aufgegriffen wurden, beweist noch nicht die Theorie, dass die Freimaurerei die Revolution inszeniert hätte.[237]

2. FREIMAUREREI, DEUTSCHER NATIONALSOZIALISMUS, ITALIENISCHER FASCHISMUS, FRANCO-REGIME UND ACTION FRANÇAISE

Schon vor der Machtergreifung Adolf Hitlers wurde die Freimaurerei in Deutschland besonders von Erich Ludendorff und seinem Kreis scharf angegriffen. Da die Anfälligkeit für Verschwörungstheorien in Krisenzeiten sprunghaft zunahm, ist es verständlich, dass nicht nur in Deutschland nach 1918 Verschwörungsideologien neue Aktualität erhielten. In der nationalsozialistischen Propaganda gerieten verschiedene Gruppierungen wie Juden, Freimaurer, Jesuiten, Kommunisten, Sozialisten und Bolschewisten in eine Schusslinie, weil sie weltweit Vernetzungen aufgebaut haben und als überstaatliche Mächte angesehen wurden.

In dieser Zeit gab es nach den politischen Putschversuchen in Deutschland eine Politik der relativen Stabilisierung in der Weimarer Republik, in der der Politiker und Freimaurer Gustav Stresemann eine wichtige Rolle spielte. In der Weimarer Republik übernahm er zunächst den Partei- und Fraktionsvorsitz und den Vorsitz des Reichstagsausschusses für auswärtige Angelegenheiten. Nach dem Ausscheiden der DVB aus der Regierung 1921 aufgrund der Reparationsfrage galt Stresemann erstmals als Kanzlerkandidat.

Als die SPD 1923 der Regierung Wilhelm Cuno ihre Unterstützung aufkündigte und einer großen Koalition zustimmte, war Stresemann dann der Kanzlerkandidat. 1923 wurde er Freimaurer, wobei hier der Berliner Pfarrer Karl Habicht daran beteiligt war, der als National-Großmeister der Nationalen Mutterloge „Zu den drei Weltkugeln" und Meister vom Stuhl der Bauhütte „Friedrich der Große" fungierte. In diese Loge trat auch Stresemann ein. Als Begründung führt er an: „Schon lange ist es mein Wunsch, in eine engere Beziehung zu einem Kreis gleichgesinnter Menschen zu gelangen, die in unserer an Materialismus, Hast und Unruhe sich zermürbenden Zeit, sich das Reich allgemeinen Menschentums, innerer Besinnung und Geistigkeit zu erhalten suchen. Im deutschen Freimaurertum hoffe ich, eine solche Gemeinschaft zu finden." Stresemann leitete gemeinsam mit dem französischen Außenminister und Freimaurer Aristide Briand das Locarno-Abkommen und erreichte damit die deutsch-französische Annäherung und Aussöhnung. 1926 erhielt er den Friedensnobelpreis.[238]

Der mit 1930 einsetzende Aufstieg der Nationalsozialisten zur politischen Macht ließ für die Freimaurerei nichts Gutes erwarten. Aus diesem Grund verließen Freimaurer ihre Logen, zumal es auf lokaler Ebene zu Ausschreitungen gekommen war, Freimaurer bedroht und geschäftlich boykottiert wurden. Im Jänner 1934 unterzeichnete der preußische Ministerpräsident Hermann Göring eine Verordnung gegen die Freimaurerei. Zwar verzichtete er auf eine Stellungnahme zur Frage, ob die nationalen Logen als „staatsgefährdende Vereinigungen" betrachtet werden müssen, doch begründete er seinen Schritt mit der These, dass angesichts der geschaffenen Einheit des deutschen Volkes kein Bedürfnis für die Erhaltung der Logen bestehe.[239]

Hjalmar Schacht, Bankier und Währungspolitiker, war unter Adolf Hitler vorübergehend Reichsbankpräsident und Wirtschaftsminister. Er war Nationalsozialist und gleichzeitig auch Freimaurer. 1906 wurde er Mitglied der Loge „Urania zur Unsterblichkeit" in Berlin. Er sah offenbar hier keinen Gegensatz.

Bei den Brüdern der humanitären Bauhütten war die grundsätzliche Ablehnung des Nationalsozialismus und seiner inhumanen Ideologie zwar stark entwickelt, aber manche Freimaurer hofften doch, dass die national-konservativen Kräfte die Diktatur in Grenzen halten könnten. Die stärker national ausgerichteten Logen begrüßten jedoch die Machtübernahme Hitlers mit einem Gefühl banger Erwartung. Sie verbargen ihre Genugtuung über das Ende der Weimarer Republik mit der Hoffnung eines zwar autoritären, aber doch staatsrechtlich gelenkten Regierungssystems mit der Sorge über das eigene Schicksal. Der erste Schritt zur Bekämpfung der Freimaurerei durch den Nationalsozialismus bestand vor allem darin, dass Freimaurer von der Mitgliedschaft der NSDAP ausgeschlossen wurden. Im Zeitraum von 1933 bis 1945 vollzog sich sukzessive die Auflösung der deutschen Großlogen und Einzellogen, die von Plünderungen, Verhöhnungen, Diffamierungen, Deportationen, Folterungen und sogar vereinzelt von Morden begleitet war.[240]

Die zum Großteil vom völkischen Milieu beeinflussten deutschen Freimaurer entwickelten zunächst Anpassungsstrategien. So bezeichnete sich die Große National-Mutterloge „Zu den drei Weltkugeln" nach 1933 als „Nationaler Christlicher Orden", die Große Loge von Preußen wurde zum „Deutschchristlichen Orden zur Freundschaft", die Große Landesloge von Deutschland zum „Deutsch-Christlichen Orden" und die Große Landesloge von Sachsen bezeichnete sich nun als „Deutsch-Christlicher Orden von Sachsen". Die Bayreuther Großloge „Zur Sonne" löste sich auf und verstand sich von nun an als „Gesellschaft zur Pflege deutscher Kultur". Der Aufbau dieser Organisation scheiterte jedoch am Einspruch des Stadtrats von Bayreuth. Die humanitären Großlogen lösten sich 1933 z. T. auf, womit ihnen Anpassungsversuche erspart blieben. Deren Handlungsweisen waren allerdings kompliziert und widersprüchlich.[241]

Die Nationalsozialisten gingen mit Erlässen systematisch gegen die Freimaurerlogen vor, bis sie diese 1935 ganz auflösten. Wilhelm Frick sprach das endgültige Verbot aus und beschlagnahmte das Logenvermögen. Dabei berief er sich auf die Verordnung zum Schutz von Volk und Staat vom 28. Februar 1933 und bezüglich des Vermögenseinzugs auf das Gesetz vom 14. Juli 1933. Innerhalb der verschiedenen freimaurerischen Systeme und Strömungen stellte die völkische Freimaurerei einen wesentlichen Faktor dar. Sie, aber auch die humanitären Systeme, führten den „Arierparagraphen" ein und entboten dem neuen Machthaber ihre „Pflichttreue", wohl deshalb, um die staatliche Sanktionierung zu erreichen. Nach den unter Druck erzwungenen Selbstauflösungen und dem Verbot jener Freimaurerlogen und freimaurerähnlichen Organisationen, die sich vor August 1935 nicht freiwillig aufgelöst hatten, schlug die nationalsozialistische Freimaurerpolitik zwei Wege ein: die Ausschaltung des angeblich zersetzenden Einflusses der Logen auf Staat und Gesellschaft und die Steigerung der propagandistischen Ausschaltung des Feindbildes „Freimaurerei", insbesondere in Form der jüdisch-freimaurerischen Verschwörung. Diese erfüllte in der NS-Propaganda eine rationalisierende Funktion, indem sie vorgab, für grundlegende politisch-ökonomische Verunsicherungen und alle existentiellen Ängste, die hinter dem politischen und gesellschaftlichen Wandel stehen, eine einfache Erklärung bereitzustellen. Die Verschwörungstheorie war, wie die nationalsozialistische Propaganda zeigte, ein der Feindbestimmung dienendes ideologisch-politisches Vehikel.[242]

In Österreich wurde das Logenleben durch den autoritären Ständestaat, die Politik des Bundeskanzlers Engelbert Dollfuß und die katholisch geprägte Regierungsdiktatur stark beeinträchtigt, sodass bald die Aktivitäten der Logen außerhalb Wiens zum Stillstand kamen. Die Freimaurerei war allerdings in Wien zu dieser Zeit sehr engagiert und bestrebt, den pazifistischen Grundgedanken zu fördern und den inneren und äußeren Frieden auf ihr Programm zu setzen. Neben der Bildungspolitik (vor allem der Volksbildung) standen besonders Sozialreformen im Vordergrund der Bruderkette. Der Ständestaat vermied zwar antisemitische Propaganda, schlug aber den Weg der Zermürbungstaktik in Fragen des Judentums ein. Die Logenmitgliedschaft für Beamte wurde verboten. Es sind zwar bis März 1938 Neuaufnahmen in Logen erfolgt, andererseits haben jedoch viele Brüder aus den unterschiedlichsten Motiven „gedeckt". Die Großloge unterstützte die vom Bundeskanzler Kurt von Schuschnigg angekündigte Volksbefragung, doch ist davon auszugehen, dass viele Brüder der österreichischen Kette mit der damaligen Politik und dem Austrofaschismus nicht einverstanden waren, weil er freimaurerischen Grundsätzen widersprach.[243]

Gleich nach dem Einmarsch deutscher Truppen in Österreich besetzte die Polizei die Großloge, und SA, SS und der Pöbel plünderten das Logenhaus in der Dorotheergasse in Wien. So kam es zur Beschlagnahmung des Logenvermögens und zur Liquidation der Vereine durch die NS-Verwaltung. Führende Beamte der Großloge wurden verhaftet, einige von ihnen wurden auch in Konzentrationslager deportiert. Der damalige Großmeister Richard Schlesinger starb unter Polizeiaufsicht noch im Juni 1938. Teile der Großlogenbibliothek und des -archivs wurden mit freimaurerischen Regalien von den Nationalsozialisten nach Berlin gebracht und von der Roten Armee nach der Einnahme Berlins nach Moskau transportiert. Sie finden sich heute im Deutschen Sonderarchiv und in der Leninbibliothek in Moskau.[244]

In Italien gab es nach der Machtergreifung der Faschisten noch zwei „blaue Obedienzen", den „Grande Oriente" und die kleinere „Grande Loggia Nazionale". An der Spitze des Großorients stand der Großmeister Senator Domizio Torrigiani. Die Probleme und Auseinandersetzungen des italienischen Faschismus mit der Freimaurerei setzten nach dem Ersten Weltkrieg sehr bald ein und waren bereits 1923 deutlich sichtbar. Der „Große Faschistische Rat" forderte im Februar 1923 die Freimaurer unter den Faschisten, die es gab, auf, zwischen der Zugehörigkeit zur nationalen Faschistenpartei oder zur Gemeinschaft der Freimaurer zu wählen, weil Haltung und Beschlüsse der italienischen Freimaurerei vermuten ließen, dass deren Programme und Methoden im Gegensatz zu den Zielen des Faschismus stehen würden. Der Großorient lehnte aber ab, sich der faschistischen Bewegung anzuschließen. Die Generalversammlung des „Symbolischen Ritus" hat in diesem Zusammenhang ausdrücklich betont, dass die Freimaurerei niemals eine politische Partei werden könne und über allen Parteien stehen müsse. Der faschistischen Kampfansage antwortete der Großorient mit der freien Entscheidung jener Brüder, die Faschisten waren, alle Kontakte zur Freimaurerei abzubrechen und aus der Organisation auszutreten. Als Reaktion darauf zogen sich die meisten Freimaurer aus der faschistischen Bewegung zurück und sind Logenmitglieder geblieben. Die italienische Freimaurerei hat sich dann in einem Rundschreiben des Großmeisters Torrigiani gegen jede Gewalt als politische Kampfmethode ausgesprochen. Der Großmeister stellte ausdrücklich fest, dass die Freimaurer dem Vaterlands- und Freiheitsgedanken verpflichtet seien, weshalb man sie nicht auf ein politisches Glaubensbekenntnis oder eine Ideologie festlegen könne.[245]

Schon Ende 1929 setzten in zahlreichen italienischen Städten Brandschatzungen faschistischer Trupps gegen Freimaurerlogen ein. Proteste der Freimaurerei gegen diese Vorkommnisse blieben allerdings erfolglos. Die faschistischen Beschlüsse über die Probleme einer Zugehörigkeit zur Freimaurerei wurden sogar noch weiter verschärft. In Rom ereigneten sich öfters nächtliche Sturmangriffe von Schwarzhemden auf den Sitz der Großloge, den Palazzo Giustiniani. Im Dezember 1924 betonte der Großmeister in Mailand, dass der Faschismus geistig und moralisch verwerflich sei und einem Rückschritt gleichkäme. Am 10. Jänner 1925 brachte der Ministerrat im Parlament ein Antifreimaurergesetz ein, das den Zwang zur Einreichung der Mitgliederlisten und genauen Auskunftserteilung an die Polizeibehörde umfasste, auch das Verbot, Freimaurer zu sein, für alle Beamten und die Mitglieder geheimer Gesellschaften oder aller Organisationen, die durch einen Eid zum Geheimnis verpflichtet waren. Dieses Gesetz wurde dann im Mai 1925 von der Kammer bei namentlicher Abstimmung einstimmig beschlossen. Großmeister Torrigiani wurde 1925 wiedergewählt, der aus Überzeugung erklärte, dass die italienische Freimaurerei Terror prinzipiell ablehne und ihre Stimme gegen die ungesetzliche Diktatur in Italien deutlich erheben werde.

Als Reaktion darauf nahm die Bekämpfung der Freimaurerei in Italien noch härtere Ausmaße an, wie z. B. die Maßregelung hoher Beamter und die Verbreitung von Schriften und Dokumenten zur Denunzierung der Logen. Anfang Oktober 1925 kam es in Florenz sogar zu Ermordungen und Brandstiftungen und zum Prozess gegen General Luigi Cappello, der als Freimauer den Marsch nach Rom begleitet hatte, dann aber dem Faschismus den Rücken kehrte, weil er den Terror grundsätzlich ablehnte. Nach dessen Verhaftung folgte die militärische Besetzung des Großorients und der meisten Logen. Cappello wurde, obwohl man ihm die Teilnahme an einem Attentatsplan nicht nachweisen konnte, vom Sondergerichtshof zu 30 Jahren Zuchthaus verurteilt. Auch der Großmeister Torrigiani wurde verhaftet und für fünf Jahre auf die Liparischen Inseln verbannt. Zahlreiche andere Freimaurer ereilte ein ähnliches Schicksal. Die italienischen Brüder, die emigrierten, haben später in Paris unter der Obhut der Grande Loge de France 1930 zwei Bauhütten gegründet. Auf der Grundlage von Vollmachten des verstorbenen Großkommandeurs Ettore Ferrari wurde von einem Teil dieser Brüder eine Reorganisation des Großorients von Italien im Ausland vorbereitet. Vorübergehender Sitz war London. Noch vor dem Ende der Diktatur Mussolinis haben sich Anfang Juni 1940 die Grande Loggia und der Grande Oriente zusammengeschlossen, sodass am 4. Juni 1944 diese erneuerte und reformierte Obedienz in Rom als Grande Oriente Italia öffentlich auftreten konnte.[246]

Die altdeutsche Nachkriegspolitik des nationalen Blocks in Frankreich stieß in der französischen Freimaurerei, insbesondere im Grand Orient, auf große Kritik. Auch die Grande Loge protestierte bei der Regierung gegen die Duldung von Hetzliedern in Kabaretts und Konzertkaffeehäusern gegen Deutschland und die deutschen Frauen. Auf verschiedenen Konventen wurde das Bekenntnis zu Frieden und Versöhnung erneuert.[247] Die französische Freimaurerei der Zwischenkriegszeit war politisch sehr aktiv. Die Grand Loge kritisierte nicht nur den Vertrag von Versailles, sondern bezeichnete die Friedensverträge insgesamt als vorläufigen Sieg des schrankenlosen Egoismus. Ähnlich äußerte sich auch der Großkommandeur der „Grand College des Rites" des Grand Orient. Durch Konventsbeschluss der Großloge wurde ein umfangreiches Programm für militärische, wirtschaftliche und finanzielle Abrüstung und für Volkserziehung im pazifistischen Sinne genehmigt, um der Welt den Frieden zu erklären. Die öffentliche Meinung wurde durch verschiedene Friedenskundgebungen zu beeinflussen versucht. Auch der Großmeister der Großloge von Frankreich, Maurice Monier, betonte 1927, dass die wichtige Aufgabe der Gegenwartsmaurerei die Arbeit für den Frieden sei. Diese sollte gemeinsam mit deutschen Großlogen in Angriff genommen werden, in dem die durch den Krieg unterbrochenen Beziehungen wiederaufzunehmen wären. Es kam aber nur zu einer Begegnung im Februar 1927 in Frankfurt ohne sichtbares Ergebnis. Der Grand

Orient positionierte sich politisch links und war in aktuellen Gesellschaftsfragen sehr engagiert. In der Regierung Edouard Herriot waren 1932 zwölf Freimaurer vertreten. Der Kampf des politischen Katholizismus der Action Française gegen die Regierung fachte die Auseinandersetzung mit der französischen Freimaurerei erneut an. Der französische Faschismus attackierte propagandistisch die Logen und ihre Aktivitäten. Um den großen politischen Einfluss der Freimaurerei in Frankreich zu dokumentieren, wurde 1933/34 Mitgliederlisten veröffentlicht, dem 1935 der parlamentarische Antrag auf Verbot der Logen folgte, der allerdings bei der Abstimmung keine Mehrheit fand.[248]

Die Freimaurerei gewann unter der Volksfrontregierung nochmals an Einfluss. Sie war sogar bemüht, zu einer partiellen Verständigung mit der katholischen Kirche zu gelangen, statt die antimasonische Tradition, die nach der Niederlage Frankreichs rasch Auftrieb bekam, führte jedoch zu einer Verfügung des Vichy-Regimes, das im August 1940 mit einem Erlass gegen die französische Freimaurerei nach nationalsozialistischem Vorbild vorging. General Charles de Gaulle wandte sich 1943 gezielt gegen diese Politik, indem er das Dekret vom Exil aus annullierte. Diese Zäsur des Vichy-Regimes hinterließ in der französischen Bruderkette tiefe Spuren und bedeutete auch einen politischen Gewichtsverlust für den Grand Orient nach 1945.[249]

In Spanien ging die Polizei schon während der Diktatur Primo de Riveras gegen die Freimaurerei vor und verhaftete bekannte freimaurerische Persönlichkeiten. Als General de Rivera 1927 in einer Note an die Zeitungen Freimaurerei, Kommunisten und Geschäftspolitiker kritisierte, reagierte der spanische Großmeister Francisco Esteva mit einem energischen Schreiben, in dem er die besondere Vaterlandsliebe und das humanitäre Engagement der spanischen Freimaurerei und gleichzeitig auch deren übernationale pazifistische Einstellung hervorhob. 1929 plante die Großloge anlässlich der Weltausstellung in Barcelona einen iberoamerikanischen Freimaurerkongress, der aber ohne nähere Begründung vom Präfekten in Barcelona verboten wurde. Trotz dieser Schwierigkeiten blieb die Freimaurerei in Spanien weiterhin aktiv und begann, neue Strukturen aufzubauen. Durch die Proklamation der spanischen Republik 1931 beschloss der Großorient, seinen Sitz in Sevilla wieder nach Madrid zu verlegen. Großmeister wurde der damalige Verkehrsminister Diego Martinez Barrio.[250]

Mit der antifreimaurerischen Propaganda entstanden auch in Spanien verschiedene Verschwörungstheorien, die in der Zweiten Republik von den Rechten als Erklärungsmodell für die Krise des traditionellen politischen Systems eingesetzt wurden. Antisemitische Verschwörungsthesen richteten sich allerdings nicht gegen die wenigen in Spanien ansässigen Juden, sondern mehr gegen den politischen und ideologischen Feind der extremen Rechten sowie gegen Freimaurer, Sozialisten, das politische System der Zweiten Republik und seine Anhänger. Die Theorie der jüdisch-freimaurerischen Verschwörung war vor allem unter den Karlisten weit verbreitet. Seit Beginn des Militäraufstands rechtfertigte die Verschwörungstheorie den Vernichtungskrieg gegen den innenpolitischen Gegner.[251]

Während des Bürgerkrieges entstand auf Seiten der Aufständischen unter General Francisco Franco eine starke Freimaurerbewegung. Schon die Anschuldigung, Freimaurer zu sein, genügte, um inhaftiert zu werden. Nach dem Sieg der Francisten setzte eine gnadenlose Verfolgung der Freimaurerei ein, und 1940 wurde die Freimaurerei in einem Dekret mit den Kommunisten und den anderen Geheimgesellschaften auf eine Stufe gestellt. Mitgliedern der Johannesgrade drohten 15 bis 20 Jahre Gefängnis, Angehörigen der Hochgrade bis zu 30 Jahre Haft. 1943 wurde die Großloge von Spanien im Exil in Mexiko neu gegründet. Franco musste innerhalb der in Spanien stationierten amerikanischen Soldaten die

Logen akzeptieren, für Spanien blieb dieser Weg allerdings weiter verschlossen. Erst nach dem Tod des Generals 1976 konnte die Freimaurerei nach Spanien zurückkehren. Nicht wenige Freimaurer waren in den autoritären Regimen und Systemen der Zwischenkriegszeit in Europa im Widerstand tätig, was hier noch abschließend erwähnt werden muss.

3. FRIEDENSBEMÜHUNGEN, SOZIALSTAAT UND FÜRSORGEWESEN

Schon in der Zeit Napoleons und der antinapoleonischen Kriege entstanden in verschiedenen europäischen Staaten kleinere Vereine, deren Mitglieder sich für Menschenrechte, soziale Reformen, für die Abschaffung der Sklaverei einsetzten und Militärgewalt und Kriege ablehnten. Einige von ihnen schlossen sich in mehreren Staaten Europas zu nationalen Friedensgesellschaften zusammen, wie in den USA, in London und in der Schweiz. Die angloamerikanischen Friedensgesellschaften stützten sich vor allem auf den christlichen Glauben und das christliche Gewissen, während sich die kontinentaleuropäischen Vereine auf die Ideale der Französischen Revolution und auf die Menschenrechte beriefen. Ihre Mitglieder waren nicht selten Freidenker und Freimauer. Mit dem Aufstieg des Liberalismus wurden sie stärker und organisierten gemeinsame internationale Friedenskongresse im 19. Jahrhundert. Die Hauptziele dieser Friedenskongresse waren die Kodifizierung eines Völkerrechts und die Installierung eines überstaatlichen Schiedsgerichts, um Kriege und gewaltsame Konflikte zu vermeiden. 1891 fand dann die dritte Weltfriedenskonferenz der europäischen Pazifisten in Rom statt, aus der eine Gruppe Intellektueller und politisch engagierter Europäer – darunter viele Freimaurer – und das internationale Friedensbüro mit Sitz in Bern hervorgingen. Im Jahr darauf kam dann Bertha von Suttners Roman „Die Waffen nieder" heraus, der noch im Kaiserreich breitere Schichten auf die Problematik von Krieg und Frieden aufmerksam machte und auch sensibilisierte. Sie gründete, nachdem bereits die Österreichische Friedensgesellschaft ins Leben gerufen wurde, gemeinsam mit dem Freimaurer Alfred Hermann Fried, 1892 in Berlin die Deutsche Friedensgesellschaft.[252] Beide erhielten für ihr großes Engagement 1905 und 1911 den Friedensnobelpreis. Fried war ein überzeugter Pazifist und gründete die Zeitschrift „Die Waffen nieder!". Er wurde in Wien geboren und arbeitete nach seiner Ausbildung zum Buchhändler in Berlin. In der Zeitschrift „Die Friedens-Warte" entwickelte er seine Friedensideen. Später redigierte er auch die „Monatliche Friedenskorrespondenz", die die Zeitschrift der Deutschen Friedensgesellschaft war. Ab 1903 engagierte er sich als Mitglied im Internationalen Friedensinstitut, und seit dem Februar 1908 war er Freimaurer und Mitglied der Loge „Sokrates" in Pozsony.[253]

Diese Hinweise verdeutlichen, dass besonders die österreichische Freimaurerei schon vor dem Ersten Weltkrieg pazifistisch, sozialreformerisch und internationalistisch tätig war. Auch viele ungarische Brüder waren um Frieden bemüht und pazifistisch eingestellt. In diesem Zusammenhang gab es mehrere persönliche Verbindungen zur österreichischen Bruderkette. 1891 gründete Bertha von Suttner die „Österreichische Gesellschaft der Friedensfreunde", in deren Statuten hervorgehoben wurde: „der Verein strebt die allgemeine Verbreitung der Anschauung an, dass die zwischen einzelnen Nationen oder Staaten bestehenden oder in Zukunft auftauchenden Meinungs- und Interessensdifferenzen nicht auf dem barbarischen, für Sieger und Besiegte gleich unheilvollen und von den Zufälligkeiten des Glückes abhängigen Wege des Krieges, sondern der hochentwickelten Civilisation unseres Zeitalters entsprechend durch allgemeine Staaten- Schiedsgerichte zur Lösung gebracht werden sollen."[254]

Paul Kammerer schrieb 1922 aus freimaurerischer Perspektive: „Es ist leicht zu begreifen. Dass gerade der brüderliche Boden der geeignetste, fruchtbarste sein muss, die Weltfriedensidee in Blüte zu bringen. Es ist leicht nachzuweisen, inwiefern gerade Freimaurer berufen sein müssen, Völkerversteher und Völkerversöhner zu sein: sie sind viel besser dafür vorbereitet als ihre profanen Mitmenschen. Denn die Loge ist das gewiesene Versuchsfeld, der erlesenste Probeacker, die Saat der Völkerversöhnung zu empfangen, zu düngen und reif zu machen. Mit ihrem Gebote der Duldsamkeit gegen Andersdenkende, der Toleranz jedem politischen, nationalen und religiösen Bekenntnis gegenüber, der friedvollen Vereinigung verschiedenster Parteien und Weltanschauungen zum gemeinsamen Ziele und Höhenfluge: mit dieser einzigen, über allen Tendenzen schwebenden Tendenz ist die Loge eine milde und doch strenge Schule der wahrhaft ‚königlichen Kunst‘, auch zwischen größeren Verbänden Frieden zu halten."[255]

Der engste Mitarbeiter von Bertha von Suttners war der Freimaurer Fried, der allerdings sich durch den „revolutionären Pazifismus" vom „evolutionären Pazifismus", den Suttner vertrat, unterschied. Fried argumentierte gegen den Krieg vor allem aus ethischen und vernunftorientierten Gründen. So fundierte er den Pazifismus auf rationaler und wissenschaftlicher Grundlage.

Auch prominente Politiker, die Freimaurerlogen angehörten, setzten sich für den Frieden ein, wie z. B. Franklin Roosevelt, Gustav Stresemann und Frank Kellogg. Das Friedensengagement der Freimaurer verstand sich nicht primär als Politik, sondern als Konfliktlösung und Humanität. Einer der geistigen Führer der englischen Freimaurerei, Sir Alfred Robbins, hat im Ersten Weltkrieg die Friedensaufgabe der Freimaurerei besonders hervorgehoben und darauf hingewiesen, dass die Bruderkette eine Brückenfunktion zum Friedensbau einnehmen sollte.[256] Auf dem Großlogentag 1914 in Frankfurt brachten die drei altpreußischen Groß-

3. Friedensbemühungen, Sozialstaat und Fürsorgewesen 179

logen kurz vor dem Ausbruch des Ersten Weltkrieges folgenden Antrag ein:

> ... die Wirksamkeit der freimaurerischen Körperschaften muss sich darauf beschränken, ihre Mitglieder im Geiste des Bundes zu erziehen und diesen Geist des Friedens durch ihre Mitglieder in möglichst weiten Kreisen zu verbreiten. Jede andere Art der Wirksamkeit würde zu politischen Bestrebungen führen, von denen sich der Bund fernzuhalten hat. Eine direkte Förderung der modernen Friedensbewegung, des sogenannten Pazifismus, liegt daher nicht im Rahmen freimaurerischer Arbeit, und der Großlogentag ersucht hier durch die deutschen Großlogen usw., sich eines Eintretens für den Pazifismus zu enthalten. Denjenigen Brüdern, welche Anhänger dieser Bewegung sind, soll die Tätigkeit zu deren Gunsten nicht untersagt werden, doch mögen sie es vermeiden, ihre Zugehörigkeit zum Freimaurerbunde öffentlich hervortreten zu lassen.[257]

Dieser Antrag wurde einer Kommission zur Bearbeitung überlassen. Die ablehnende Haltung, die die Mehrheit der deutschen Großlogen vertrat, wurde dann etwas später gelockert, insbesondere seit den Jahren nach 1920.

Auf den folgenden Kongressen der Allgemeinen Freimaurerliga wurde besonders die Verpflichtung der Friedensarbeit in den Ritualen und in verschiedenen Resolutionen hervorgehoben. 1931 schlossen sich 80 Logen von Paris und Umgebung als „Union fraternelle d'Action contre la Guerre" zusammen. Sie fassten folgenden Beschluss: „Die U.F. erklärt die Qualität als Freimaurer unvereinbar mit der Teilnahme an irgendeiner politischen Manifestation, die geeignet erscheint, die Annäherung der Völker und die Organisation des Friedens zu hintertreiben. Der Krieg ist unter allen Umständen unsittlich. Den Krieg mit allen erdenklichen Mitteln zu bekämpfen heißt, der Menschheit auf die beste Weise zu dienen. Die Freimaurerei hat allen ihren Einfluss und alle ihre Kräfte gegen den Krieg einzusetzen."[258] Im Rahmen der Allgemeinen Freimaurerliga bildete sich eine „Gruppe für praktische Friedensarbeit", die sich auch bemühte, diese Forderung umzusetzen.

Die Freimaurerei beeinflusste durch ihre Zielsetzung auch die Herausbildung des europäischen Sozialstaates und trat immer für Sozialreformen und Fürsorge der ärmeren Bevölkerungsschichten ein. Zweifelsohne baute der Sozialstaat auf christlichen Traditionen in Europa auf. Die einzelnen Phasen der sozialen Entwicklung waren sehr unterschiedlich. Die Gründungsphase ging in die Frühe Neuzeit zurück und erreichte dann einen Höhepunkt in den Nationalstaaten des ausgehenden 19. und beginnenden 20. Jahrhunderts. In der späteren Neuzeit wurde die Fürsorge immer mehr Aufgabe des Staates und nicht mehr der Städte.[259] Die Freimaurerlogen und ihre Mitglieder unterstützten sehr häufig Menschen in Not und die Wohlfahrt durch persönliches und ehrenamtliches Engagement, aber auch durch Geld- und Sachspenden. Besonderes Anliegen war den Freimaurern auch die Verbesserung des Gesundheitswesens durch Reformen, die Stiftung von Krankenhäusern und Altersheimen.

Neben der Wohlfahrtspflege und der Fürsorge legte die Freimaurerei besonderen Wert auf die allgemeinen kulturpolitischen Aktivitäten zur Aufklärung der Menschen in einem humanitären Sinne. Daher haben nicht wenige freimaurerische Organisationen Aktivitäten im kulturellen Leben der Gesellschaft besonders gefördert. Sie taten dies durch die Gründung von Vereinen, die sie entsprechend unterstützten. Das Ziel aller dieser Bestrebungen war es, die Lebenslagen der Menschen zu verbessern. Dabei wurde zwischen den Bevölkerungsschichten und Weltanschauungen bewusst nicht unterschieden. In Österreich wurden die schon vor dem Ersten Weltkrieg gegründeten Vereine weitergeführt und durch die Gründung neuer Einrichtungen ergänzt. Die Loge „Sokrates"

verlangte sogar von ihren Mitgliedern die Sozialarbeit als Pflicht.[260]
Auch die Großloge in Wien wurde von sich aus aktiv und richtete einen Fonds zu raschen Hilfsaktionen ein. Bis zu einem gewissen Grad war freimaurerisches Gedankengut auch an der gleich zu Beginn der Republik einsetzenden Sozialgesetzgebung beteiligt, auch wenn man diesen Anteil nicht überschätzen sollte. Der Präsident des industriellen Bundes, Josef Trebitsch, war zu dieser Zeit Meister vom Stuhl der Loge „Lessing" und der Arbeiterführer Ferdinand Hanusch zugeordneter Meister dieser Bauhütte. Die Kindheit von Hanusch war von Not und Elend der Hausweber in Schlesien begleitet. Er arbeitete an den mechanischen Webstühlen einer Bandfabrik und fand später Arbeit in einer Seidenfabrik. Er engagierte sich in der Arbeiterbewegung und wurde 1897 Gewerkschafts- und Parteisekretär in Sternberg/Nordmären, das damals ein Textilindustriezentrum war. 1903 wurde er nach Wien geholt und dort zu einem der Vorsitzenden der Reichskommission der Freien Gewerkschaften gewählt. 1907 stieg er als Sozialdemokrat zum Abgeordneten des Reichsrats auf und blieb in dieser politischen Funktion bis zum Ende der österreichisch-ungarischen Monarchie. In der Freimaurerei wurde er zum Großbeamten der Wiener Großloge gewählt. Ab 1918 war er Mitglied der provisorischen Nationalversammlung für Deutschösterreich und wurde ein Jahr später bei den ersten Wahlen in die konstituierende Nationalversammlung gewählt. Von 1918 bis 1920 gehörte Hanusch der von der Nationalversammlung gewählten Staatsregierung an und wurde auch Staatssekretär und Minister für soziale Fürsorge bzw. soziale Verwaltung. In der Nationalversammlung legte er das 1920 beschlossene Arbeiterkammergesetz vor. Mit seinem politischen Wirken kamen weitere Regelungen zum Schutz der Interessen der arbeitenden Bevölkerung und mehrere soziale Errungenschaften. Während seiner Ministertätigkeit baute er eine Sozialgesetzgebung auf, die auch Vorbild für andere Staaten wurde.[261]

Hanusch war es auch, der den Freimaurer und Anatomen Julius Tandler für seine Loge gewann, der zuerst als Unterstaatssekretär und etwas später als Stadtrat von Wien bedeutende soziale Einrichtungen ins Leben rief. Sein in Wien aufgebautes Fürsorgewesen erlangte über Österreich hinaus allgemeine Anerkennungen.[262] Tandler war Mitglied der Loge „Lessing".

In der europäischen Freimaurerei spielten verschiedene nichtpolitische Vereine eine große Rolle bei sozialreformerischen Bemühungen. So gab es zum Teil von den Freimaurern gegründete soziale Einrichtungen in den verschiedensten Fürsorgebereichen der Gesellschaft wie Kinderasyle, Wöchnerinnenheime, Heime für obdachlose Familien, Asyle für schulpflichtige Kinder, Ferienkolonien, Vereine gegen Verarmung und Betteleien, Asyle für blinde Kinder, Rekonvaleszenten-Heime, Heime für arme Frauen, Asyle für misshandelte Kinder und Vereinigungen für kranke Menschen, Heimstätten und Rettungsasyle für gefallene und gefährdete Mädchen sowie Gründungen von Einrichtungen für Waisenpflege und Fürsorge. Dazu kam noch eine Anzahl von gemeinnützigen Vereinen für verschiedenste Hilfestellungen. Die meisten dieser Einrichtungen wurden von Freimaurern maßgeblich unterstützt. Neben der karitativen Tätigkeit spielten dann später auch sozialreformatorische Überlegungen eine wichtige Rolle.[263] In Bezug auf die vielen sozialen Aktivitäten der Freimaurerei und ihr humanitäres Wirken entstand innerhalb der Bruderkette ein facettenreiches Bild einer sehr aktivistischen, sozialen und gesellschaftspolitischen Bewegung.

In der Freimaurerei, insbesondere in Wien, entstanden nach dem Ersten Weltkrieg zwei Richtungen, die man mit den Begriffen „esoterisch" und „aktivistisch" versah. Einer der bedeutendsten Aktivisten war der Wiener Freimaurer Kurt Reichel, der sich besonders mit grundsätzlichen Fragen der Freimaurerei und mit Problemen der Weltanschauung auseinandersetzte. Seine Beiträge hatten Format und stießen bei den Brüdern auf besonderes Interesse. Später hat er dann der Freimaurerei den Rücken gekehrt und sich in den Dienst des Nationalsozialismus gestellt.[264]

4. DIE FREIMAUREREI IM ZWEITEN WELTKRIEG UND IM EXIL

Der Erste Weltkrieg hatte den Zusammenbruch der alten Ordnung bewirkt und die europäische Freimaurerei in mehrfacher Hinsicht beeinflusst. Vor allem regte sich in der Bruderkette eine starke pazifistische Stimmung, die in der Zwischenkriegszeit noch weiter zunahm, obwohl es vereinzelt in der Freimaurerei auch nationalistische Strömungen gab. Schon in der Zwischenkriegszeit und nach dem Ausbruch des Zweiten Weltkriegs wurden die Strukturen der europäischen Freimaurerei weitgehend zerschlagen. Die Logenarchive und Bibliotheken sowie die freimaurerischen Regalien wurden geplündert, wozu es auch genaue Anweisungen gab. Der große militärische Konflikt mit seinen militärischen Allianzen und seinen zahlreichen Opfern widersprach – wie schon der Erste Weltkrieg – den humanitären Zielen der Freimaurerei. Erst mit dem Sieg der Alliierten kam die Rückkehr der Freimaurerei zunächst nach Westeuropa, während es im Einflussbereich der Sowjetunion nur ganz wenige Reaktivierungsversuche gab. 1947/48 war die Freimaurerei auch in Osteuropa durch den Eisernen Vorhang stark beeinträchtigt. Der organisatorische Wiederaufbau der Bruderkette gestaltete sich durch die Kriegsfolgen sehr schwierig, sodass sie ihre gesellschaftliche Bedeutung, die sie vorher hatte, nicht mehr erlangen konnte.[265] Viele Freimaurer fielen während des Kriegsgeschehens und viele jüdische Freimaurer starben in den Konzentrationslagern. So wurde eine ganz wichtige Aufgabe der Freimaurerei vor allem die Flüchtlingshilfe und die Unterstützung von in Not geratenen Soldatenfamilien.

Nach dem März 1938 waren nicht nur für die österreichische Bruderkette die wichtigsten ersten Exilstädte Prag, Paris, Zürich und auch Budapest. In Prag unterstützten die Freimaurer der deutschsprachigen Großloge „Lessing zu den drei Ringen" die Brüder aus Österreich. Weitere Unterstützung für die Brüder in Österreich und anderen Staaten kam von der „Grand Loge de France". Auch die USA boten in vielfacher Weise materielle Unterstützung. Die Freimaurerei in der Schweiz und in Ungarn gewährten nicht wenigen Freimaurern Asyl. In Budapest hat die ungarische Freimaurerei sogar einen eigenen Kulturfonds eingerichtet, der ausgewiesene Juden und Emigranten unterstützte. Auf Verständnis stießen die Flüchtlinge auch bei der Regierung und Bevölkerung Großbritanniens. Die Brüder, die nach dem Krieg in England blieben, wollten sich wieder regulär freimaurerisch betätigen. Auch in Australien und in Shanghai, wo sich schon seit Beginn der 1930er-Jahre viele Freimaurer befanden, schlossen sich Brüder mit Unterstützung der Großloge von Wien zusammen, um dort Logen zu gründen. Jüdische Brüder sind auch nach Jerusalem ausgewandert, wo eine deutschsprachige Loge ins Leben gerufen wurde. Nach der Gründung des Staates Israel 1948 kam es zu weiteren deutschsprachigen Logengründungen in Israel.[266] In der unmittelbaren Nachkriegszeit wurden in verschiedenen europäischen Städten mehrere Aktivitäten gesetzt, den Kontakt zu den in der Welt verstreuten Brüdern wiederaufzunehmen.

Der Neubeginn nach 1945

1. DER WIEDERAUFSTIEG DER FREIMAUREREI UND DIE EUROPAIDEE

Der Neubeginn der europäischen Freimaurerei gestaltete sich ab 1945 sehr schwierig. Der Grund dafür lag in der vorhergehenden Judenverfolgung sowie in den politischen Ereignissen der Zwischenkriegszeit und des Zweiten Weltkrieges. Dass die freimaurerischen Aktivitäten überhaupt wiederaufgenommen werden konnten, war nur durch die ideelle und materielle Unterstützung amerikanischer Freimauer möglich. Schwierig gestaltete sich auch der Umgang mit der politischen Vergangenheit einzelner Brüder. So wurde z. T. ein Aufnahmeverbot für ehemalige Nazis beschlossen. Eine wichtige Hilfestellung für den Wiederaufstieg der europäischen Freimaurerei boten die schon während der Zwischenkriegszeit und des Zweiten Weltkriegs bestehenden Kontakte mit Brüdern in den USA. Diese Hilfe betraf vor allem auch die Wiedergründung der verschiedenen Großlogen.[267]

Maßgeblich beteiligt waren amerikanische Brüder auch an der Entstehung des Marshallplans, der ein großes Wirtschaftswiederaufbauprogramm der USA darstellte und nach dem Zweiten Weltkrieg dem an den Folgen des Krieges leidenden Westeuropa zugutekam. Die wesentlichen Bestandteile des Plans bestanden aus Krediten, Rohstoffen, Lebensmitteln und Waren. Dieses Wiederaufbauprogramm wurde am 3. April 1948 vom amerikanischen Kongress beschlossen und von US-Präsident Harry S. Truman in Kraft gesetzt. Den Namen erhielt das Programm vom US- Außenminister und Friedensnobelpreisträger des Jahres 1953 George C. Marshall, der diese wichtige Initiative vorschlug.[268] Die Freimaurerei hat sich schon nach dem Ersten Weltkrieg mit der Europaidee beschäftigt. Die Paneuropa-Union wurde 1922 ins Leben gerufen und verstand sich als europäische Einigungsbewegung. Ihr Zentralbüro befand sich in der Wiener Hofburg. Ihr Gründer war Graf Richard Nikolaus Coudenhove-Kalergi, der Mitglied der Wiener Loge „Humanitas" war. Er verließ allerdings seine Loge, um zu verhindern, dass die Feinde der Paneuropa-Idee eine enge Verbindung zwischen dem pazifistischen Konzept und den angefeindeten Freimauern nicht herstellen konnten.[269] Auf dem Paneuropa-Kongress im Oktober 1926 wählten die Delegierten Coudenhove-Kalergi zum Präsidenten der Union. Sie fand auch Unterstützung der Großloge von Wien.

Die Freimaurerei war sich allerdings von Beginn an im Zusammenhang mit der Europa-Idee im Klaren, dass dieses Projekt ein europäisches Toleranzmodell benötigen würde. Jede Identität, auch die europäische, konnte offen oder geschlossen sein. Geschlossene Identität zog allerdings eine Außengrenze und legte fest, wer und was nicht dazugehören darf. Identität sollte nicht zu einem Mittel von Suprematie und Herrschaft werden. Die Selbstbesinnung Europas auf die politischen Grundwerte der europäischen Kultur und die Gemeinsamkeiten der europäischen Nationen waren nach dem Ende des Zweiten Weltkriegs eine europäische Antwort auf die Exzesse des Nationalismus und Imperialismus. In der Europabewegung der letzten Jahrzehnte kam es zur Übertragung von Verantwortlichkeiten und Souveränitätsrechten auf die Europäische Union, um nicht nur dem bornierten Nationalismus die Grundlagen zu entziehen, sondern in der transnationalen Gesellschaft die Demokratie durch kooperative Grenzüberschreitungen wirksamer und auch glaubwürdiger zu machen. Zur modernen europäischen Identität zählt daher heute nicht die Zugehörigkeit zu einer bestimmten Ethnie, Religion oder Kultur, sondern eine ganz bestimmte Art des Umgangs mit Religion, Spiritualität und Kultur im öffentlichen Leben. Der europäische Gedanke beruhte und beruht auf der Trennung von Staat und Kirche, auf der Toleranz sowie auf dem Schutz der Menschenrechte und der Gewährung von Bürgerrechten, unabhängig von religiösen Zugehörigkeiten. Europäische Identität versteht sich als eine politische Kultur des Umgangs mit Religionen, Weltanschauungen und Kulturen. Kulturelle Identität entsteht im Bewusstsein der Gemeinsamkeit von Werten, Überlieferungen, Deutungen, Formen des Wissens und Praktiken, die offen sein müssen. Politische und kulturelle Identität sind für die Zukunft Europas von ausschlaggebender Bedeutung. Die Freimaurerei unterstützte schon seit der Zwischenkriegszeit und dann besonders nach dem Zweiten Weltkrieg diese Bestrebungen.[270]

In Europa, wo heute Menschen verschiedenster Kulturkreise leben, ist eine Kultur der Toleranz von größter Bedeutung. Gefragt ist die Entwicklung eines europäischen Toleranzmodells, indem die kulturelle Identität bewahrt und die Kulturen der Andersdenkenden respektiert werden. Nur auf dieser Basis kann eine interkulturelle Verständigung auch im globalen Maßstab funktionieren. Ein solches Toleranzmodell kann nur dann erfolgreich werden, wenn die Politik die Fortsetzung der klassischen Instrumentarien der Machtpolitik überwindet.[271]

2. DIE GEISTIGEN STRÖMUNGEN DER ZEIT UND DIE FREIMAUREREI

Mit der globalen Entfaltung der Moderne geht heute ein grundlegender Wandel unserer Welt von der Industriegesellschaft zur Kommunikations- und Wissensgesellschaft sowie zur Risikogesellschaft vor sich, der tiefgreifende Strukturveränderungen hervorruft. Wir alle sind gegenwärtig Zeugen und Zeuginnen einer neuen Entwicklungsstufe der ungeheuren Vermehrung, Beschleunigung, Verdichtung und Globalisierung. Gegenwärtig erleben wir nach der Aufklärung eine neue kommunikative Umwälzung im globalen Maßstab. Mit diesen tiefgreifenden Veränderungen ist auch die Freimaurerei in ihrer geistigen Arbeit herausgefordert.[272]

Diese rasch wachsende Komplexität und Vernetzung der Welt ruft verständlicherweise auch viele Irritationen, Ängste und Bedenken hervor. Auch die neue politische Architektur Europas und der europäische Integrationsprozess sowie die Krise der EU erzeugen Unsicherheit und Ungewissheit. Terrorismus, Flüchtlingskrise, rechtsradikale und fundamentalistische Ideen prägen unsere Zeit. Vor allem mit den Terroranschlägen nehmen die Dimensionen globaler Gefahren in der Risikogesellschaft drastisch zu, die heutige Finanz- und Wirtschaftskrise vernichtet Existenzgrundlagen und die Klimakatastrophe verschärft die problematische Situation. Die Risiken heute haben eine ungeheure Zerstörungskraft und umfassen alle Bereiche unsere Gesellschaft. Ulrich Beck betonte in diesem Zusammenhang, dass die Inszenierung der Risiken in der Weltrisikogesellschaft neu wäre, auch ihre Instrumentalisierung und Ausnutzung für politische Ziele, sodass Angst zu einer Art Lebensgefühl wird und Sicherheit die Werte von Freiheit und Gleichheit verdrängt. Die Antizipation von Katastrophen verändert aber auch die globale Politik grundlegend.

Schon vor wenigen Jahrzehnten wurde betont, dass sich unsere Gesellschaft in Richtung einer Wissens- und Innovationsökonomie entwickelt. Dabei handelt es sich um die Fortführung eines Prozesses, der schon zur Zeit der Aufklärung einsetzte, nämlich die Schaffung von „Gesellschaften des Lernens", die zu einer großen Steigerung des Lebensstandards geführt haben. Heute ist auch für die Bruderkette von elementarer Bedeutung, sich darauf zu konzentrieren, worin eine Gesellschaft des Lernens besteht. Wichtige Voraussetzungen waren für dieses Projekt schon die historische Aufklärung des 18. Jahrhunderts und die weiteren Aufklärungsprozesse bis zu unserer Gegenwart.[273]

Dass die Ungleichheit in unserer Gesellschaft stark zugenommen hat, ist zweifelsohne das Ergebnis einer falschen Politik. In die Debatte über die zunehmende Spaltung unserer Gesellschaft ist die Frage nach Reich und Arm in den Mittelpunkt gerückt. Ungleichheit kann nur gemildert werden durch konkrete politische Entscheidungen, die eine gerechtere Verteilung des Wohlstands berücksichtigen müssten. Auch Hunger und Not gehören heute wieder zum Alltag, obwohl die Welt über die notwendigen Ressourcen verfügt, Hunger, Epidemien und Tyrannei zu überwinden. Trotzdem wird der Kampf um die verfügbaren Güter mit inhumaner Gewalt ausgetragen.[274]

Schon vor Jahren wurde im Zuge der Globalisierung eine neue Form der staatlichen Gewalt entwickelt, die die begriffliche Auflösung und substanzielle Aushöhlung der Demokratie zum Ziel hatte. Der Neoliberalismus hat die Prinzipien, Praktiken, Kulturen, Subjekte und Institutionen der Demokratie im Sinne der Herrschaft durch das Volk in Frage gestellt. Neoliberalismus wird heute immer mehr als eine Wirtschafpolitik, eine Ideologie oder eine Neubestimmung der Verhältnisse von Staat und Wirtschaft gesehen. Bei ihm geht es vorwiegend um eine Neuordnung des gesamten Denkens, alle Bereiche des Lebens umfassend und im Sinne der Ökonomie verändernd, was fatale Folgen für unsere Gesellschaft hat. Mit dieser Entwicklung wird das Volk im Sinne eines Zusammenschlusses der Bürgerinnen und Bürger und als Grundlage der Demokratie in Frage gestellt. Die Gefahr, dass technokratische Eliten die Macht übernehmen und die Demokratie auf Marktkonformität zu Recht stutzen können, ist nicht unbedeutend und kann nur mit grenzüberschreitender Solidarität bekämpft werden. Diese grenzüberschreitende Solidarität ist auch im Rahmen der gesellschaftspolitischen Vorstellungen vielen Freimaurer ein zentrales Anliegen.

Zum grundlegenden Wandel unserer Gesellschaft zählen auch die geistigen Strömungen unserer Zeit. Die Philosophie des 20. und beginnenden 21. Jahrhunderts steht in einem engen Zusammenhang mit den historischen Ereignissen und den naturwissenschaftlichen Entdeckungen. In ihrem Rahmen haben sich in der modernen Philosophie wichtige Richtungen und Positionen herausentwickelt, die von der philosophisch Anthropologie über die Phänomenologie Edmund Husserls, Martin Heideggers Ontologiekritik, die Existenzphilosophie und den Existenzialismus der Hermeneutik, den Marxismus und Neomarxismus, die Kritische Theorie bis zur Sprachkritik, Wissenschaftstheorie, Diskursanalyse, zum Strukturalismus, zur Postmoderne und Dekonstruktion reichen. Diese unterschiedlichen philosophischen Strömungen zeigen eine intensive Ausdifferenzierung und wechselseitige Beeinflussung der philosophischen Schulen und Positionen. Sie bilden neue, wichtige Denkansätze heraus, die nicht nur die Freimaurerei, sondern das gegenwärtige geistige und kulturelle Klima überhaupt beeinflussen. [275] Es zählt zu den wichtigsten Aufgaben der heutigen Freimaurerei, sich mit diesen philosophischen Ideen kritisch auseinanderzusetzen.

Heute nehmen allgemein Bedenken und Zweifel über den Fortschritt unserer Gesellschaft zu. Ein „postmodernes Zeitalter" soll die europäische Moderne mit ihrer Rationalität ablösen. Für nicht wenige Menschen ist das Produkt aus neuzeitlichem Aufklärungsoptimismus, wissenschaftlich- technischem Fortschritt und Machbarkeitsüberzeugung in eine Krise geraten. Unübersichtlich und fragwürdig bleibt allerdings die postmoderne Beliebigkeit als Antwort auf diese Zustände. Die Freimaurerei ist bemüht, in diesem Zusammenhang gemäß ihrer Freiheitsvorstellung, ihres Aufklärungsdenkens, ihrer Humanität und Toleranz die Ursachen dieser Krise besser zu verstehen und daraus auch entsprechende Konsequenzen für eine Vermenschlichung der Gesellschaft zu ziehen. In der symbolischen Sprache der Freimaurerei heißt dies: Der Bau am Tempel der allgemeinen Menschenliebe.[276]

3. KIRCHE UND KULTUR

Zwischen Kirche und Freimaurerei bestand seit dem 18. Jahrhundert eine fast unüberbrückbare Kluft. Die Freimaurerei sah sich von Anfang an Argwohn, Behinderungen und Verfolgungen ausgesetzt. Schon vor der ersten päpstlichen Bulle waren Veröffentlichungen erschienen, die sich scharf gegen die Freimaurerei und Geheimgesellschaften wandten und ihre angeblichen Orgien der Trunksucht und Päderastie anklagten, da an ihren Zusammenkünften Frauen nicht teilnehmen durften. In diesem Klima des Misstrauens und der Ablehnung befasste sich das Heilige Offizium 1737 mit der Freimaurerfrage. Schließlich erließ Papst Clemens XII. im April 1738 die Bulle „In eminenti" zur Verurteilung der Freimaurerei. Für die Rechtfertigung der Verurteilung der Bruderschaft wurde u. a. die Befürchtung des Papstes angeführt, dass sich ein religiöser Indifferentismus entwickeln könnte und die Freimaurerei mit ihren geheimen Ritualen, Erkennungszeichen und die strenge Geheimhaltung für absolutistische Fürsten nicht akzeptierbar sei.[277]

Zu einer Erneuerung der Verurteilung kam es dann unter Papst Benedikt XIV. im Mai 1751, der die Bulle „Providas" erließ. Die Gründe, die dazu führten, unterschieden sich kaum von jenen Papst Clemens' XII. Eine Ausnahme bildete hier der juristische Hinweis auf das Verbot geheimer Zusammenkunft von Gesellschaften, das damals in bürgerlichen und kirchlichen Gesetzen festgehalten war. Die erste Bulle wurde in den päpstlichen Gebieten, in Spanien, Portugal und Polen veröffentlicht und erlangte daher nur dort Gesetzeskraft. Die Regierung von Florenz, die von der Proklamierung in Kenntnis gesetzt wurde, wandte sich an Franz

Stephan in Wien, der Freimaurer war und den Rat erteilte, die Bulle zwar anzuerkennen, aber nicht weiter zu beachten. Auch in Österreich ist sie nicht veröffentlicht worden. Die zweite antifreimaurerische Bulle hatte nur auf der Iberischen Halbinsel Folgewirkungen. Trotz dieser beiden päpstlichen Verurteilungen und des Edikts von Kardinal Joseph Firrao, der die Beziehung der Freimaurerei mit der Exkommunikation „ipso facto" und sogar mit der Todesstrafe ahndete, traten Geistliche den Freimaurerlogen bei.[278]

Schon vor der ersten päpstlichen Bulle wurde in den nicht katholischen Gebieten Holland und Friesland die Freimaurerei verboten. Die Nordländische Republik befürchtete damals, da der Logengroßmeister gleichzeitig auch Schatzmeister des Prinzen von Oranien war, eine Rückkehr der Oranier in das Stadthalteramt. 1740 wurden auch in Schweden vom protestantischen König die Freimaurerzusammenkünfte sogar mit Androhung der Todesstrafe verboten. 1782 sandte Joseph de Maistre anlässlich des Konvents von Wilhelmsbad an den Herzog von Braunschweig ein „Memoire", in dem er die vollständige Übereinstimmung der freimaurerischen Esoterik mit der christlichen Lehre bestätigte. Auf diesem Konvent gaben die Freimaurer zur Frage des Verhältnisses zwischen Freimaurerei und christlicher Religion folgende Erklärung ab: „Wir haben beschlossen …,dass der einzige Zweck unserer Gemeinschaft, wie der ihrer Mitglieder ist, sich der Menschheit empfehlenswert und nützlich zu machen durch die aufrichtigste Zuneigung zu den Lehren, Pflichten und Übungen unserer Heiligen Christlichen Religion, durch unserer Unterwerfung und dem Gehorsam gegenüber der Obrigkeit und den Gesetzen unseres jeweiligen Vaterlandes, durch eine aufgeklärte und allgemeine Wohltätigkeit im weitesten Sinne, durch eine fortdauernde Ausübung aller religiösen, moralischen, vaterländischen und sozialen Tugenden."[279]

Diese Regeln, die der Konvent bestätigte, weisen auf den engen Zusammenhang zwischen Christentum und Freimaurerei hin, wenngleich diese keine Religion war und daher der Kirche auch keine Konkurrenz machen wollte. Auf praktisch-ethischem Gebiet ergänzte sie sogar mit ihrer Einstellung die Religion. Im 19. Jahrhundert stellten sich dann Kirche und Freimaurerei zum offenen Kampf, der allerdings von der masonischen Gemeinschaft eher als Reaktion auf die vielen kirchlichen Angriffe zu sehen war.[280]

Als Papst Pius VII. 1814 nach dem Sturz Napoleons in den Kirchenstaat zurückkehrte, erließ er erneut gegen den Freimaurerbund und die nationale Freiheitsbewegung der Carbonari wegen Staatsgefährdung eine Bulle. Die Freimaurerei wurde darin mit einem gefährlichen politischen Geheimbund gleichgesetzt. Papst Pius IX. hatte 1864 mit dem „Erlass des Syllabus", eines Verzeichnisses der „hauptsächlichsten Irrtümer unserer Zeit", Pantheismus, Naturalismus, Rationalismus, Indifferentismus und Liberalismus kritisiert. Er bezeichnet die Freimaurerei als „Synagoge des Satans". Das Verhältnis zwischen Kirche und Freimaurerei spitzte sich dann im Kulturkampf noch weiter zu. Der Nachfolger Papst Pius' IX., Leo XIII., verdammte in seiner Enzyklika „Humanum Genus" die Freimaurerei als Teufelswerk und beschwor alle katholischen Bischöfe, „die unreine Seuche" auszurotten.[281]

Intoleranz, Antipathie und engstirniger Dogmatismus herrschte auch in der protestantischen Orthodoxie, gegen die schon der Aufklärer Lessing polemisiert hatte. Auf der anderen Seite fanden und finden sich auch heute in den Freimaurerlogen zahlreiche evangelische Christen. Das Verhältnis der evangelischen Kirche war entscheidend beeinflusst von der Mitgliedschaft evangelischer Geistlicher in den Logen, die vorwiegend Anhänger der Aufklärungstheologie und des Vernunftglaubens waren. Die evangelischen Kirchen betrachten die Religion als Ergebnis deistischen Vernunftglaubens. Nach ihrer Überzeugung darf aber die freimaurerische Humanität nicht mit jener des Neuen Testaments verwechselt werden, die allein der Gnade des dreieinigen Gottes entspringt.

Die freimaurerische Toleranz in Glaubensfragen wurde von kirchlicher Seite schon sehr früh als Bedrohung angesehen und brachte die Freimaurerei nach ihrer Ausbreitung in einen schroffen Gegensatz zum Totalitätsanspruch der Kirche und im 20. Jahrhundert auch zum Fundamentalismus. Verbot und Verfolgung waren daher die Folgen. Erst mit dem Zweiten Vatikanischen Konzil ließ sich die Kirche auf einen Dialog mit allen Menschen guten Willens ein, und so ergriff sie auch die Initiative zu Gesprächen mit der Bruderkette. 1970 wurde eine offizielle Dialogkommission gebildet, die gemischt besetzt war und als Ergebnis ihrer Gespräche eine gemeinsame Erklärung herausgab. Am Schluss dieser sogenannten „Lichtenauer Erklärung" stand: „Wir sind der Auffassung, dass die päpstlichen Bullen, die sich mit der Freimaurerei befassen, nur noch eine geschichtliche Bedeutung haben und nicht mehr in unserer Zeit stehen."[282] Der Heilige Stuhl reagierte auf solche Aussagen sehr vorsichtig, wie aus einem Brief des Präfekten der Glaubenskongregation, Kardinal Franjo Šeper, hervorging, der feststellte, dass die bisher geltenden allgemeinen Gesetze so lange in Kraft bleiben müssten, bis von der zuständigen päpstlichen Kommission für die Reform des kirchlichen Gesetzbuches ein neues kirchliches Gesetz veröffentlichen werde. Im Zuge der hier angedeuteten Prüfung kam es in Deutschland im November 1974 zu einem neuen Dialog auf nationaler Ebene zwischen der katholischen Bischofskonferenz und den Vereinigten Großlogen von Deutschland. Ohne Schlussabstimmung mit ihren freimaurerischen Gesprächspartnern gab die Bischofskonferenz eine „Erklärung" zum Verhältnis zwischen Freimaurerei und katholischer Kirche ab: „… Eingehende Untersuchungen der freimaurerischen Ritualien und Grundüberlegungen wie auch ihres heutigen unveränderten Selbstverständnisses machen deutlich: Die gleichzeitige Zugehärigkeit zur katholischen Kirche und zur Freimaurerei ist unvereinbar!"[283]

Diese „Unvereinbarkeitserklärung" der Deutschen Bischofskonferenz führte bei den Freimaurern zu enttäuschten Reaktionen, zumal schon zuvor die Bischofskonferenzen in Skandinavien, Großbritannien und in den Niederlanden die Vereinbarkeit anerkannt hatten. Die Vereinigten Großlogen von Deutschland brachten in einer offiziellen Erklärung ihr Bedauern zum Ausdruck, dass der mit der katholischen Bischofskonferenz geführte Dialog mit dieser einseitigen Erklärung beendet wurde.

Sorgte 1980 die „Unvereinbarkeitserklärung" für enttäuschte Hoffnungen, so gab der Vatikan 1981 Anlass zu neuen Spekulationen. Die „Kongregation für die Glaubenslehre" gab 1981 eine Erklärung ab, in der neuerlich betont wurde, dass Mitglieder von Vereinigungen der Freimaurerei nach katholischem Recht exkommuniziert würden. Die frühere Stellungnahme der Kongregation 1974 sei vielfach tendenziös und falsch interpretiert worden. Nach katholischem Recht sei es Katholiken nach wie vor unter Androhung des Kirchenbanns verboten, Mitglied einer Freimaurerorganisation zu sein.

In der Öffentlichkeit wurde diese Erklärung als ein klares Abrücken vom Zweiten Vatikanischen Konzil verstanden. Neue Hoffnung kam 1983 auf, als der völlig neu gefasste und geordnete „Codex Juris Canonici" erschien. Darin war von Freimaurerei wörtlich nicht mehr die Rede, und mit Exkommunikation wurde nur mehr der bedroht, der kirchenfeindlichen Vereinigungen angehörte. Allerdings haben die nationalen Bischofskonferenzen die Möglichkeit, freimaurerische Körperschaften zu „kirchenfeindlichen Institutionen" erklären zu können. Die Reaktion der Gesamtvertretung der Freimaurerei in Deutschland war jedoch abwartend und zurückhaltend.[284]

Das freimaurerische Symbol des „Großen Baumeisters aller Welten" bedeutet eine Form der Bezeichnung des Schöpfers und Erhalters der Welt. James Anderson verwendete dafür den Ausdruck

"Great Architect of the Universe" gleich am Beginn seiner Geschichte der Maurerei 1723. Ob dieses Symbol biblischen Ursprungs ist, wird kontrovers diskutiert. Die betreffende Stelle findet sich in der Epistel an die Hebräer 1, 10.[285] In diesem Zusammenhang werden auch noch andere Stellen der Bibel erwähnt. Das Symbol baut auf der Grundlage der ethischen Verantwortung des Freimaurers auf. Der Wert des Menschen wird in der Freimaurerei nicht nach seinem Bekenntnis zu einer Religionsgemeinschaft und zu einem Dogma beurteilt, sondern nach seiner intellektuellen Redlichkeit. In der freimaurerischen Tradition nimmt der „Große Baumeister" eine Schlüsselstellung für die Rückbindung an die Transzendenz ein. Freimaurerei ist in ihrem Grundverständnis weder eine positiv dogmatische Religion noch eine Theologie, weil sie keine übernatürliche, der Vernunft entzogene Offenbarung verkündet. Im freimaurerischen Denken lebt der Mensch im Zustand der Unvollkommenheit. Er glaubt nicht an das Erfordernis der Endgültigkeit des Handelns. Der „Große Baumeister" ist ein regulatives Prinzip, das das mögliche Verlangen nach dem Transzendenten befriedigt und vor der Gefahr schützen sollte, das „Höchste Wesen" nicht unbedingt in Form einer göttlichen Person zu einem Teil der Immanenz der Erfahrungswelt werden zu lassen. Damit sollte auch die Voraussetzung für ein ethisches Verhalten geschaffen werden. Die Annahme eines göttlichen Wirkens bildet auch die Voraussetzung für ethisches Handeln. Für die Freimaurerei bedeutet dies, dass der handelnde Mensch nur dann ethisch erscheint, wenn es für ihn ein vernünftiges Prinzip der Weltenordnung gibt. Die Selbstverwirklichung des Menschen als Freimaurer erfolgt in Form einer permanenten Auseinandersetzung zwischen den Prinzipien und dem Individuellen, gesteuert vom freimaurerischen Menschenbild und von der Verhaltensnorm des „Großen Baumeisters aller Welten"[286]. Eine weltanschauliche Position wie der humanistische Atheismus ist schon wegen des Toleranzprinzips mit der Freimaurerei durchaus vereinbar, nicht aber die fundamentalistische Variante des Atheismus.[287]

Dass die Freimaurerei auch für die kulturelle Entwicklung unserer Gesellschaft Bedeutung hat, ist heute weitgehend unbestritten. In England nahmen die Werkleute der alten Bauhütten schon im 17. Jahrhundert immer mehr adelige Gönner und Naturwissenschaftler auf, wodurch die Substanz so verändert wurde, dass um 1700 die Handwerker bereits ganz zurückgedrängt waren. Bei den „accepted Masons" fiel besonders der enge Zusammenhang mit der „Royal Society" auf. Daraus erklärt sich das starke Interesse an exakten Wissenschaften und das Streben nach Toleranz. In diesem Zusammenhang muss der aus Frankreich vertriebene Freimaurer Jean-Théophile Désaguliers genannt werden. Er war anglikanischer Priester und als profilierter Naturforscher auch Mitglied der Englischen Akademie der Naturwissenschaften. 1719 wurde er dritter Großmeister der englischen Großloge, beeinflusste die Konstitutionen des James Anderson und konnte als Kaplan des Prinzen von Wales zunächst den Hochadel und später auch Angehörige fürstlicher Häuser für den Bund gewinnen, wie z. B. 1731 Franz Stephan von Lothringen. Der Schotte Andrew Michael Ramsay war Redner der Großloge von Frankreich und hielt 1737 einen Vortrag, in dem die Bedeutung Schottlands für die Freimaurerei besonders hervorgehoben und eine Brücke zu den Ritterorden hergestellt wurde. Damit hat er die etwas später in Frankreich entstandenen Hochgrade entscheidend angeregt. Darüber hinaus trat er aber auch für eine gemeinsame Arbeit der Freimaurerei an einer allgemeinen Enzyklopädie ein, die das Geistesgut der Aufklärung und den damaligen Wissensstand zusammenfassen und verbreiten sollten. Das Gebot der „Alten Pflichten", Religion und Politik auszuklammern, hat sicher dazu beigetragen, den Kreis der Anhänger zu erweitern und ihre Meinungsfreiheit zu sichern. Für die Kulturbeziehungen wurde vor allem die Internationalität des Bundes wichtig.[288]

In Frankreich waren zahlreiche Freimaurer an der Verbreitung der Aufklärung beteiligt. Das bedeutsamste wissenschaftliche und kulturelle Werk, an dem Freimaurer als Autoren aktiv beteiligt waren, bildete die Enzyklopädie, die nach dem Muster des englischen Vorbildes von Chambers angeregt wurde. Aus der Zusammenarbeit an diesem großen Vorhaben ergab sich bei den Mitarbeitern ein Konsens in Fragen der Religion, Ethik und der Staatswissenschaften. Aus dem Kreise der Enzyklopädisten entstand schließlich in Paris die Loge „Les Neuf Soeurs", die auch als „Philosophenloge" galt. In Wien wurde die Loge „Zur wahren Eintracht" unter Ignaz von Born ein kulturelles Zentrum von großer Ausstrahlung. Born zählte zu den markantesten freimaurerischen Persönlichkeiten der josephinischen Zeit. Aus seiner Loge wollte er eine Art freimaurerische Akademie der Wissenschaften machen. Schriftsteller, Künstler, Wissenschaftler und Musiker drängten in diese Bauhütte, die alles umfaßte, was damals in Wien Rang und Namen hatte. In dem von ihr herausgegebenen „Journal für Freymaurer", mit großer Ausstrahlung, entwarf Born das Programm für eine neue geistige Ausrichtung seiner Loge: „ist Wahrheit, Weisheit und die Beförderung der Glückseligkeit des ganzen Menschengeschlechtes nicht auch der eigentliche Endzweck unserer Verbindung?"[289]

Dieses Journal war eine Organisations- und Korrespondenzzentrale zugleich, erschien von Jänner 1784 bis Ende 1786 vierteljährlich und enthielt besondere Vorträge, die in den sogenannten „Übungslogen" gehalten wurden, sowie Gedichte und Ankündigungen über freimaurerische Angelegenheiten. Born trat für die Errichtung und den Ausbau der erwähnten Übungslogen ein, in deren Rahmen nach der eigentlichen Instruktion über die Moral und die Symbolik der Bruderkette auch wissenschaftliche Themen behandelt wurden. Das Journal diente vor allem der Förderung und Vertiefung des freimaurerischen Selbstverständnisses.[290]

Kultur aus freimaurerischer Perspektive bedeutet die Entfaltung jener menschlichen Fähigkeiten wie Veredelung und Vervollkommnung der menschlichen Persönlichkeit. Diese besteht vor allem darin, dass der Mensch in immer höherem Maße zur Selbsterkenntnis und Selbstbeherrschung gelangt. Die Freimaurerei kennt auch den wichtigen Begriff der „Königlichen Kunst", eine Bezeichnung, die bereits im Konstitutionenbuch von Anderson die Bauwissenschaft als die edelste und vornehmste aller Künste nannte. Später wurde dann die Freimaurerei als „Königliche Kunst" erklärend charakterisiert, weil sie die Würde der Grundsätze, die sie einprägt, sehr hoch einschätzt und auch als Lebenskunst versteht. Sie hat daher aufzuzeigen, wie man das Leben sinnvoll gestalten kann. Hier spielt vor allem auch die „Ästhetik der Existenz" (Michel Foucault) eine zentrale Rolle. Lebenskunst konstituiert sich nicht über die Befolgung von Normen, sondern über die Haltung des Individuums. Sie bedeutet Ausarbeitung des eigenen Lebens in Form eines Kunstwerks.[291]

Die Kunst bewegt sich für die Freimaurerei an der Grenze des Wissbaren und bemüht sich, diese Grenze manchmal zu überschreiten und das Ganze sichtbar, hörbar, greifbar und auch fühlbar zu machen. Sie bindet Freimaurerei durch das Problem des Erlebens und des Verstehens. Die starke Affinität zur Kunst wurde häufig mit dem Symbol des „rauhen Steins" verglichen: der Künstler arbeitet am Kunstwerkt, der Freimaurer am unbehauenen Stein. Die kulturelle Bedeutung der Freimaurerei lag und liegt auch heute in erster Linie im Bestreben, möglichst alle Glaubensbekenntnisse, den ethischen Kernbestand aller Religionen (Weltethos) und die verschiedenen die verschiedenen gesellschaftlich-politischen Auffassungen in toleranter Form zu vereinigen, in der Pflege und Vertiefung der Symbole und Ritualistik und in den Kompositionen, Reden, Liedern, Dichtungen, Romanen, Bildern, Skulpturen, Gläsern, Keramikarbeiten, Medaillen und Kupferstichen, die z. T.

von namhaften freimaurerischen Schriftstellern, Dichtern, Musikern und Künstlern geschaffen wurden. Dazu gehören auch die zahlreichen wissenschaftlichen Initiativen und Aktivitäten von Freimaurern in Gelehrtengesellschaften, Akademien, Universitäten und Forschungszentren. In diesem Zusammenhang muss auch noch die Tätigkeit von Freimaurern als Journalisten und in Medienberufen erwähnt werden. Auch das Theater als reproduzierendes System spielte in der Freimaurerei in Form des Rituals und der Dramaturgie der rituellen Arbeit eine wichtige Rolle.[292]

Die Freimaurerei hat eine weitausgedehnte Literatur über ihre Lehre, ihre gesetzliche Einrichtung, ihre Geschichte und ihr Brauchtum. Ihr schlossen sich sehr bald Liedersammlungen und auch Streit- und Verräterschriften an. Versuche, diese zahlreichen Publikationen systematisch zu sammeln und zu ordnen, gab es schon ab dem 18. Jahrhundert, aber erst Johann Georg Kloss ist es gelungen, eine übersichtliche Darstellung zu verfassen. Ein gutes Werk dieser Art ist dann später Reinhold Tautes Bücherkunde geworden. Heute greift die Forschung vor allem auf August Wolfstiegs Bibliographie der freimaurerischen Literatur und auf Herbert Schneiders Bibliographie zurück. Wichtig wurden die verschiedenen quellenkundlichen Sammlungen, Literaturberichte, Bibliographien, Bestandsverzeichnisse und auch die verschiedenen historiographischen Werke namhafter Freimaurerforscher.[293]

Viele bedeutsame Dichter und Schriftsteller, darunter mehrere Freimaurer wie z. B. Lessing, Goethe, Wieland und Johann Gottfried Herder, haben in ihren Werken auch freimaurerische Themen behandelt.[294] Ihnen stand der französische Aufklärer und Freimaurer Voltaire gegenüber, der über manche seiner Zeitgenossen seinen geistreichen Spott versprühte und kaum dem Idealbild eines philanthropischen Logenbruders entsprochen haben dürfte. Dass auch freimaurerische Themen in Theaterstücke aufgenommen wurden, zeigen verschiedene Beispiele aus der Literatur. Auch Bühnendichter und Schauspieler haben, wie z. B. Friedrich Ludwig Schröder, der Theaterdirektor in Frankfurt war, die Freimaurerei beeinflusst und besonders die Symbolsprache, Lehrarten und Rituale mitgeprägt und reformiert.

Erwähnt werden sollen hier auch noch abschließend die freimaurerische Musik, die Freimaurergesänge und Tafellieder, die bei den rituellen Arbeiten oder an der „weißen Tafel" gesungen wurden. Das älteste englische Freimaurerlied von Birkhead ist schon 1720 im Druck erschienen. Vom 18. bis zum 20. Jahrhundert sind dann laufend Liedersammlungen und Bücher herausgekommen. Einen der kostbarsten Schätze der freimaurerischen Musik lieferte Wolfgang Amadeus Mozart, der neben seiner Oper „Die Zauberflöte" für seine Loge eine Reihe von Einzelgesängen und Kantaten komponierte.[295]

Trotz der hier erwähnten kulturellen Leistungen dürfen in der Zusammenschau keine Überbewertungen und voreiligen Schlussfolgerungen über den Einfluss der Freimaurerei auf die Kultur gezogen werden. Oscar Wilde, Mark Twain und André Gide haben nicht nur aus freimaurerischer Motivation geschrieben und Kurt Tucholsky hätte gewiss auch ohne Logenzugehörigkeit seine Werke verfasst. Insofern muss die manchmal zu starke Vereinnahmung kultureller Persönlichkeiten für die Freimaurerei etwas relativiert werden. Dies gilt auch für so manchen Politiker.

Schluss:
Die Werte und Ziele der Freimaurerei: Aufklärung, Menschenwürde, Menschenrechte, Humanität, Ethik, Königliche Kunst und Toleranz

Wie dieser Versuch einer Wirkungsgeschichte der Freimaurerei zeigen sollte, hat die Bruderkette doch einen indirekten und zum Teil auch direkten Einfluss auf den gesellschaftlichen Entwicklungsprozess seit der Frühen Neuzeit ausgeübt. Es scheint so, dass die Freimaurerei bei der Auflösung der frühneuzeitlichen Dogmen, in der Aufklärung, im Säkularisierungsprozess, in den bürgerlichen Revolutionen, im Liberalismus und bei der Herausbildung der westlichen Demokratien, des modernen Sozialstaates, des Fürsorgewesens und des Parlamentarismus, bei der Verbreitung der Menschenrechte und in ihrem Engagement für Weltfrieden, Humanität, Ethik, Bildung und Toleranz eine wichtige Rolle gespielt hat.

Die Freimaurerei hat im Laufe ihrer historischen Entwicklung einen Werterahmen geschaffen, der bis heute aktuell geblieben ist. In diesem Zusammenhang spielt das neue Aufklärungsdenken eine zentrale Rolle. Dabei steht die leitende Fragestellung im Vordergrund, welche wichtigen Grundlagen der historischen Aufklärung des 18. Jahrhunderts noch maßgeblich nachwirken, welche Aufklärungsprozesse im 19., 20. und 21. Jahrhundert den Aufklärungsbegriff verändert haben und ob sich heute ein neues Aufklärungs- und Vernunftverständnis herausgebildet hat, das eine brauchbare Antwort auf die Brüchigkeit der tragenden Einstellungen der historischen Aufklärung des 18. Jahrhunderts zu geben vermag. Sind ihre Leitideen heute überholt oder noch – wenn auch in neuer Form – gültig?

Es steht außer Zweifel, dass der Gedanke der Beherrschbarkeit der Natur, der Glaube an den Fortschritt und der Vernunftoptimismus von den Aufklärungskritikern grundsätzlich in Frage gestellt werden. Die Befürworter der Aufklärungsideen sind allerdings nach wie vor der Überzeugung, dass Vernunft und Freiheit, Kritik und Emanzipation menschliche Grundhaltungen und gesellschaftliche Aufgabenfelder darstellen, die an Aktualität nichts eingebüßt haben.[296]

Nach der historischen Aufklärung sind im 19. Jahrhundert neue Aufklärungsprozesse entstanden, mit denen sich der Wandel des Aufklärungsbegriffes und die Kritik an der Aufklärung geändert haben. Zu diesen Entwicklungen zählten die politische Romantik, der Liberalismus, die Demokratie und der Sozialismus, später auch der Nationalismus und im 20. Jahrhundert der Neukantianismus, die Dialektik der Aufklärung, die Wissenschaften, die Ideologiekritik, der Konstruktivismus, die Mediendemokratie und Mediengesellschaft, die Informationsgesellschaft, die Veränderungen in Bildung und Wissen und die fortscheitende Digitalisierung.[297]

Heute ist der Streit um den Stellenwert der Aufklärung und Vernunft noch immer nicht beigelegt. Einerseits wird das Erbe der Aufklärung in Anspruch genommen, auf der anderen Seite werden die Grundideen der Aufklärung für das Unbehagen an der Moderne verantwortlich gemacht. Zwischen diesen beiden Polen gibt es mittlere Positionen, die allerdings den hier angesprochenen Zwiespalt kaum beseitigen können. Zu diesen Positionen zählen auch die Anhänger der Moderne, die die Aufklärung als „unvollendetes Projekt" bezeichnen. Sie verfolgen die Absicht, die Traditionen der Aufklärung insgesamt positiv einzusetzen, sehen aber gleichzeitig deren Defizite, sodass die Aufklärungsideen und die Vernunftkonzepte als notwendige Verpflichtung zu ihrer kritischen Weiterentwicklung auffordern. Sie vertreten die Auffassung, dass die Aufklärung letztlich ihre Ziele noch nicht erreicht habe, weshalb sie neu konzipiert werden müsse.[298]

3. Kirche und Kultur

Mit dieser Problematik beschäftigt sich in letzter Zeit – wie bereits ausgeführt – auch die Freimaurerei in ihrer geistigen Arbeit. Sie verwendet für die Konzipierung einer „neuen Aufklärung" den Begriff „reflexive Aufklärung", die die unverzichtbaren Grundlagen der historischen Aufklärung kritisch weiterentwickelt. In diesem Sinne ist die Aufklärung eine nie abschließbare Aufgabe und versteht sich als Denkprinzip und als Selbstaufklärung, als Selbstwerden durch freies Denken, aber auch als Sachaufklärung im Sinne des Wegräumens geistiger und realer Hindernisse der Selbstaufklärung. Aufklärung richtet sich als Selbstdenken (Immanuel Kant) gegen angemaßte Autorität und Vorurteile, als Richtdenken gegen Irrtümer, Irrationalismus und Aberglauben, gegen Verabsolutierungen und Ideologien, gegen Dogmen und absolute Wahrheiten. Die bleibende Aktualität des Aufklärungsdenkens resultiert aus dem permanenten Aufklärungsbedürfnis. Sie stellt einen stets zu erneuernden Versuch dar, die immer neu wuchernde Pseudowahrheit zu überwinden und ideologiekritisch zu arbeiten. Aufklärung als modernes Denkmodell darf allerdings Aufklärung über sich selbst nicht vernachlässigen, weil sie sonst zur Pseudoaufklärung oder Ideologie degeneriert und sich selber zerstört.[299]

Für dieses Konzept der „reflexiven" Aufklärung ist Kants „Selbstkritik der Vernunft" von entscheidender Bedeutung. Kant verstand unter Kritik der Vernunft Selbstkritik der Vernunft und meinte damit, dass es keine übergeordnete, auch keine göttliche Instanz gibt, vor der menschlicher Vernunftgebrauch zur Verantwortung gezogen werden könne. In Form von Selbstkritik ist die Vernunftkritik eine exemplarische Weise des Selbstdenkens. Für Kant bedeutet dies: „Selbstdenken heißt den obersten Probierstein der Wahrheit in sich selbst suchen; und die Maxime, jederzeit selbst zu denken, ist die Aufklärung."[300] Kant hat seinen Begriff von Aufklärung vor allem in seiner „Kritik der praktischen Vernunft" entwickelt.

Für die Freimaurerei stellen die Menschenrechte nicht nur eine

Form des gemeinsamen Nenners aller Grundwerte dar, die man in den verschiedenen Religionen und Kulturen findet, sondern fordern auch einen universalen und zugleich eigenständig modernen Freiheits- und Gleichheitsanspruch. Dabei handelt es sich in erster Linie um einen humanen Anspruch, der im Bekenntnis zur unantastbaren Würde jedes Menschen manifest wird. Deshalb sind für die Freimaurerei die Verbreitung und Propagierung der Menschenrechte ein wichtiges Anliegen. Auch das Menschenbild der Freimaurerei ist mit den Menschenrechten eng verbunden, wie die Philosophie der Menschenrechte und der freimaurerische Werterahmen verdeutlichen.[301]

Mit dem freimaurerischen Menschenbild hängt auch sehr eng die Idee der Humanität zusammen. Die Freimaurer arbeiten, wie aus ihrer Ritualistik hervorgeht, am Bau des Tempels der allgemeinen Menschenliebe. Diese ist kein theoretisches Lehrgebäude und keine festgelegte Morallehre, der sich der Freimaurer anpassen sollte. Humanität erlebt der Freimaurer in der Loge und im profanen Leben, indem er sich als Mensch unter Menschen zu begreifen versucht. Menschlichkeit, Mitgefühl und Mitleid sind daher für den Freimaurer nicht bloße Werte, die während der rituellen Arbeit formelhaft nachgesprochen werden, sondern vor allem konkrete Praxis. Die menschlichen Qualitäten erfährt und erlebt er dadurch, dass er sich in symbolisch-rituellen Handlungen die erwähnten Qualitäten versinnbildlicht. Die Erziehung zum Menschen und zur Humanität geschieht im freimaurerischen Selbstverständnis nicht durch das Bekenntnis zu einer bestimmten Morallehre, sondern durch die persönliche Erfahrung mit Menschlichem. Auf diese Weise soll Humanität auch im profanen Leben nicht eine bloße Idee bleiben, sondern von der Praxis geprägt sein. Dabei kann sich die Freimaurerei auf wichtige ideengeschichtliche Traditionen berufen. Humanität als veredelnde menschliche Praxis stellt den Freimaurer in eine unmittelbare Beziehung zu seiner Arbeit. Die Freimaurerei entwickelte den Begriff der Humanität von einer abstrakten Forderung weiter zu einem konkreten Programm, zu einer konkreten Humanität, die sich im praktischen Leben vor allem im masonischen Engagement für Sozial-Karitatives und für das Fürsorgewesen manifestiert.[302]

Die Freimaurerei vertritt die Ansicht, dass es keine Ethik getrennt von religiösen Vorstellungen geben kann. Eine solche allgemein gültige Bindung, symbolisch verkörpert im „Großen Baumeister aller Welten", bildet die Basis der mitmenschlichen Ethik. Diese ist eine undogmatische, vernunftorientierte, aber auch intuitive und individuelle Ethik, die in Symbolen und konkreten Handlungen ausgedrückt wird. Diese Einstellung, unabhängig von jedem individuellen Glaubensbekenntnis, sichert der Freimaurerei ein Zusammenleben ohne Störung durch trennende weltanschauliche und religiöse Diskussionen. Das freimaurerische Menschenbild geht davon aus, dass der Mensch sich vervollkommnen kann. Dazu zählt vor allem auch die ethische Vervollkommnung. Im freimaurerischen Ritual ist dies besonders die „Einübungsethik", die sich nicht als eine Erfolgs- oder Gesinnungsethik versteht, sondern als eine Verantwortungsethik im Hinblick auf die Verwirklichung freimaurerischer Werte in der Gesellschaft. Dies bedeutet konkret Verantwortung für die Mitwelt, für die Umwelt und für die Nachwelt. Da die Freimaurerei Werte einer offenen, pluralistisch-demokratischen Gesellschaft vertritt, spielt sie mit ihrer Ethik und Toleranz eine gewisse Vorreiterrolle. Die Ethik der Freimaurerei nähert sich in ihren Idealformen sehr stark den großen Tendenzen der westlichen Demokratien. Im Ritual sehen sich die Brüder als Glieder einer „Weltenkette" und wenden allen Menschen, auch den sozial Schwachen, ihre allgemeine Menschenliebe zu.[303]

Unter „Königlicher Kunst" versteht die Freimaurerei – wie bereits erwähnt – die Entfaltung jener menschlichen Fähigkeiten, die als Veredelung und Vervollkommnung der menschlichen Persönlichkeit umschrieben werden können. Diese besteht vor allem darin, dass der Mensch in immer höherem Maße zur Selbsterkenntnis und Selbstbeherrschung gelangt. Es geht dabei darum, das Leben sinnvoll zu gestalten. In diesem Zusammenhang spielt vor allem die „Ästhetik der Existenz" (Michel Foucault) eine wesentliche Rolle, der in seinem Buch erklärt, wie man aus dem Leben ein Kunstwerk formen könne. In der Freimaurerei konstituiert sich die Lebenskunst nicht über die Befolgung von Normen, sondern über die Haltung des einzelnen Bruders.[304]

Es steht heute außer Zweifel, dass der Toleranzgedanke zu den wichtigsten Einsichten zählt, die Europa in seiner historischen Entwicklung gewonnen hat. Er stand von Anfang an auch im Zentrum freimaurerischer Verhaltensweisen. Die Freimaurerei war wesentlich an der Verbreitung der Toleranzidee beteiligt. Heute ist das Toleranzprinzip im freimaurerischen Sinne mehr als nur das lateinische Verbum „tolerare" (dulden, ertragen), nämlich die Respektierung des Andersdenkenden durch besseres Verstehen des Andersseins. Zu ihren wichtigen Aufgaben zählt daher, in ihren Mitgliedern den Respekt vor den Überzeugungen des Anderen zu wecken. Diese Toleranz der Respektierung der Weltanschauung und Religion des Anderen ist auch heute noch wesentliche Grundlage der Freimaurerei, die allerdings im Verlauf des 19. und 20. Jahrhunderts sich manchmal von der Idealvorstellung entfernt hat. Das Toleranzprinzip ist nach wie vor nicht nur in der persönlichen Haltung, sondern auch im freimaurerischen Ritual eine entscheidende Grundlage, die sich gegen den Fundamentalismus und gegen die Intoleranz, die heute zugenommen haben, wendet. Auch in der Wirkungs- und Ideengeschichte der Freimaurerei zeigt sich diese Bemühung der Bruderkette, dem Toleranzgedanken in der Gesellschaft zum Durchbruch zu verhelfen.[305]

Diese hier kurz erklärten Werte und Ziele der Freimaurerei werden nicht nur innerhalb der Bruderkette, sondern auch im profanen Leben umgesetzt. Sie haben an Aktualität nichts eingebüßt und werden auch ständig mit den Strömungen der Zeit konfrontiert.

Anmerkungen

1   Zu den verschiedenen Thesen über die Ursprünge und Anfänge der Freimaurerei vgl. Helmut Reinalter: Die Freimaurer, 7. Aufl., München 2016, S. 10 ff.; Charles von Bokor: Die Geschichte der Freimaurer, Wien 1980, S. 11 ff.; Douglas Knoop/G. P. Jones: Die Genesis der Freimaurerei. Ein Bericht vom Ursprung und der Entwicklung der Freimaurerei in ihren operativen, angenommenen und spekulativen Phasen, Bayreuth 1968; J. N. J. Schmidt: Wurzeln der freimaurerischen Gemeinschaft. Rückblick und Ausblick, Zürich 1961; (Rolf Appel): Die Entwicklung der Freimaurerei. Vorläufer und Gründung, Hamburg 1974; Bernhard Wein: Die Bauhütten und ihre Entwicklung zur Freimaurerei, Hamburg 1977; Otto Winkelmüller: Les Compagnonnages. Eine Wurzel der Freimaurerei, Frankfurt – Hamburg 1967; Otto Winkelmüller: Die deutschen Bauhütten, ihre Ordnung und die Freimaurerei, Bad Harzburg 1964; Ferdinand Janner: Die Bauhütten des deutschen Mittelalters, Leipzig 1876; G. von Drach: Das Hüttengeheimnis vom gerechten Steinmetzen-Grund in seiner Entwicklung und Bedeutung für die kirchliche Baukunst des Mittelalters, dargelegt durch Triangulatur-Studien aus Hessen und den Nachbargebieten, Marburg 1897; Allgemeines Handbuch der Freimaurerei, 3. Aufl. von Lennings, Enzyklopädie der Freimaurerei, Leipzig 1900, S. 321; August Wolfstieg: Werden und Wesen der Freimaurerei, 1. Abt.: Ursprung und Entwicklung der Freimaurerei, 3 Bde., Berlin 1922; Wilhelm Begemann: Vorgeschichte und Anfänge der Freimaurerei in England, Berlin 1909/10; Wilhelm Begemann: Vorgeschichte und Anfänge der Freimaurerei in Schottland, Berlin 1914; Gustav R. Kuéss: Die Vorgeschichte der Freimaurerei im Lichte der englischen Forschung, Hamburg o. J.; Ludwig Keller: Zur Geschichte der Bauhütten und der Hüttengeheimnisse, Berlin 1898; Ludwig Keller: Johann Valentin Andreae und Comenius, in: Monatshefte der Comenius-Gesellschaft 1 (1892), S. 229 ff.; Ludwig Keller: Comenius und die Freimaurer, Berlin 1904; über die Templer vgl. Helmut Reinalter: Die Weltverschwörer, Salzburg 2010, S. 51 ff. – Zu neueren Arbeiten s. Jan A. M. Snoek: Neuplatonismus, Gotik und die Entstehung der Freimaurerei, Vortrag MS., Köln 2011; Jan A. M. Snoek: Einführung in die westliche Esoterik, für Freimaurer, Zürich 2011 (dort Hinweise auf verschiedene Strömungen, die die Freimaurerei beeinflusst haben könnten); Alex Bänninger/Walter Hess-Alfred Messerli (Hg.): Die Freimaurer. Eine moderne Idee, Stäfa 1997, S. 8 ff.; Angela Cerinotti: Die Freimaurer. Ein Geheimbund und seine Geschichte, Berlin 2008, S. 8 ff.; Roland Edighoffer: Die Rosenkreuzer, München 1995; Renko D. Geffarth: Religion

und arkane Hierarchie. Der Orden der Gold- und Rosenkreuzer als Geheime Kirche im 18. Jahrhundert, Leiden 2007; Helmut Reinalter: Die Freimaurer, S. 69 ff. – Dieser Beitrag stützt sich im Wesentlichen auf diese hier angeführten Veröffentlichungen und auf Quellenmaterial, das in den folgenden Fußnoten zitiert wird; vgl. auch Helmut Reinalter: Die historischen Ursprünge und die Anfänge der Freimaurerei, in: Kulturhistorische Studien, hg. von Frank Jacob, Würzburg 2013, S. 49 ff.

2 Bernhard Wein: Die Bauhütten, S. 6; Karl Hoede: Die Meister von Como, in: QC-Jahrbuch 4 (1967), S. 5 ff.; Charles von Bokor: Die Geschichte der Freimaurer, S. 12.

3 Karl Hoede: Die Meister von Como, S. 11; Douglas Knoop/G. P. Jones: Die Genesis der Freimaurerei, S. 19 ff., S. 36 ff.; Ferdinand Janner: Die Bauhütten, S. 9 ff.

4 Zit. nach Karl Hoede: Die Meister von Como, S. 12.

5 Ebd., S. 13.

6 Ebd., S. 16; vgl. auch Gottfried J. Findel: Geschichte der Freimaurerei, Leipzig 1870, S. 55 ff.

7 Bernhard Wein: Die Bauhütten, S. 16 f.

8 Ebd., S. 17.

9 Ebd., S. 18.

10 Ebd., S. 20 (auch für das vorhergehende Zitat); Ludwig Keller: Zur Geschichte der Bauhütten, S. 1 ff.; Ferdinand Janner: Die Bauhütten, S. 230 ff.

11 Bernhard Wein: Die Bauhütten, S. 24.

12 Ebd., S. 25.

13 Douglas Knoop/G. P. Jones: Die Genesis der Freimaurerei, S. 12 ff.; Gustav R. Kuéss: Die Vorgeschichte der Freimaurerei, S. 5 ff.; Gottfried J. Findel: Geschichte der Freimaurerei, S. 55 ff., S. 84 ff.

14 Gustav R. Kuéss: Die Vorgeschichte der Freimaurerei, S. 5 ff., S. 6.

15 Ebd., S. 8.

16 Vgl. dazu Otto Winkelmüller: Les Compagnonnages; (Rolf Appel): Die Entwicklung der Freimaurerei, S. 26; Wilhelm Begemann: Vorgeschichte der Freimaurerei in England.; Otto Winkelmüller: Die deutschen Bauhütten.

17 Otto Winkelmüller: Les Compagnonnages, S. 16 f.

18 Ebd., S. 18.

19 Ebd.

20 Ebd.

21 Ebd., S. 19.

22 Ebd.

23 Zit. nach ebd., S. 20 f.

24 Ebd., S. 24.

25 Ebd., S. 25.

26 Ebd.; vgl. auch die Arbeiten von Agricol Perdiguier, Le Livre du compagnonnage, Paris 1941; Perdiguier, Histoire d'un scisson dans le Compagnonnage, Paris 1946; ders., Mémoires d'un compagnon, Paris 1964.
27 Zit. nach Otto Winkelmüller: Les Compagnonnages, S. 27.
28 Ebd., S. 28 ff.
29 Ebd., S. 34.
30 Beweise sind angeführt ebd., S. 35.
31 Ebd., S. 37 ff.
32 Ebd., S. 37.
33 Ebd., S. 45 ff.
34 Zit. ebd., S. 47.
35 Ebd., S. 48 ff.
36 Ebd., S. 65 ff.
37 Ebd., S. 66.
38 Ebd., S. 92 ff.
39 Ebd., S. 106 f.; Wilhelm Begemann: Vorgeschichte der Freimaurerei in England.
40 Vortrag von Jan A. M. Snoek: Neuplatonismus, Gotik und die Entstehung der Freimaurerei; Jan A. M. Snoek: Einführung in die westliche Esoterik, S. 41 ff.
41 Jan A. M. Snoek: MS, S. 9.
42 Ebd., S. 5 f.
43 Zit. ebd., S. 6.
44 Ebd., S. 6 ff.
45 Ebd., S. 9.
46 Ebd.
47 Ebd.
48 Ebd.
49 Ebd.
50 Zit. nach (Rolf Appel): Die Entwicklung der Freimaurerei, S. 28.
51 Regius-Manuskript und Cooke-Manuskript, Gustav R. Kuéss: Die Vorgeschichte der Freimaurerei im Lichte der englischen Forschung, S. 9 ff; vgl. dazu auch den Ausstellungskatalog: Freimaurer. Solange die Welt besteht, Wien 1992, S. 172 f., ebd., S. 174.; John M. Hamill: Die Freimaurerei in England, in: Freimaurer. Solange die Welt besteht, S. 159 ff.
52 Ebd.
53 Vgl. dazu (Rolf Appel): Die Entwicklung der Freimaurerei, S. 26; zu den „Quatuor Coronati" vgl. den Ausstellungskatalog: Freimaurer. Solange die Welt besteht, S. 85 f.
54 Ebd., S. 27.
55 Ebd.
56 Ebd.

57   Gustav R. Kuéss: Die Vorgeschichte, S. 6 f.
58   (Rolf Appel): Die Entwicklung der Freimaurerei, S. 28.
59   Vgl. dazu Gustav R. Kuéss: Die Vorgeschichte, S. 17 ff., S. 22 ff.; Douglas Knoop/G. P. Jones: Die Genesis, S. 238 ff.
60   (Rolf Appel): Die Entwicklung der Freimaurerei, S. 29, S. 62.
61   Vgl. auch Eugen Lennhoff/Oskar Posner/Dieter A. Binder: Internationales Freimaurer-Lexikon, München 2006, S. 89.
62   Ebd.
63   Eugen Lennhoff/Oskar Posner/Dieter A. Binder: Internationales Freimaurer-Lexikon, S. 743; Zur Gründung der englischen Großloge vgl. weiters Gustav R. Kuéss: Die Vorgeschichte, S. 24 ff.; Douglas Knoop/G. P. Jones: Die Genesis, S. 159 ff.; Charles von Bokor: Die Geschichte der Freimaurer, S. 73 ff., S. 78 ff., S. 80 ff.
64   (Rolf Appel): Die Entwicklung der Freimaurerei, S. 32; Eugen Lennhoff/Oskar Posner/Dieter A. Binder: Internationales Freimaurerlexikon, S. 743.
65   (Rolf Appel): Die Entwicklung der Freimaurerei, S. 33; vgl. auch Gustav R. Kuéss: Die Vorgeschichte der Freimaurerei, S. 24 ff.; Douglas Knoop/G. P. Jones: Die Genesis, S. 194 ff.
66   (Rolf Appel): Die Entwicklung der Freimaurerei, ebd.; Die Konstitution von 1738 bei Helmut Reinalter: Die Freimaurer, S. 55.
67   (Rolf Appel): Die Entwicklung der Freimaurerei, S. 34.
68   Über ihn vgl. Eugen Lennhoff/Oskar Posner/Dieter A. Binder: Internationales Freimaurer-Lexikon, S. 211.
69   (Rolf Appel): Die Entwicklung der Freimaurerei, ebd.; Helmut Reinalter: Die Freimaurer, S. 12 f.
70   Eugen Lennhoff/Oskar Posner/Dieter A. Binder: Internationales Freimaurer-Lexikon, S. 576.
71   Helmut Reinalter: Die Freimaurer, S. 53 ff.
72   Ebd.; Joseph N. J. Schmidt: Wurzeln der freimaurerischen Gemeinschaft.
73   Helmut Reinalter: Die Freimaurer, S. 12 ff.
74   Ebd., S. 13 f.
75   Vgl. dazu auswahlweise Paul Richard Blum: Humanismus, in: Enzyklopädie Philosophie Bd. 1, hg. von Hans Jörg Sandkühler, Hamburg 2010, S. 1012 ff.; Florian Baab: Was ist Humanismus? Geschichte des Begriffes, Gegenkonzepte, säkulare Humanismen heute, Regensburg 2013; August Bock: Humanismus. Seine europäische Entwicklung in Dokumenten und Darstellungen, Freiburg 1987; Richard David Precht: Erkenne dich selbst. Eine Geschichte der Philosophie, München 2017, S. 33 ff; Richard Faber/Enno Rudolph (Hg.): Humanismus in Geschichte und Gegenwart, Tübingen 2002; Paul Oskar Kristeller: Humanismus und Renaissance, 2 Bde., München 1974/76.; Günther Böhme: Wirkungsgeschichte des Humanismus im Zeitalter des Rationalismus, Darmstadt 1988;

Hans Oppermann (Hg.): Humanismus (Wege der Forschung Bd. XVII) Darmstadt 1977.; Martin Vöhler/Hubert Cancig (Hg.): Genese und Profil des europäischen Humanismus, Heidelberg 2009.; Thomas Leinkauf: Grundriss Philosophie des Humanismus und der Renaissance (1350–1600), 2 Bde., Hamburg 2017.; s. auch https://de.wikipedia.org/wiki/Humanismus (letzter Zugriff: 24.03.2018).

76 Vgl. dazu Helmut Reinalter: Die Freimaurer, S. 40 ff.; Helmut Reinalter: Humanismus als Grundprinzip, in: Die Freimaurer, hg. von Michael Kraus, Salzburg 2011, S. 41 ff.; Klaus-Jürgen Grün: Humanität, in: Freimaurerei. Geheimnisse – Rituale – Symbole, Leipzig 2017, S. 72 ff.; Richard Toellner (Hg.): Aufklärung und Humanismus, Heidelberg 1980; Eugen Lennhoff/Oskar Posner/Dieter A. Binder: Internationales Freimaurer-Lexikon, München 2006, S. 403 f.; zur Säkularisierung vgl. Hermann Lübbe: Säkularisierung. Geschichte eines ideenpolitischen Begriffs, Freiburg 2003; Hartmut Lehmann: Säkularisierung. Der europäische Sonderweg in Sachen Religion, Göttingen 2004; Charles Taylor: A secular age, Cambridge 2007; Hans Joas/Klaus Wiegandt (Hg.): Säkularisierung und die Weltreligionen, Frankfurt/M. 2007.

77 Vgl. dazu James Hankins: The Myth of the Platonic Academy of Florence, in: Renaissance Quarterly 44 (1991), S. 429 ff.; James Hankins: The Myth of the Platonic Academy, in: James Hankins: Humanism and Platonism in the Italian Renaissance, Bd. 2, Rom 2004, S. 185 ff.; Egon Gottwein: Platon und seine Schule http://www.gottwein.de/Eth/philos02b.php (letzter Zugriff: 24.03.2018); Eugen Lennhoff/Oskar Posner/Dieter A. Binder: Internationales Freimaurer-Lexikon, S. 601 und S. 59.

78 Vgl. dazu Helmut Reinalter: Die Freimaurer, S. 68 ff.; Roland Edighoffer: Die Rosenkreuzer, München 1995; Renko Geffarth: Religion und arkane Hierarchie: Der Orden der Gold- und Rosenkreuzer als Geheime Kirche im 18. Jahrhundert, Leiden – Boston 2007.; Eugen Lennhoff/Oskar Posner/Dieter A. Binder: Internationales Freimaurer-Lexikon, München 2006, S. 716 ff.

79 Helmut Reinalter: Die Freimaurer; S. 69 ff., S. 46 ff.; Claus Priesner: Geschichte der Alchemie. München 2011.; Karl R. H. Frick: Die Erleuchteten. Gnostisch-theosophische und alchemistisch – rosenkreuzerische Geheimgesellschaften bis zum Ende des 18. Jahrhunderts, Graz 1973; Claus Priesner/Karin Figala: Alchemie. Lexikon einer hermetischen Wissenschaft, München 1998; Helmut Gebelein: Alchemie, München 1991.; Jan A. M. Snoek: Esoterik, in: Freimaurerei. Geheimnisse-Rituale-Symbole, S. 112 ff.; Jan A. M. Snoek: Einführung in die Westliche Esoterik, für Freimaurer, Zürich 2011; Antoine Faivre: Esoterik im Überblick, Freiburg – Basel – Wien 2001.

80 Vgl. dazu und für das Folgende Helmut Reinalter: Die Freimaurer, München 2016, S. 69 ff. S. auch die Hinweise in FN 1.

81 Zit. nach Francis A. Yates: Aufklärung im Zeichen des Rosenkreuzes, Stuttgart 1972, S. 220 f.

82 Ebd., S. 221.
83 Zum Rosenkreuzertum vgl. die Hinweise in FN 1; Rudolf Schlögl: Alchemie und Avantgarde. Das Praktischwerden der Utopie bei Rosenkreuzern und Freimaurern, in: Die Politisierung des Utopischen im 18. Jahrhundert, hg. von Monika Neugebauer-Wölk und Richard Saage, Tübingen 1996, S. 117 ff.; Dieter Groh: Göttliche Weltökonomie. Perspektiven der wissenschaftlichen Revolution vom 15. bis zum 17. Jahrhundert, Berlin 2010; Helmut Reinalter: Geheimbünde in Tirol. Von der Aufklärung bis zur Revolution 1848/49, Innsbruck 2010, S. 75 ff.
84 Helmut Reinalter: Die Freimaurer, S. 46 ff.
85 Helmut Reinalter: Freimaurerische Symbolik und Ritualistik, in: Grenzgebiete der Wissenschaft 50 (2001) S. 123 ff.; Klaus-Jürgen Grün: Ritualistik, in: Freimaurerei. Geheimnisse – Rituale – Symbole, Leipzig 2017, S. 55 ff.; Klaus-Jürgen Grün: Symbolik, in: Freimaurerei. Geheimnisse – Rituale – Symbole, S. 58 f.; Helmut Reinalter: Die Freimaurer, S. 32 ff.
86 Helmut Reinalter: Die Freimaurer, S. 46 ff.
87 Helmut Reinalter: Die Freimaurer, S. 48 f.
88 Vgl. dazu Werner Schneiders: Die wahre Aufklärung, Freiburg – München 1974; Helmut Reinalter (Hg.): Die neue Aufklärung, Innsbruck 1997; Siegfried Jüttner/Jochen Schlobach: Europäische Aufklärung(en), Hamburg 1992; Jacob L. Talmon: Die Ursprünge der totalitären Demokratie, Köln 1961.
89 Helmut Reinalter: „Reflexive" Aufklärung in: Zeitschrift für Internationale Freimaurer-Forschung 4, 2000, S. 51 ff.; Zygmunt Bauman: Moderne und Ambivalenz, Hamburg 1995; Jochen Schmidt (Hg.): Aufklärung und Gegenaufklärung in der europäischen Literatur, Philosophie und Politik von der Antike bis zur Gegenwart, Darmstadt 1989; Christoph Jamme (Hg.): Grundlinien der Vernunftkritik, Frankfurt/ M. 1997; Karl-Otto Apel/Matthias Kettner (Hg.): Die eine Vernunft und die vielen Rationalitäten, Frankfurt/M. 1996; Hartmut und Gernot Böhme: Das Andere der Vernunft, Frankfurt/M. 1983; Helmut Reinalter: Ist die Aufklärung noch ein tragfähiges Prinzip?, Wien 2002.
90 Berlinische Monatsschrift IV, 1784, S. 193 ff.
91 Ebd., S. 481.
92 Immanuel Kant: Kritik der reinen Vernunft, hg. v. Raymund Schmidt, 1956, S. 7 (Vorr. A. XI).
93 Gotthold Ephraim Lessing: Eine Duplik (1778), in: Sämtliche Schriften IX, hg. v. H. Lachmann, 1893, S. 183.
94 Norbert Hinske (Hg.): Was ist Aufklärung?, Darmstadt 1973, XIX.
95 Vgl. dazu auswahlweise Helmut Reinalter: Freiheit – Gleichheit – Brüderlichkeit. Reform, Umbruch und Modernisierung in Aufklärung und Französischer Revolution, Düsseldorf 1989, S. 13 ff.; Günter Barudio: Das Zeitalter des Abso-

lutismus und der Aufklärung 1648–1779, Frankfurt/M. 1981; Hans U. Gumbrecht u.a. (Hg.): Sozialgeschichte der Aufklärung in Frankreich, 2 Bde., München 1981; Franklin Kopitzsch (Hg.): Aufklärung, Absolutismus und Bürgertum in Deutschland, München 1976; Reinhart Koselleck: Kritik und Krise, Frankfurt/M. 1973; Werner Krauss: Perspektiven und Probleme. Zur französischen und deutschen Aufklärung, Berlin 1965; ders., Studien zur deutschen und französischen Aufklärung, Berlin 1963; Nicolao Merker: Die Aufklärung in Deutschland, München 1982; Paul Rilla: Lessing und sein Zeitalter, München 1973; Fritz Schalk: Studien zur französischen Aufklärung, Frankfurt/M. 1972; Werner Schneiders: Die wahre Aufklärung, Freiburg –München 1974; Fritz Valjavec: Geschichte der abendländischen Aufklärung, Wien – München 1961; Fritz Wagner: Europa im Zeitalter des Absolutismus und der Aufklärung, in: Handbuch der europäischen Geschichte, IV, Stuttgart 1968; Eberhard Weis: Der Durchbruch des Bürgertums 1776–1847, Berlin 1978; Eduard Winter: Frühaufklärung, Berlin 1966; Wjatscheslaw P. Wolgin: Die Gesellschaftstheorien der französischen Aufklärung; Berlin 1965; Ernst Walter Zeeden: Europa im Zeitalter des Absolutismus und der Aufklärung, Stuttgart 1981; Werner Schneiders (Hg.): Lexikon der Aufklärung. Deutschland und Europa, München 1995; Werner Bahner: Aufklärung als europäisches Phänomen, Leipzig 1983; Peter Gay: The Enlightenment, 2 Vol., 1967/68; Richard van Dülmen: Die Gesellschaft der Aufklärer. Zur bürgerlichen Emanzipation und aufklärerischen Kultur in Deutschland, Frankfurt/M. 1986; Siegfried Jüttner/Jochen Schlobach (Hg.): Europäische Aufklärungen(en), Hamburg 1992; Horst Möller: Vernunft und Kritik. Deutsche Aufklärung im 17. und 18. Jahrhundert, Frankfurt/M. 1986; Barbara Stollberg-Rilinger: Europa im Jahrhundert der Aufklärung, Stuttgart 2000; Ulrich Im Hof: Das Europa der Aufklärung, München 1993.

96 Vgl. dazu Helmut Reinalter (Hg.): Aufklärungsgesellschaften, Frankfurt/M. 1993; Richard van Dülmen: Die Gesellschaft der Aufklärer; Otto Dann (Hg.): Vereinswesen und bürgerliche Gesellschaft in Deutschland, in: HZ-Beiheft 9, München 1984; Holger Zaunstöck: Sozietätslandschaft und Mitgliederstrukturen. Die mitteldeutschen Aufklärungsgesellschaften im 18. Jahrhundert, Tübingen 1999.

97 Immanuel Kant: Kritik der praktischen Vernunft, hg. v. Karl Vorländer, 1959, S. 152.

98 Encyclopédie ou dictionnaire raisonné des sciences, des arts et des métiers. Par une société de gens lettres; Fritz Schalk: Enzyklopädie, in: Historisches Wörterbuch der Philosophie II, Darmstadt 1972.

99 J. Christian Wolff: Vernünftige Gedanken vom gesellschaftlichen Leben (1721), S. 169.

100 Vgl. dazu Helmut Reinalter/Harm Klueting (Hg.): Der aufgeklärte Absolutismus im europäischen Vergleich, Wien 2002.

101 Friedrich Nicolai: zit. bei Horst Möller: Aufklärung in Preußen, Berlin 1974, S. 246.
102 Vgl. dazu Horst Möller: Vernunft und Kritik, 1986, S. 289 ff.
103 Thomas Nipperdey: Verein als soziale Struktur in Deutschland im späten 18. und 19. Jahrhundert, in: Thomas Nipperdey: Gesellschaft, Kultur, Theorie, Göttingen 1976, S. 174 ff. – Dieses Kapitel stützt sich u. a. auf meinen Aufsatz, der in der Philosophiegeschichte von Helmut Holzhey herausgekommen ist: Akademien, Reformgesellschaften, Geheimbünde und Salons, in: Die Philosophie des 18. Jahrhunderts Bd. 5/2. Halbbd. hg von Helmut Holzhey und Vilem Mudroch, Grundriss der Geschichte der Philosophie, Basel 2014, S. 15 ff.
104 Christian Wolff: Vernünftige Gedanken von dem gesellschaftlichen Leben der Menschen, Halle 1721, S. 235.
105 Joseph Hansen: Quellen zur Geschichte des Rheinlandes im Zeitalter der Französischen Revolution, Bd. 1, Bonn 1931, S. 215.
106 Johann Christian Gottsched (Hg.): Der deutschen Gesellschaft in Leipzig. Gesammelte Reden und Gedichte, Leipzig 1732, S. 353.
107 Zit. nach Henning Matthaei: Untersuchungen zur Frühgeschichte der deutschen Berufsschulen, dargestellt am Wirken der Patriotischen Gesellschaft zu Hamburg im 18. Jahrhundert, Hamburg 1967, S. 53, S. 144 ff.
108 Vgl. dazu Helmut Reinalter (Hg.): Der Illuminatenorden (1776–1785/87). Ein politischer Geheimbund der Aufklärungszeit, Frankfurt/M. 1997; Richard van Dülmen (Hg.): Der Geheimbund der Illuminaten, Stuttgart – Bad Cannstatt 1975.
109 Eudämonia 2 (1796), S. 233.
110 Carl F. Bahrdt: Geheimster Organisationsplan (Halle 1788), in: Briefe angesehener Gelehrten, Tl. 5, hg. von D. Pott, Leipzig 1798, S. 56.
111 Carl F. Bahrdt: Plan I der Union (Halle 1787), in: Briefe angesehener Gelehrten, Staatsmänner und anderer, an den berühmten Märtyrer D. Karl Friedrich Bahrdt, Tl. 5, hg. von D. Pott, Leipzig 1798, S. 17 ff.; Carl F. Bahrdt: Geheimer Plan, in: Briefe angesehener Gelehrten, Tl. 5, Leipzig 1798, S. 55.
112 Carl F. Bahrdt: Geheimster Organisationsplan, S. 175 ff.
113 Heinrich Scheel (Hg.): Die Mainzer Republik I. Die Protokolle des Jakobinerklubs, Berlin 1975, S. 245 f.
114 Über Friedrich II. als Freimaurer vgl. hier auswahlweise Karlheinz Gerlach: Die Berliner Freimaurer 1740–1806. Zur Sozialgeschichte der Freimaurerei in Brandenburg-Preußen, in: Europa in der Frühen Neuzeit. Festschrift für Günther Mühlpfordt, Bd. 4, hg. von Erich Donnert, Weimar 1997, S. 433 ff.
115 Vgl. dazu Ulrich Im Hof: Das gesellige Jahrhundert. Gesellschaft und Gesellschaften im Zeitalter der Aufklärung, München 1982; Emil Erne: Die Schweizerischen Sozietäten. Lexikalische Darstellung der Reformgesellschaften des 18. Jahrhunderts in der Schweiz, Zürich 1988.

116 Vgl. dazu Helmut Reinalter: Die historischen Ursprünge und die Anfänge der Freimaurerei, in: Geheimgesellschaften. Kulturhistorische Sozialstudien, hg. von Frank Jacob: Würzburg 2013, S. 49 ff.; Helmut Reinalter: Zur Aufgabenstellung der gegenwärtigen Freimaurerforschung, in: Freimaurer und Geheimbünde im 18. Jahrhundert in Mitteleuropa, hg. von Helmut Reinalter: Frankfurt/M. 1983, S. 12 ff.

117 Vgl. dazu Ludwig Hammermayer: Zur Geschichte der europäischen Freimaurerei und der Geheimgesellschaften im 18. Jahrhundert. Genese – Historiographie – Forschungsprobleme, in: Beförderer der Aufklärung in Mittel- und Osteuropa. Freimaurer, Gesellschaften, Clubs, hg. von Éva H. Balázs, Ludwig Hammermayer, Hans Wagner und Jerzy Wojtowicz, Berlin 1979, S. 9 ff.

118 Reinhart Koselleck: Kritik und Krise, Frankfurt/M. 1973, S. 57 f.

119 Gotthold Ephraim Lessing: Ernst und Falk – Gespräche für Freimaurer. Mit einer Einführung und Erläuterungen von Wolfgang Kelsch, Innsbruck 2010.

120 Vgl. dazu Helmut Reinalter: Freimaurerische Reformprojekte unter Kaiser Leopold II., in: Quatuor-Coronati-Berichte 9 (1982/83), S. 8 ff.; ders., Aufklärung, Humanität und Toleranz. Die Geschichte der österreichischen Freimaurerei im 18. Jahrhundert, Innsbruck 2017, S. 227 ff.; Carlo Francovich: Storia della Massoneria in Italia, Firenze 1975, S. 355 f.; Hans Wagner: Die politische und kulturelle Bedeutung der Freimaurer im 18. Jahrhundert, in: Beförderer der Aufklärung in Mittel- und Osteuropa, S. 78 f.; ders., Die Lombardei und das Freimaurerpatent Josephs II. von 1785, in: Mitteilungen des Österreichischen Staatsarchivs 31 (1978), S. 136 ff.; ders., Die Freimaurer und die Reformen Kaiser Josephs II., in: Quatuor Coronati Jahrbuch 14 (1977), S. 55 ff.

121 Vgl. dazu Helmut Reinalter: Freimaurerei und Demokratie im 18. Jahrhundert, in: ders., Aufklärung und Moderne, Innsbruck 2008, S. 265 ff.

122 Helmut Reinalter (Hg.): Freimaurerische Persönlichkeiten in Europa, Innsbruck 2014.

123 Vgl. dazu Helmut Reinalter: Zur Aufgabenstellung der gegenwärtigen Freimaurerforschung, in: Freimaurer und Geheimbünde im 18. Jahrhundert in Mitteleuropa, hg. von Helmut Reinalter, Frankfurt/M. 1989, S. 9 ff.; Helmut Reinalter: Freimaurerische Forschungsperspektiven in Europa, in: Zeitschrift für Internationale Freimaurer-Forschung 29 (2013), S. 39 ff.; Helmut Reinalter (Hg.): Aufklärungsgesellschaften, Frankfurt/M. – Bern – New York – Paris –- Wien 1993.; Helmut Reinalter: Akademien, Reformgesellschaften, Geheimbünde und Salons, in: Die Philosophie des 18. Jahrhunderts Bd. 5/2, hg. von Helmut Holzhey und Vilem Mudroch: Grundriss der Geschichte der Philosophie, Basel 2014, S. 15 ff.; ders., Königliche Kunst, in: Freimaurerei. Geheimnisse – Rituale – Symbole, Leipzig 2017, S. 11 ff.

124 Verfassung der Provinzial- und Großloge von Österreich. 1784. Mit einem Vorworte hg. von Hermann Beigel, Wien 1877, S. 8 ff.; vgl. dazu auch Helmut

Reinalter: Die Freimaurerei in Österreich von der Aufklärung bis zur Revolution 1848/49, in: Zirkel und Winkelmaß. 200 Jahre Große Landesloge der Freimaurer, Ausstellungskatalog des Historischen Museums der Stadt Wien, Wien 1984, S. 18, wo erstmals auf diesen demokratischen Zusammenhang verwiesen wird. – Ein handgeschriebener Entwurf dieser Verfassung befindet sich im Haus-, Hof- und Staatsarchiv Wien (HHStA), VA 65, vol. II, 5.

125 Vgl. dazu das Vorwort und die Einleitung zur Verfassung (wie Anm. 121).

126 Aus dem Entwurf der Logenordnung der Bauhütte „Sokrates in Pressburg", abgedruckt in: C. H. Groddeck/Theodor Merzdorf: Versuch einer Darstellung des positiven, inneren Freimaurer-Rechts, Leipzig 1876, S. 114.

127 Die Alten Pflichten von 1723. In neuer Übersetzung hg. von der Großloge A. F. u. A. M. v. D., Hamburg 1976 (Allgemeine Anordnungen).

128 Oeconomische Encyklopädie oder allgemeines System der Staats-, Stadt-, Haus- und Landwirtschaft ... von D. Johann Georg Krünitz, 15. Th., Berlin 1778, S. 61 (Nachdruck der Quatuor Coronati Loge Bayreuth).

129 System der Freymaurer-Loge Wahrheit und Einigkeit zu drey gekrönten Säulen in P... Philadelphia 1594 (1794) (Deutsches freimaurer-Museum Bayreuth, Bibliothek und Archiv), S. 11.

130 Den Danske Firmurerorden, Arkiv Kopenhagen, F XXVI, Vol. 6; Universitätsbibliothek Posen, Masonische Außenstelle Ciazen.

131 Den Danske Frimurerorden, Arkiv Kopenhagen, F XXVI, Vol. 6: Den Strikte Observanz: 1765–1766.

132 Maurerey die Beförderin der Toleranz. Eine Rede gehalten am St. Johannes-Fest 1791 in d.g.u.v. (Loge) zu den 3 Rosenknospen (Bochum) 1791 (Masonische Bibliothek Ciazen SD 25 980 I); Ist die Ungleichheit des Standes dem Freymäurer-Orden nachtheilig? Diese Frage ward bey Gelegenheit der Feyer des Stiftungs-Festes des Ordens den 5. Juli 1770, erwogen von dem Redner des Ordens in der Loge der Eintracht (Christian Ludwig Troschel), Berlin 1770 (Masonische Bibliothek Ciazen SD 25 555 I); Rede von der Pflicht: alle Menschen als natürlich sich gleich zu schätzen. Bey der am 2. Des März 1786 in der Loge der Freymäurer zum Ehrengedächtniß des am 8. Februar dieses Jahres mit allgemeinem Ruhm entschlafenen Herrn Adam Christian Marschall von Bieberstein ... feyerlich gehaltenen Trauerversammlung von Christian Ludwig Troschel, Berlin (1786) (Masonische Bibliothek Ciazen SD 25 975 1).

133 Vgl. dazu Helmut Reinalter: Aufgeklärter Absolutismus und Freimaurerei. Einige Überlegungen zur gesellschaftlichen und geistigen Struktur der Spätaufklärung, in: Eleusis 40/2 (1985), S. 76, Richard van Dülmen: Die Gesellschaft der Aufklärer, S. 100 ff.; vgl. weiters Christian Ullmann: Die Kommunikationsordnung in Freimaurer-Logen, ungedr. MS, München 1966.

134 Kurt Kluxen: Geschichte und Problematik des Parlamentarismus, Frankfurt/M. 1983, S. 42 ff., auch für das Folgende.

135 Ebd., S. 45.
136 Zit. nach Kurt Kluxen: Geschichte und Problematik des Parlamentarismus, S. 47.
137 Ebd., S. 53 f.
138 Ebd., S. 55.
139 Ebd., S. 57.
140 Ebd., S. 60; Hans-Christoph Schröder: Die Revolutionen Englands im 17. Jahrhundert, Frankfurt/M. 1986.
141 Kurt Kluxen: Geschichte und Problematik des Parlamentarismus, Frankfurt/M. 1983, S. 65.
142 Ebd., S. 65 f.
143 Ebd., S. 79.
144 Otto Brunner u.a. (Hg.): Geschichtliche Grundbegriffe, Bd. 5, Stuttgart 1992, S. 590.
145 Ebd.
146 Vgl. dazu Walter Schlangen: Demokratie und bürgerliche Gesellschaft, Stuttgart 1973.
147 Ebd.
148 Hans-Christoph Schröder: Die Revolutionen Englands im 17. Jahrhundert, Frankfurt/M. 1986; Hans-Christoph Schröder: Englische Geschichte, München 2010, S. 28 ff. und S. 33 ff.; Michael Maurer: Geschichte Englands, Stuttgart 2014, S. 179 ff.
149 Hans-Christoph Schröder: Die Revolutionen Englands, S. 21 ff.
150 Hans-Christoph Schröder: Die Revolutionen Englands, S. 62 ff.
151 Zit. nach Hans-Christoph Schröder: Die Revolutionen Englands, S. 69.
152 Ebd.
153 Ebd., S. 77.
154 Vgl. dazu ebd., S. 229 ff.
155 Vgl. dazu ebd., S. 246.
156 John Locke: Zwei Abhandlungen über die Regierung, übersetzt von Hans Jörn Hoffmann, hg. und eingeleitet von Walter Euchner, Frankfurt/M. 1977; John Locke: Über die Regierung (The second treatise of government), übers. von Dorothee Tidow. Mit einem Nachwort, hg. von Peter Cornelius Mayer-Tasch, Stuttgart 1974; vgl. dazu auch Helmut Reinalter: Die Geschichte der Demokratie seit dem 18. Jahrhundert, in: Interdisziplinäre Demokratieforschung, hg. von Anton Pelinka und Helmut Reinalter, Wien 1998, S. 5 ff.
157 Vgl. dazu Christof Gestrich: Deismus. In: Theologische Realenzyklopädie (TRE), Band 8, Berlin – New York 1981, S. 392 ff.; Christopher Voigt: Der englische Deimus in Deutschland, Tübingen 2003; Gotthart Victor Lechler: Geschichte des englischen Deismus, Hildesheim 1965 (Repr.); Alfred Schmidt: Religionsphilosophische Aspekte der Freimaurerei, in: Zeitschrift für Inter-

nationale Freimaurer-Forschung 4 (2000), S. 33 ff.; Alfred Schmidt: Die Religionsphilosophie des Zeitalters der Aufklärung als Quelle freimaurerischer Religiosität, in: Der unvollendete Bau, Frankfurt/M. 1992, S. 53 ff.; Alfred Schmidt: Das Erbe des englischen Deismus, in: Und dennoch ist von Gott zu reden. Festschrift für Herbert Vorgrimler, hg. von Matthias Lutz-Bachmann, Freiburg/Br. 1994; Helmut Reinalter: Großer Baumeister aller Welten, in: Freimaurerei. Geheimnisse – Rituale – Symbole, Leipzig 2017, S. 63 ff.

158 Michael Hochgeschwender: Die Amerikanische Revolution, München 2016, S. 9.
159 Zur Historiographie vgl. hier auswahlweise Gwenda Morgan: The Debate on the American Revolution, Manchester 2007; Alan Gibson: Interpreting the Founding: Guide to the Enduring Debates over the Origins and Foundations of the American Republic, Lawrence 2009; Andreas R. Klose: Dogmen demokratischen Geschichtsdenkens. Monomentalistische Geschichtsschreibung in den USA, Würzburg 2003.
160 Zit. nach Eugen Lennhoff/Oskar Posner/Dieter A. Binder: Internationales Freimaurer-Lexikon, München 1986, S. 889.
161 Ebd.; Zur Persönlichkeit George Washingtons vgl. auswahlweise ebd., S. 888 f.; Wolfgang Weber: Biografische Skizzen namhafter Freimaurer aus über 2 Jahrhunderten, Berlin 2013, S. 31 ff.
162 Eugen Lennhoff/Oskar Posner/Dieter A. Binder: Internationales Freimaurer-Lexikon, Art. zu den Präsidenten; vgl. auch http://freimaurer-wiki.de (letzter Zugriff: 24.03.2018). Weitere Literatur zu den Präsidenten der USA: Christof Mauch (Hg.): Die amerikanischen Präsidenten: 44 historische Portraits von George Washington bis Barack Obama, München 2013; Peter Schäfer: Die Präsidenten der USA in Lebensbildern, Graz 1993; Barbara Friehs: Die amerikanischen Präsidenten. Von George Washington bis Donald Trump, Wiesbaden 2014.
163 http://freimaurer-wiki.de (letzter Zugriff: 24.03.2018).
164 Vgl. Benjamin Franklin: Autobiographie. Mit einem Nachwort von Klaus Harpprecht, München 2016.
165 Michael Hochgeschwender: Die Amerikanische Revolution, S. 21.
166 Vgl. dazu Willie P. Adams: Republikanische Verfassung und bürgerliche Freiheit. Die Verfassung und politischen Ideen der amerikanischen Revolution, Darmstadt-Neuwied 1973; Angela und Willie Adams (Hg.): Alexander Hamilton/James Madison/John Jay. The Federalist Papers, Paderborn 1994.
167 Eugen Lennhoff/Oskar Posner/Dieter A. Binder: Internationales Freimaurer-Lexikon, S. 1024 f.
168 Fritz Hartung u.a.: Die Entwicklung der Menschen- und Bürgerrechte von 1776 bis zur Gegenwart, Göttingen – Zürich 1998, S. 17., vgl. weiters Heiner Bielefeldt: Philosophie der Menschenrechte. Grundlagen eines weltweiten Freiheitsethos, Darmstadt 1998.

169 Christoph Menke/Arnd Pollmann: Philosophie der Menschenrechte zur Einführung, Hamburg 2007, S. 42.
170 Zur Menschenwürde s. Dietmar von der Pfordten: Menschenwürde, München 2016; Peter Bierie: Eine Art zu Leben. Über die Vielfalt menschlicher Würde, München 2013; Anne Siegetsleitner/Nikolaus Knoepffler (Hg.): Menschenwürde im internationalen Dialog, Freiburg 2005; Franz Josef Wetz (Hg.): Texte zur Menschenwürde, Stuttgart 2011.
171 Heiner Bielefeldt: Menschenrechte, in: Metzler Lexikon Religion Bd. 2, hg. von Christoph Auffarth u.a., Stuttgart – Weimar 1999, S. 432.
172 Ebd., S. 436.
173 Vgl. dazu Lynn Hunt: Symbole der Macht. Macht der Symbole. Die Französische Revolution und der Entwurf einer politischen Kultur, Frankfurt/M. 1989; Reinhart Koselleck/Rolf Reichardt (Hg.): Die Französische Revolution als Bruch des gesellschaftlichen Bewußtseins, München 1988; Helmut Reinalter (Hg.): Die Französische Revolution und das Projekt der Moderne, Wien 2002.
174 Vgl. auswahlweise François Furet/Denis Richet: Die Französische Revolution, Frankfurt/M. 1968; Albert Soboul: Die Große Französische Revolution, Frankfurt 1973; Michel Vovelle: Die Französische Revolution – soziale Bewegung und Umbruch der Mentalitäten, München 1982; Ernst Schulin: Die Französische Revolution, München 1988; Rolf Reichardt/Reinhard Koselleck (Hg.): Die Französische Revolution als Bruch des gesellschaftlichen Bewusstseins, München 1988; Roger Chartier: Die kulturellen Ursprünge der Französischen Revolution, Frankfurt/M. 1995; Rolf Reichardt: Das Blut der Freiheit. Französische Revolution und demokratische Kultur, Frankfurt/M. 1998; Helmut Reinalter: Die Französische Revolution und Mitteleuropa, Frankfurt/M. 1988; Helmut Reinalter: Freiheit – Gleichheit – Brüderlichkeit. Reform, Umbruch und Modernisierung in Aufklärung und Französischer Revolution, Düsseldorf 1989.
175 Vgl. dazu Gilbert Ziebura: Frankreich 1789–1870. Entstehung einer bürgerlichen Gesellschaftsformation, Frankfurt/M. 1979; Michael Erbe: Geschichte Frankreichs von der Großen Revolution bis zur III. Republik 1789–1884, Stuttgart 1982; Wolfgang Mager: Frankreich vom Ancien Régime zur Moderne 1630–1830, Stuttgart 1980.
176 Jacob L. Talmon: Die Ursprünge der totalitären Demokratie, Köln 1961, S. 89.
177 Vgl. Helmut Reinalter: Die Freimaurer, München 6. Aufl. 2016, S. 128 f.
178 Vgl. dazu Helmut Reinalter (Hg.): Aufklärung und Geheimgesellschaften. Zur politischen Funktion und Sozialstruktur der Freimaurerlogen im 18. Jahrhundert, München 1989; ders., Freimaurerei und Französische Revolution, in: Quatuor Coronati Jahrbuch 22 (1985), S. 155 ff.
179 Helmut Reinalter: Freimaurerei und Jakobinismus im Einflussfeld der Fran-

zösischen Revolution, in: Studi Tedeschi 21/3 (1978), S. 125 ff.; ders., Freimaurerei, Jakobinismus und Demokratie, in: Die Französische Revolution und Mitteleuropa, Frankfurt/M. 1988, S. 162 ff.

180 Helmut Reinalter: Die Französischer Revolution und Mitteleuropa, S. 11 ff., S. 17; Jacob L. Talmon: Die Ursprünge der totalitären Demokratie, S. 120, S. 122, S. 225 ff.

181 Friedrich Gentz an C. Garve: 5. Dezember 1790, In: F. C. Wittichen und E. Salzer (Hg.): Briefe von und an Friedrich Gentz, München 1909, S. 178; zit. auch bei Helmut Reinalter: Die Französische Revolution und Mitteleuropa, Frankfurt/M. 1988, S. 30.

182 Vgl. dazu Helmut Reinalter: Die Französische Revolution und Mitteleuropa, S.123 ff.; Helmut Reinalter (Hg.): Jakobiner in Mitteleuropa, Innsbruck 1977; Helmut Reinalter (Hg.): Handbuch zur Geschichte der demokratischen Bewegungen in Zentraleuropa. Von der Spätaufklärung bis zur Französischen Revolution 1848/49, Frankfurt/M. 2012, S.101 ff.

183 Eugen Lennhoff/Oskar Posner/Dieter A. Binder: Internationales Freimaurer-Lexikon, München 2006, S. 1024.

184 Zit. nach Eugen Lennhoff/Oskar Posner/Dieter A. Binder: Internationales Freimauer-Lexikon, S. 594.

185 Ebd.

186 Ebd.

187 Vgl. dazu Helmut Reinalter: Aufklärung und Moderne, Innsbruck 2008, S. 210 ff.

188 Ebd., S. 213 f.; vgl. weiters auch Hans Joachim Lieber: Philosophie-Soziologie-Gesellschaft. Gesammelte Studien zum Ideologieproblem, Berlin 1965, S. 62 f.

189 Vgl. dazu: Eugen Lennhoff/Oskar Posner/Dieter A. Binder: Internationales Freimauer-Lexikon, S. 594.

190 Paul Nolte: Staatsbildung als Gesellschaftsreform. Politische Reformen in Preußen und den süddeutschen Staaten 1800–1820, Frankfurt/M. 1990; Barbara Vogel (Hg.): Preußische Reformen 1807–1820. Königstein/Ts. 1980; Walther Hubatsch: Die Stein-Hardenbergschen Reformen, Darmstadt 1977.; Eugen Lennhoff/Oskar Posner/Dieter A. Binder: Internationales Freimauer-Lexikon, München 2006, S. 381, S. 804 (Hardenberg und Stein als Freimaurer).

191 Vgl. dazu Helmut Reinalter: „Reform" und „Revolution": Zwei Historische Schlüsselbegriffe im ausgehenden 18. und frühen 19. Jahrhundert, in: Émancipation – Réforme – Révolution. Hommage à Marita Gilli, Besançon 1999, S. 327 ff.

192 Ebd., S. 328 ff.

193 Eugen Lennhoff/Oskar Posner /Dieter A. Binder: Internationales Freimauer-Lexikon, München 2006, S. 694 f.

194 Ebd., Sp. 759 f., Wilhelm Hintze: Friedrich Ludwig Schröder: der Schauspieler – der Freimaurer, Hamburg 1974; Hugo Wernekke: Friedrich Ludwig Schröder als Künstler und Freimaurer, Berlin 1916.

195 Vgl. dazu Klaus Hammacher: Die deutsche Freimaurerei im 19. und in der ersten Hälfte des 20. Jahrhunderts, in: Freimaurer und Geheimbünde im 19. und 20. Jahrhundert in Mitteleuropa, hg. von Helmut Reinalter, Innsbruck 2016, S. 87 ff.

196 Zum Nationalismus und zur nationalen Frage vgl. Peter Alter: Nationalismus, Frankfurt/M. 1985; Isaiah Berlin: Der Nationalismus, Bodenheim 1990; Ernest Gellner: Nationalismus und Moderne, Berlin 1991; Ernest Gellner: Nationalismus. Kultur und Macht. Berlin 1999; Rolf-Ulrich Kunze: Nation und Nationalismus, Darmstadt 2005; Dieter Langewiesche: Nation, Nationalismus, Nationalstaat in Deutschland und Europa, München 2000; Siegfried Weichlein: Nationalbewegungen und Nationalismus in Europa, Darmstadt 2006; Otto Dann: Nation und Nationalismus in Deutschland 1770–1990, München 1993.

197 Vgl. zur Freimaurerei in Russland Erich Donnert: Die Freimaurerei in Russland, Innsbruck 2003, S. 97 ff.; Eugen Lennhoff/Oskar Posner/Dieter A. Binder: Internationales Freimauer-Lexikon, München 1986, S. 207; auch das ältere Werk von Ernst Friedrichs: Geschichte der einstigen Maurerei in Russland, Berlin 1904, enthält wichtige Hinweise.

198 Zit. nach Otto Dann: Der Tugendbund-Streit in Preußen, in: Geheimgesellschaften, hg. von Peter Ch. Ludz, Heidelberg 1979, S. 417; zit. auch bei Klaus Hammacher: Die deutsche Freimaurerei im 19. und in der ersten Hälfte des 20. Jahrhunderts, S. 91.

199 Heinrich Best/Wilhelm Weege: Biographisches Handbuch der Abgeordneten der Frankfurter Nationalversammlung 1848/49, Düsseldorf 1998; Roland Hoede: Die Paulskirche als Symbol. Freimaurer in ihrem Wirken um Einheit und Freiheit 1833–1999, Bayreuth-Frankfurt/M. 1999; Klaus Hammacher: Die deutsche Freimaurerei im 19. und in der ersten Hälfte des 20. Jahrhunderts, S. 91 ff.

200 Vgl. dazu Helmut Reinalter: Buonarroti, Filippo Michele, in: Freimaurerische Persönlichkeiten in Europa, hg. von Helmut Reinalter, Innsbruck 2014, S. 29 ff.; s. auch Armando Saitta: Filippo Buonarroti, 2 Vol., Roma 1950/51; Eugen Lennhoff/Oskar Posner/Dieter A. Binder: Internationales Freimauer-Lexikon, München 2006, S. 162.

201 Zum Geheimbund der Carbonari: Helmut Reinalter: Die Freimaurer, S. 88 ff., bes. S. 88; weiters Helmut Reinalter: Politische Geheimbünde, in: Freimaurerei. Geheimnisse – Rituale – Symbole, S. 141 ff.; Oreste Dito, Massoneria, carboneria e Societá segrete nella storia Risorgimento, Torino 1905; Jacques Godechot: Pierre Joseph Briot et les „Carbonari" dans les Royaume de Naples,

in: Calabria noblissima XII (1958), S. 4 ff.; Alessandro Luzio: Giuseppe Mazzini carbonaro, Torino 1929; John R. Rath: The Carbonari. Their origins, in: Annales historiques de la Révolution francaise 69 (1964), S. 174 ff.; Helmut Reinalter: Carbonari, Geheimbund, in: Lexikon zu Demokratie und Liberalismus 1750–1848/49; hg. von Helmut Reinalter, Frankfurt/M. 1993, S. 56 ff.; Eugen Lennhoff/Oskar Posner/Dieter A. Binder: Internationales Freimaurer-Lexikon, München 2006, S. 169 f.; Denis Mack Smith: Il Risorgimento Italiano, Bari 1999.

202 Helmut Reinalter: Die Freimaurer, S. 89.

203 Über Mazzini vgl. Helmut Reinalter: Mazzini, Giuseppe, in: Freimaurerische Persönlichkeiten in Europa, S. 113 ff.; Franco Della Peruta, Mazzini e i rivoluzionari italiani, Milano 1974; Charles F. Delzell (Hg.): The unification of Italy, 1859–1961. Cavour, Mazzini, or Garibaldi?, New York 1965; Eugen Lennhoff/Oskar Posner/Dieter A. Binder: Internationales Freimauer-Lexikon, München 2006, S. 556; Alessandro Lucio, Giuseppe Mazzini Carbonaro; Aldo A. Mola: Storia della massoneria italiana dalle origini ai nostri giorni, Milano 1994; Emilia Morelli: Mazzini. Quasi una biografia, Roma 1984.

204 Vgl. dazu Helmut Reinalter: Garibaldi, Giuseppe, In: Freimaurerische Persönlichkeiten in Europa, S. 53 ff.; s. weiters Friederike Hausmann: Garibaldi: Die Geschichte eines Abenteurers, der Italien zur Freiheit verhalf, Berlin 1999; Denis Mack Smith: Garibaldi, New York 1956; Denis Mack Smith: Cavour und Garibaldi, Cambridge 1985; Eugen Lennhoff/Oskar Posner/Dieter A. Binder: Internationales Freimauer-Lexikon, München 2006, S. 322 f.

205 Helmut Reinalter: Garibaldi, Guiseppe, in: Freimaurerische Persönlichkeiten in Europa, S. 54.

206 Eugen Lennhoff/Oskar Posner/Dieter A. Binder: Internationales Freimauer-Lexikon, S. 173; Denis Mack Smith: Cavour und Garibaldi, Cambridge 1985.

207 Vgl. dazu auswahlweise Stefan Rinke: Revolutionen in Lateinamerika. Wege in die Unabhängigkeit 1760–1830, München 2010; Stefan Rinke: Geschichte Lateinamerikas. Von den frühesten Kulturen bis zur Gegenwart, München 2010, S. 53 ff.; Tulio Halperin Donghi: Geschichte Lateinamerikas von der Unabhängigkeit bis zur Gegenwart, Frankfurt/ M. 1991, S. 88 ff.; Stefan Rinke/Georg Fischer/Frederik Schulze (Hg.): Geschichte Lateinamerika vom 19. bis zum 21. Jahrhundert, Stuttgart – Weimar 2009, S. 23 ff.

208 Stefan Rinke: Geschichte Lateinamerikas, S. 64.

209 Zu Bolívar vgl. Gerhard Masur: Simon Bolívar und die Befreiung Südamerikas, Konstanz 1949; Salvador de Madariaga: Simon Bolívar: Der Befreier Spanisch-Amerikas, Zürich 1986; John Lynch: Simón Bolívar. A Life, New Haven, 2006; Norbert Rehrmann: Simón Bolívar. Die Lebensgeschichte des Mannes, der Lateinamerika befreite, Berlin 2009; Michael Zeuske: Simón Bolívar, Befreier Südamerikas, Berlin 2011.

210 Eugen Lennhoff/Oskar Posner/Dieter A. Binder: Internationales Freimaurer-Lexikon, S. 144; https://de.wikipedia.org/wiki/Sim%C3%B3n_Bol%C3%ADvar (letzter Zugriff: 24.03.2018).
211 Zum Liberalismus vgl. Helmut Reinalter: Die Geschichte der frühen Demokratie in Europa. Ideengeschichtliche Studien und Biographien, Innsbruck 2017; Helmut Reinalter: Die Geschichte der Demokratie seit dem 18. Jahrhundert, in: Interdisziplinäre Demokratieforschung, hg. von Anton Pelinka und Helmut Reinalter, Wien 1998, S. 5 ff.; Helmut Reinalter (Hg.): Handbuch zur Geschichte der demokratischen Bewegungen in Zentraleuropa. Von der Spätaufklärung bis zur Revolution 1848/49, Frankfurt/M. 2012; Helmut Reinalter (Hg.): Die Demokratische Bewegung in Mitteleuropa von der Spätaufklärung bis zu Revolution 1848/49; Innsbruck 1988; Helmut Reinalter (Hg.): Die Anfänge des Liberalismus und der Demokratie in Deutschland und in Österreich 1830–1848/49, Frankfurt/M. 2002; s. allgemein zum Liberalismus und zum liberalen Denken: Werner Becker: Die Freiheit, die wir meinen. Entscheidung für die liberale Demokratie, München 1982; Klaus von Beyme: Liberalismus. Theorien des Liberalismus und Radikalismus im Zeitalter der Ideologien 1789–1854, Wiesbaden 2013; Edmund Fawcett: Liberalism. The Life of an Idea, Princeton/Oxford 2014; Lothar Gall (Hg.): Liberalismus, Königstein/Ts. 1985; Dieter Langewiesche: Liberalismus in Deutschland, Frankfurt/M. 1988; Jörn Leonhard: Liberalismus. Zur historischen Semantik eines europäischen Deutungsmusters, München 2001; Samuel Salzborn (Hg.): Der Staat des Liberalismus: Die liberale Staatstheorie von John Locke, Baden-Baden 2010; Rudolf Vierhaus: Liberalismus, in: Geschichtliche Grundbegriffe. Bd. 3, Stuttgart 1982, S. 741 ff.
212 Vgl. dazu Helmut Reinalter: Freimaurerei und Demokratie im 18. Jahrhundert, in: Helmut Reinalter, Aufklärung und Moderne, Innsbruck 2008, S. 265 ff.
213 Vgl. dazu Helmut Reinalter: Die Geschichte der Demokratie, S. 5 ff.; Walter Schlangen: Demokratie und bürgerliche Gesellschaft, Stuttgart 1973; Horst Dippel: Die Amerikanische Revolution 1763–1787, München 1985; Willi Paul Adams: Republikanische Verfassung und bürgerliche Freiheit. Die Verfassungen und politischen Ideen der amerikanischen Revolution, Darmstadt-Neuwied 1973.
214 Vgl. dazu die Hinweise bei Gareth Stedman Jones: Karl Marx. Die Biographie, Frankfurt/M. 2017, S. 542 ff.
215 Gotthilf Adolf Schenkel: Die Freimaurerei im Lichte der Religions- und Kirchengeschichte, Gotha 1926; Eugen Lennhoff/Oskar Posner/Dieter A. Binder: Internationales Freimaurer-Lexikon, München 2006, S. 511 f.
216 Vgl. dazu Helmut Reinalter: Die Geschichte der Demokratie seit dem 18. Jahrhundert, S. 31.
217 Ebd., S. 31 f.

218 Ebd., S. 32.
219 Helmut Reinalter (Hg.): Handbuch zur Geschichte der demokratischen Bewegungen in Zentraleuropa, S. 14 ff.; Zur Julirevolution in Frankreich 1830 vgl. Helmut Reinalter (Hg.): Handbuch der Geschichte der demokratischen Bewegungen in Zentraleuropa, S. 205 ff.; Dieter Langewiesche: Europa zwischen Restauration und Revolution 1815–1845, München 2007, S. 48 ff.; Manfred Kossok/Werner Loch (Hg.): Die französische Julirevolution von 1830 und Europa, Berlin 1985; Helmut Reinalter (Hg.): Demokratische und soziale Protestbewegungen in Mitteleuropa 1815–1848/49, Frankfurt/M. 1986.
220 Vgl. dazu Helmut Reinalter (Hg.): Handbuch zur Geschichte der demokratischen Bewegungen in Zentraleuropa, S. 205 ff.
221 Ebd., S. 218 ff.
222 Vgl. dazu die neuen Biographien von Karl Marx von Gareth Stedman Jones: Karl Marx, und Jürgen Neffe: Marx der Unvollendete, München 2017.; Helmut Reinalter: Die Geschichte der Demokratie seit dem 18. Jahrhundert, S. 32 ff.
223 Vgl. zu den Freimaurerpersönlichkeiten, die sich an der Julirevolution 1830 und der europäischen Revolution 1848/49 aktiv beteiligten und Einfluss nahmen, die umfassenden Biographien im Lexikon von Helmut Reinalter und Claus Oberhauser (Hg.): Biographisches Lexikon der demokratischen und liberalen Bewegungen in Mitteleuropa 1770–1848/49, Frankfurt/M. 2015.
224 Zur Revolution 1848/49 vgl. Wolfram Siemann: Ziele und Zentren der Revolution, in: Helmut Reinalter (Hg.), Handbuch zur Geschichte der demokratischen Bewegungen in Zentraleuropa, S. 289 ff.; Christof Dipper/ Ulrich Speck (Hg.): Revolution in Deutschland, Frankfurt/M. Leipzig 1998; Dieter Dowe/ Heinz G. Haupt/Dieter Langewiesche (Hg.): Europa 1848, Revolution und Reform; Hans Fenske (Hg.): Quellen zur deutschen Revolution. Ausgewählte Quellen zur deutschen Geschichte der Neuzeit, Darmstadt 1996; Walter Grab (Hg.): Die Revolution von 1848/49. Eine Dokumentation, München 1980, Rüdiger Hachtmann: Berlin 1848. Eine Politik- und Gesellschaftsgeschichte der Revolution, Bonn 1997; Dieter Langewiesche (Hg.): Die Revolutionen von 1848 in der europäischen Geschichte. Ergebnisse und Nachwirkungen, München 2000; Wolfram Siemann: 1848/49 in Deutschland und Europa. Ereignis – Bewältigung – Erinnerung, Paderborn 2006; Wolfram Siemann: Die Deutsche Revolution 1848/49, München 1985.
225 Eugen Lennhoff/Oskar Posner/Dieter A. Binder: Internationales Freimaurer-Lexikon, München 2006, S. 496 f.
226 https://de.wikipedia.org/wiki/Laizismus (letzter Zugriff: 24.03.2018); vgl. dazu auch Jean-Michel Ducomte: La laïcité; Toulouse 2001; Benedikt Kranemann/ Myriam Wijlens (Hg.): Religion und Laïcité in Frankreich. Entwicklungen, Herausforderungen und Perspektiven, Würzburg 2009; Jocelyn Maclure/

Charles Taylor: Laizität und Gewissensfreiheit, Berlin 2011; Roger Mehl: „Laizismus" ‚in: Theologische Realenzyklopädie (TRE) 20, Berlin 1990, S. 404 ff; Antje von Ungern-Sternberg: Religionsfreiheit in Europa: die Freiheit individueller Religionsausübung in Großbritannien, Frankreich und Deutschland – ein Vergleich, Tübingen 2008.
227 Vgl. dazu Wolfram Kraffert: Die Spaltung der Freimaurerei im ausgehenden 19. Jahrhundert und ihre Folgen, in: Freimaurer und Geheimbünde im 19. und 20. Jahrhundert in Mitteleuropa, hg. von Helmut Reinalter, Innsbruck 2016, S. 188 ff.
228 Zum Kulturkampf vgl. hier auswahlweise: Manuel Borutta: Antikatholizismus. Deutschland und Italien im Zeitalter der europäischen Kulturkämpfe, Göttingen 2011; Christopher Clark/Wolfram Kaiser (Hg.): Kulturkampf in Europa im 19. Jahrhundert, Leipzig 2003; Georg Franz: Kulturkampf. Staat und katholische Kirche in Mitteleuropa, München 1954.
229 Eugen Lennhoff/Oskar Posner/Dieter A. Binder: Internationales Freimaurer-Lexikon, S. 492.
230 Anthony Giddens: Konsequenzen der Moderne, Frankfurt/M. 1995; Hans Ulrich Gumbrecht: „Modern", „Moderne", „Modernität", in: Geschichtliche Grundbegriffe Bd. 4, Stuttgart 1978, S. 93 ff.; Jürgen Habermas: Der philosophische Diskurs der Moderne. Zwölf Vorlesungen, Frankfurt/M. 1989; Armin Nassehi: Der soziologische Diskurs der Moderne, Frankfurt/M. 2006; Jürgen Habermas: Die Moderne – ein unvollendetes Projekt, Leipzig 1994.
231 Vgl. dazu Helmut Reinalter: Aufklärung und Moderne, Innsbruck 2008; Helmut Reinalter (Hg.): Die Französische Revolution und das Projekt der Moderne, Wien 2002; Helmut Reinalter: Die Freimaurer, München 2016, S. 128 ff.; Helmut Reinalter: Freimaurerei und Modernisierung, in: Revue des Études Sud-Est Européennes 3–4/30 (1992), S. 197 ff.
232 Vgl. dazu Helmut Reinalter: Die Freimauer, S. 129 ff.
233 Vgl. allgemein und auswahlweise zum Ersten Weltkrieg: Volker R. Berghahn: Der Erste Weltkrieg, München 2014; John Keegan: Der Erste Weltkrieg. Eine europäische Tragödie, Reinbek b. Hamburg 2000; Jörn Leonhard: Die Büchse der Pandora. Geschichte des Ersten Weltkrieges, München 2014; Herfried Münkler: Der Große Krieg. Die Welt 1914 bis 1918, Berlin 2013; Gregor Schöllgen/Friedrich Kießling: Das Zeitalter des Imperialismus, München 2009; Christopher Clark: Die Schlafwandler. Wie Europa in den Ersten Weltkrieg zog, München 2013.
234 Eugen Lennhoff/Oskar Posner/Dieter A. Binder: Internationales Freimaurer-Lexikon, München 1986, S. 896; Friedrich Wichtl: Weltfreimaurerei, Weltrevolution, Weltrepublik. Eine Untersuchung über Ursprung und Endziele des Weltkrieges, München 1919, 10. Aufl. 1923.
235 Erich Ludendorff: Vernichtung der Freimaurerei durch Enthüllung ihrer

Geheimnisse, München 1927, Neubearbeitung München 1936; Erich Ludendorff: Kriegshetze und Völkermorden in den letzten 150 Jahren, München 1931; Erich Ludendorff: Schändliche Geheimnisse der Hochgrade, München 1932; Helmut Reinalter: Die „Entente-Freimaurerei" und der Erster Weltkrieg – eine Variante der Verschwörungstheorie, in: Freimaurer und Geheimbünde im 19. und 20. Jahrhundert in Mitteleuropa, hg. von Helmut Reinalter, S. 30 ff.
236 Eugen Lennhoff/Oskar Posner/Dieter A. Binder: Internationales Freimaurer-Lexikon, S. 898.
237 Zur Russischen Revolution vgl. Andreas Kappeler: Russische Geschichte, München 2016, S. 34 ff.; Helmut Altrichter: Rußland 1917. Ein Land auf der Suche nach sich selbst, Paderborn 1997; Bernd Bonwetsch: Die russische Revolution 1917. Eine Sozialgeschichte von der Bauernbefreiung 1861 bis zum Oktoberumsturz, Darmstadt 1991; Jan Claas Behrends/Nikolaus Katzer/Thomas Lindenberger (Hg.): 100 Jahre Roter Oktober. Zur Weltgeschichte der Russischen Revolution, Berlin 2017.
238 Vgl. dazu Helmut Reinalter: Stresemann, Gustav (1878–1929), in: Freimaurerische Persönlichkeiten in Europa, hg. von Helmut Reinalter, Innsbruck 2014, S. 158 f.; Kurt Koszyk: Gustav Stresemann. Der kaisertreue Demokrat, Köln 1989; Manfred Berg: Gustav Stresemann. Eine politische Karriere zwischen Reich und Republik, Göttingen – Zürich 1992; Andreas Körber: Gustav Stresemann als Europäer, Patriot, Wegbereiter und potentieller Verhinderer Hitlers, Hamburg 1999; Eugen Lennhoff/Oskar Posner/Dieter A. Binder: Internationales Freimauer-Lexikon, München 2006, S. 811 f.
239 Vgl. dazu allgemein Ernst Nolte: Der Faschismus in seiner Epoche, München 2000; Ernst Nolte: Die faschistischen Bewegungen, München 1973; Stanley G. Payne: Geschichte des Faschismus: Aufstieg und Fall einer europäischen Bewegung, Wien 2006; Arnd Bauerkämper: Der Faschismus in Europa 1918–1945, Stuttgart 2006; Wolfgang Benz u.a. (Hg.): Enzyklopädie des Nationalsozialismus, München 1997; Helmut Reinalter (Hg.): Die Freimaurer, München 2016, S. 28 ff.; Helmut Reinalter (Hg.): Freimaurerei und europäischer Faschismus, Innsbruck 2009.
240 Vgl. dazu Ralf Melzer: Konflikt und Anpassung. Freimaurer in der Weimarer Republik und im „Dritten Reich", Wien 1999; Armin Pfahl-Traughber: Der antisemitisch-antifreimaurerische Verschwörungsmythos in der Weimarer Republik und im NS-Staat, Wien 1993; Helmut Neuberger: Winkelmaß und Hakenkreuz. Die Freimaurerei und das Dritte Reich, München 2001; Helmut Reinalter (Hg.): Freimaurerei und europäischer Faschismus.
241 Vgl. dazu Ralf Melzer: Konflikt und Anpassung, S. 97 ff., S. 123 ff.; Helmut Reinalter (Hg.): Freimaurerei und europäischer Faschismus, S.11 ff. besonders S. 12 (auch für das Folgende).
242 Vgl. zur Verschwörungstheorie Wolfgang Benz: Die Protokolle der Weisen

von Zion. Die Legende von der jüdischen Weltverschwörung, München 2007; Michael Hagemeister: Die „Protokolle der Weisen von Zion" vor Gericht. Der Berner Prozess 1933–1937 und die „antisemitische Internationale", Zürich 2017; Michael Hagemeister: Die Protokolle der Weisen von Zion – eine anti-Utopie oder der Große Plan in der Geschichte?, in: Verschwörungstheorien, hg. von Helmut Reinalter, Innsbruck 2002, S. 45 ff.
243 Zum Austrofaschismus s. Francis L. Carsten: Faschismus in Österreich, München 1978; Bruce F. Pauley: Der Weg in den Nationalsozialismus. Ursprünge und Entwicklungen in Österreich, Wien 1988; Gerhard Botz: Nationalsozialismus in Wien. Machtübernahme, Herrschaftssicherung, Radikalisierung 1938/39, Wien 2008; Ernst Hanisch: Der lange Schatten des Staates. Österreichische Gesellschaftsgeschichte im 20. Jahrhundert, Wien 1984; Rainer Hubert: Die Freimaurerei in der Zwischenkriegszeit, in: 250 Jahre Freimaurerei in Österreich, Zwettl 1992, S. 51 ff.; Helmut Reinalter: La Franc-maçonnerie autrichienne en 1938, in: Austriaca 26 (1988), S. 115 ff.; Marcus G. Patka: Freimaurerei und Austrofaschismus, in: Helmut Reinalter (Hg.): Freimaurerei und europäischer Faschismus, S. 52 ff.; Marcus G. Patka: Österreichische Freimaurer im Nationalsozialismus. Treue und Verrat, Wien 2010.
244 Vgl. dazu Helmut Reinalter (Hg.): Die deutschen und österreichischen Freimaurerbestände im deutschen Sonderarchiv in Moskau, heute Aufbewahrungszentrum der historisch-dokumentarischen Kollektionen, Frankfurt /M. 2002.
245 Zum italienischen Faschismus vgl. hier auswahlweise: Giacomo Perticone: L'Italia contemporanea, Milano 1952; Luigi Salvatorelli/Giovanni Nira: Storia del fascismo, Roma 1952; Gianni Vannoni: Massoneria, fascismo e chiesa cattolica, Roma 1980; Michele Terzaghi: Fascismo e massoneria, Milano 1950; Aldo Mola: Storia della massoneria italiana dalle origine ai nostri giorni, Milano 2001; Helmut Reinalter (Hg.): Freimaurerei und europäischer Faschismus, S. 13 ff.
246 Aldo Mola: Massoneria e massoni in Italia all'ascesa del fascismo e durante il regime, in: Freimaurerei und europäischer Faschismus, S. 70 ff.
247 Zum französischen Faschismus: s. Daniel Ligou: Histoire des Franc-maçons en France, Toulouse 1981; Paul Naudon: La franc-maçonnerie, Paris 1971; André Combes: La franc-maconnerie sous lóccupation, Paris 2001; André Combes: La franc-maçonnerie francaise et le fascisme (1919–1939), in: Freimaurerei und europäischer Faschismus, S. 88 ff.
248 Helmut Reinalter (Hg.): Freimaurerei und europäischer Faschismus, S. 15 ff.; vgl. Eugen Lennhoff/Oskar Posner/Dieter A. Binder: Internationales Freimauer-Lexikon, S. 293 ff., bes. S. 300 ff.
249 Ebd. S. 293 ff.
250 Ebd. S. 795 f.; José A. Ferrer Benimeli: Masoneria contemporanea española,

2 Bde., Madrid 1980; José A. Ferrer Benimeli: Franco contra la Masoneria, in: Helmut Reinalter: Freimaurerei und europäischer Faschismus, S. 100 ff.; José A. Ferrer Benimeli: Franco contra la Masoneria, in: Revista Historia 16 (1977), S. 37 ff.

251 Vgl. dazu Manfred Böcker: Antisemitismus ohne Juden. Die Zweite Republik, die antirepublikanische Rechte und die Juden, Spanien 1931–1936, Frankfurt/M. 2000; Manfred Böcker: Antisemitismus ohne Juden. Die spanische radikale Rechte der 30er Jahre und die Theorie der jüdisch-freimaurerischen Verschwörung, in: Verschwörungstheorien, hg. von Helmut Reinalter, Innsbruck 2003, S. 58 ff.; zum spanischen Faschismus allgemein vgl.: Ricardo de la Cierva: Historia del Franquismo, Barcelona 1975.

252 Zur Friedensgesellschaft vgl. allgemein: Helmut Donath/Karl Holl (Hg.): Die Friedensbewegung. Organisierter Pazifismus in Deutschland, Österreich und Schweiz, Düsseldorf 1982; Jan Große Nobis: Frieden! – Eine kurze Geschichte der bundesdeutschen Friedensbewegung, Münster 2001/2005; Wolfram Beyer: Pazifismus und Antimilitarismus. Eine Einführung in die Ideengeschichte, Stuttgart 2012; Alfred Hermann Fried: Handbuch der Friedensbewegung, 2 Bde., Berlin – Leipzig 1911, 2. Auflage 1913, Neudruck New York – London 1972; Karlheinz Lipp/Reinhold Lütgemeier-Davin/Holger Nähring (Hg.): Frieden und Friedensbewegungen in Deutschland 1892–1992. Ein Lesebuch, Essen 2010; Dieter Riesenberger: Geschichte der Friedensbewegung in Deutschland. Von den Anfängen bis 1933, Göttingen 1985; Brigitte Hamann: Bertha von Suttner. Kämpferin für den Frieden, Wien 2013; Walter Göhring: Verdrängt und Vergessen. Friedensnobelpreisträger Alfred Hermann Fried, Wien 2006.

253 https://de.wikipedia.org/wiki/Alfred_Hermann_Fried (letzter Zugriff: 24.03.2018); vgl. weiters auch Martin Otto: Bei Suttners überm Sofa, in: FAZ, Nr. 265, 14. November 2011, S. 28; Bernhard Tuider: Alfred Hermann Fried – ein Adlatus oder Inspirator von Bertha von Suttner? Neue Perspektiven auf die Beziehung zweier Leitfiguren der österreichischen Friedensbewegung, in: Marianne Klemun (Hg.): Wissenschaft und Kolonialismus, Bd. 2, Innsbruck 2009, S. 134 ff.; Bernhard Tuider: Alfred Hermann Fried. Pazifist im Ersten Weltkrieg – Illusion und Vision, Saarbrücken 2010; Walter Göhring: Verdrängt und Vergessen.

254 Olly Schwarz: Statuten des Vereines Österreichische Gesellschaft der Friedensfreunde, Wien 1893, S. 1; zit. auch bei Marcus G. Patka: Freimaurerei und Sozialreform. Der Kampf für Menschenrechte, Pazifismus und Zivilgesellschaft in Österreich 1869–1939, Wien 2011, S. 159.

255 Paul Kammerer: Freimaurerei und Völkerversöhnung, in: Sonnenstrahlen 5 (1922), S. 151; zit. auch bei Marcus G. Patka: Freimaurerei und Sozialreform, S. 159.

256 Eugen Lennhoff/Oskar Posner/Dieter A. Binder, Internationales Freimaurer-Lexikon, S. 894.
257 Ebd.
258 Ebd. S. 895.
259 Vgl. dazu Eberhard Eichenhofer: Geschichte des Sozialstaates in Europa. Von der „sozialen Frage" bis zur Globalisierung, München 2007; Bronislaw Geremek: Geschichte der Armut, München/Zürich 1988; Ferdinand Hanusch: Sozialpolitik in Österreich 1919–1923, Wien 1923.
260 Wiener Freimaurer-Zeitung 1/2 (1921), S. 18; Helmut Reinalter: Die Freimaurerei in Österreich im 19. und 20. Jahrhundert, in: Freimaurer und Geheimbünde im 19. und 20. Jahrhundert im Mitteleuropa, hg. von Helmut Reinalter, Innsbruck 2016, S. 138.
261 Vgl. zu Hanusch den Artikel von Helmut Reinalter, in: Freimaurerische Persönlichkeiten in Europa, hg. von Helmut Reinalter, Innsbruck 2014, S. 69 ff.; Helmut Reinalter: Die Freimaurerei in Österreich im 19. und 20. Jahrhundert, S. 138 f.; Walter Göhring/Brigitte Pellar: Ferdinand Hanusch. Aufbruch zum Sozialstaat, Wien 2003; Marcus G. Patka: Freimaurerei und Sozialreform, S. 28.
262 Zu Tandler siehe Karl Sablik: Julius Tandler. Mediziner und Sozialreformer, Wien 1983; Josef Weidenholzer: Der sorgende Staat. Zur Entwicklung der Sozialpolitik von Josef II. bis Ferdinand Hanusch, Wien 1985, S. 265 ff.; Peter Schwarz: Julius Tandler zwischen Humanismus und Eugenik, Wien 2017.
263 Zu diesen vielen Aktivitäten besonders in Österreich vgl. Marcus G. Patka: Freimaurerei und Sozialreform, S. 47 ff., dort auch weitere Literatur.
264 Helmut Reinalter schreibt unter Benutzung der Moskau-Dokumente eine größere Arbeit über Kurt Reichel.
265 Zum Zweiten Weltkrieg vgl. auswahlweise: Antony Beevor: Der Zweite Weltkrieg, München 2014; John Keegan: Der Zweite Weltkrieg, Reinbek b. Hamburg 2004; Ian Kershaw: Höllensturz. Europa 1914 bis 1949, München 2016; Gerhard Schreiber: Der Zweite Weltkrieg, München 2013; Eugen Lennhoff/Oskar Posner/Dieter A. Binder, Internationales Freimaurer-Lexikon, München 2006, S. 898.
266 Vgl. dazu Helmut Reinalter: Die Freimaurerei in Österreich im 19. und 20. Jahrhundert, in: Helmut Reinalter: Freimaurer und Geheimbünde im 19. und 20. Jahrhundert in Mitteleuropa, Innsbruck 2016, S. 143 ff.; Marcus G. Patka: Österreichische Freimaurer im Nationalsozialismus. Treue und Verrat, Wien – Köln – Weimar 2010, S. 119 ff.; Helmut Neuberger: Winkelmaß und Hakenkreuz. Die Freimaurerei und das Dritte Reich, München 2001.
267 Helmut Reinalter: Die Freimaurerei in Österreich im 19. und 20. Jahrhundert, S. 144; Marcus G. Patka: Österreichische Freimaurer im Nationalsozialismus, S. 171 ff.

268 Zum Marshallplan s. Hans-Jürgen Schröder (Hg.): Marshallplan und westdeutscher Wiederaufstieg. Positionen, Kontroversen, Stuttgart 1990; Ludolf Herbst/Werner Bührer/Hanno Sowade (Hg.): Vom Marshallplan zur EWG. Die Eingliederung der Bundesrepublik Deutschland in die westliche Welt, München 1990; Michael J. Hogan: The Marshall Plan, New York 1987; https://de.wikipedia.org/wiki/Marshallplan (letzter Zugriff: 24.03.2018).

269 Vanessa Conze: Richard Coudenhove-Kalergi: Umstrittener Visionär Europas, Gleichen/Zürich 2004; Anita Ziegerhofer-Prettenthaler: Botschafter Europas. Richard Nikolaus Coudenhove-Kalergi und die Paneuropa-Bewegung in den zwanziger und dreißiger Jahren, Wien 2004; Robert A. Minder: Freimaurer Politiker Lexikon, Innsbruck 2004, S. 156, S. 158; Walter Göhring: Richard Coudenhove-Kalergi. Ein Leben für Paneuropa, Wien 2016.

270 Vgl. dazu Helmut Reinalter: Der aufgeklärte Mensch. Das neue Aufklärungsdenken, Würzburg 2016, S. 173 ff.; Helmut Reinalter: Die geistigen Strömungen der Zeit und die Zukunft der Freimaurerei, in: Zeitschrift für Internationale Freimaurer-Forschung 17 (2007), S. 9 ff.; Helmut Reinalter: Aufklärungsdenken und Freimaurerei, Zürich 2014, S. 110 ff.; Helmut Reinalter (Hg.): Die Zukunft der Demokratie, Innsbruck 2002.

271 Zur Toleranz vgl. Helmut Reinalter (Hg.): Toleranz- Symposium, in: Wege und Hindernisse religiöser Toleranz. Zur Friedensschaffenden Kraft der Religionen, Weimar 2013, S. 131 ff.; Rainer Forst: Toleranz im Konflikt. Geschichte, Gehalt und Gegenwart eines umstrittenen Begriffs, Frankfurt/M. 2003; Heinrich Schmidinger: Wege zur Toleranz. Geschichte einer europäischen Idee in Quellen, Darmstadt 2002.

272 Helmut Reinalter: Die geistigen Strömungen der Zeit und die Zukunft der Freimaurerei, in: Zeitschrift für Internationale Freimauer-Forschung 17 (2007), S. 9 ff.; Helmut Reinalter: Der aufgeklärte Mensch, S. 168 ff.; Ulrich Beck: Weltrisikogesellschaft. Auf der Suche nach der verlorenen Sicherheit, Frankfurt/M. 2007.

273 Vgl. dazu Helmut Reinalter: Der aufgeklärte Mensch, S. 168 ff. (auch für das Folgende); Helmut Reinalter (Hg.): Aufklärungsprozesse seit dem 18. Jahrhundert, Würzburg 2006.

274 Vgl. dazu Joseph E. Stiglitz: Reich und Arm. Die wachsende Ungleichheit in unserer Gesellschaft, München 2015; Jean Ziegler: Ändere die Welt! Warum wir die kannibalische Weltordnung stürzen müssen, München 2015; Wendy Brown: Die schleichende Revolution. Wie der Neoliberalismus die Demokratie zerstort, Berlin 2015.

275 Thomas Rentsch: Philosophie des 20. Jahrhunderts. Von Husserl zu Derrida, München 2014; Axel Honneth: Die Idee des Sozialismus. Versuch einer Aktualisierung, Berlin 2015; Helmut Reinalter: Der aufgeklärte Mensch, S. 171 f.

276 Helmut Reinalter: Die Freimaurer, München 2016, S. 32 ff.; Helmut Reinalter:

Aufklärungsdenken und Freimaurerei, S. 106 ff.
277 Helmut Reinalter: Die Freimaurer, München 2006, S. 104 ff. (auch für das Folgende).
278 Ebd., S. 105 f.
279 Zit. nach Michel Dierickx: Freimaurerei – die große Unbekannte, Hamburg 1968, S. 74.
280 Vgl. zu den vielen Angriffen auf die Freimaurerei Helmut Reinalter: Die Freimaurer, S. 110 ff.; Claus Oberhauser: Antimasonismus, in: Freimaurerei. Geheimnisse – Rituale – Symbole, Leipzig 2017, S. 154 ff.; Johannes Rogalla von Bieberstein: Verschwörungstheorien, in: ebd., S. 162 ff.; Helmut Reinalter: Die Weltverschwörer. Was Sie eigentlich alles nie erfahren sollten, Salzburg 2010.
281 Helmut Reinalter: Die Freimaurer, S. 107.
282 Zit. ebd., S. 108.
283 Zit. ebd., S. 108 f.
284 Vgl. zum Verhältnis zwischen Kirche, Glauben und Freimaurerei auswahlweise Otto Caspari: Die Bedeutung des Freimaurertums. Seine Ethik, Gottesidee und Weltanschauung, Berlin 1930; Giuliano di Bernardo: Die Freimaurer und ihr Menschenbild, Wien 1989; Charles von Bokor: Winkelmaß und Zirkel. Die Geschichte der Freimaurer, Wien 1980; Alfred Schmidt: Religionsphilosophische Aspekte der Freimaurerei, in: Zeitschrift für Internationale Freimaurer-Forschung 4 (2000), S. 33 ff.; Alfred Schmidt: Freimaurerei und Religion. Historisch- philosophische Grundlagen ihres Verhältnisses, in: Quatuor Coronati Jahrbuch für Freimaurerforschung 41 (2004), S. 11 ff.; Klaus-Jürgen Grün: Menschenähnlichkeit. Zum Unterschied zwischen humanitärer Freimaurerei und Religion, Bremen 2012; Helmut Reinalter: Großer Baumeister aller Welten, in: Freimaurerei. Geheimnisse – Rituale – Symbole, S. 63 ff.; Helmut Reinalter: Die Freimaurer, S. 35 ff.; Rolf Appel/Herbert Vorgrimler: Kirche und Freimaurerei im Dialog, Frankfurt/M. 1975; Karl Digruber: Die Freimaurer und ihr Ritual. Theologisch-kirchenrechtliche Perspektiven, Berlin 2011; José A. Ferrer Benimeli: Franc-Maçonnerie et Jésuites. Le secret du mythe ou le mythe du secret, in: Aufklärung, Freimaurerei und Demokratie im Diskurs der Moderne. Festschrift zum 60. Geburtstag von Helmut Reinalter, hg. von Michael Fischer u. a., Frankfurt/M. 2003, S. 289 ff.
285 Helmut Reinalter: Großer Baumeister aller Welten, in: Freimaurerei. Geheimnisse – Rituale –Symbole, S. 63; Eugen Lennhoff/Oskar Posner/Dieter A. Binder: Internationales Freimaurer-Lexikon, S. 110.
286 Ebd.
287 Werner Zager (Hg.): Der neue Atheismus. Herausforderung für Theologie und Kirche, Darmstadt 2017; Michael Schmidt-Salomon: Hoffnung Mensch. Eine bessere Welt ist möglich, München – Zürich 2014; Franz M. Wuketits:

Was glauben Atheisten? Leben, Moral und Sein in einer gottlosen Welt, Gütersloh 2014.
288 Vgl. dazu Helmut Reinalter: Die Freimaurer, S. 99 ff. (auch für das Folgende); Helmut Reinalter (Hg.): Freimaurerische Kunst – Kunst der Freimaurerei, Innsbruck – Wien – Bozen 2005; Marcel Valmy: Die Freimaurer, München 1988.
289 Journal für Freymaurer 1/1, 1784.
290 Helmut Reinalter: Die Freimaurer, S. 101.
291 Vgl. dazu Helmut Reinalter: Königliche Kunst, in: Freimaurerei. Geheimnisse – Rituale – Symbole, S. 11 ff.; Karin Hasselmann: Identität – Verwandlung – Darstellung. Das Freimaurerritual als Cultural Performance, Innsbruck – Wien – München – Bozen 2002; Helmut Reinalter (Hg.): Freimaurerische Kunst – Kunst der Freimaurerei; Michel Foucault: Ästhetik der Existenz, Frankfurt/ M. 2007.
292 Vgl. dazu Helmut Reinalter: Die Freimaurer, S. 101 ff.
293 Vgl. dazu die Literaturhinweise bei Helmut Reinalter: Die Freimaurer, S. 134 ff.; Helmut Reinalter (Hg.): Deutsche und österreichische Freimaurerforscher, Innsbruck 2016.
294 Vgl. dazu Heinz Sichrovsky (Hg.): „Als ich König war und Maurer". Freimaurerdichtung aus vier Jahrhunderten, Innsbruck 2016.
295 Helmut Reinalter: Die Freimauer, S. 102 f.; Helmut Reinalter: Aufklärung, Humanität und Toleranz. Die Geschichte der österreichischen Freimaurerei im 18. Jahrhundert, Innsbruck 2017, S. 314 ff.; Helmut Reinalter: Freimaurerei und Mozart, in: Das Mozart-Lexikon Bd. 6, hg. von Gernot Gruber und Joachim Brügge, Laaber 2005, S. 215 ff.; Helmut Reinalter (Hg.): Mozart und die geheimen Gesellschaften seiner Zeit, Innsbruck 2006.
296 Vgl. dazu Helmut Reinalter: Der aufgeklärte Mensch. Das neue Aufklärungsdenken, Würzburg 2016; Helmut Reinalter (Hg.): Aufklärungsprozesse seit dem 18. Jahrhundert, Würzburg 2006.
297 Ebd.
298 Niklas Luhmann: Soziologische Aufklärung. Aufsätze zur Theorie sozialer Systeme, Köln – Opladen 1970, S. 66 ff.; Jürgen Habermas: Die Moderne – ein unvollendetes Projekt, Leipzig 1994; Jürgen Habermas: Der philosophische Diskurs der Moderne, Frankfurt/M. 1988.
299 Helmut Reinalter: Der aufgeklärte Mensch, S. 97 ff.; Helmut Reinalter: „Reflexive Aufklärung", in: Zeitschrift für Internationale Freimaurer-Forschung 4 (2000), S. 51 ff.; Helmut Reinalter: Aufklärungsdenken und Freimaurerei, Zürich 2014.
300 Zit. nach Helmut Reinalter: Der aufgeklärte Mensch, S. 98.
301 Vgl. dazu Helmut Reinalter: Menschenrechte, in: Freimaurerei. Geheimnisse – Rituale – Symbole, Leipzig 2017, S. 91 ff.

302 Vgl. dazu Helmut Reinalter: Die Freimaurer, München 2006, S. 40 ff.; Klaus-Jürgen Grün: Humanität, in: Freimaurerei. Geheimnisse – Rituale – Symbole, S. 72 ff.

303 Helmut Reinalter: Die Freimaurer, S. 42 ff.; Klaus Hammacher: Freimaurerei, Ideen und Werte. Ethik, in: Freimaurerei. Geheimnisse – Rituale – Symbole, S. 68 ff.

304 Vgl. dazu Helmut Reinalter: Königliche Kunst, in: Freimaurerei. Geheimnisse – Rituale – Symbole, S. 11 ff.; Helmut Reinalter: Die Freimaurer, S. 32 ff.; Michel Foucault: Ästhetik der Existenz.

305 Vgl. dazu Helmut Reinalter: Toleranz, in: Freimaurerei. Geheimnisse – Rituale – Symbole, S. 104 ff.; Rainer Forst: Toleranz im Konflikt. Geschichte, Gehalt und Gegenwart eines umstrittenen Begriffs, Frankfurt/M. 2003; Heiner Hastedt: Toleranz, Stuttgart 2012; Heinrich Schmidinger (Hg.): Wege zur Toleranz. Geschichte einer europäischen Idee in Quellen, Darmstadt 2002; Helmut Reinalter (Hg.): Toleranzsymposium, in: Wege und Hindernisse religiöser Toleranz. Zur friedensschaffenden Kraft der Religionen, Weimar 2013, S. 131 ff.

Auswahlbibliographie

Peter Alter: Nationalismus, Frankfurt/M. 1985.
Rolf Appel/Herbert Vorgrimler: Kirche und Freimaurerei im Dialog, Frankfurt/M. 1975.
Ugo Bardi: Der geplünderte Planet. Die Zukunft des Menschen im Zeitalter schwindender Ressourcen, München 2013.
Zygmunt Bauman: Moderne und Ambivalenz, Hamburg 1995.
Ulrich Beck: Weltrisikogesellschaft. Auf der Suche nach der verlorenen Sicherheit, Frankfurt/M. 2007.
Valentin Beck: Eine Theorie der globalen Verantwortung, Berlin 2016.
Wolfgang Benz: Die Protokolle der Weisen von Zion. Die Legende von der jüdischen Weltverschwörung, München 2007.
Giuliano di Bernardo: Die Freimaurer und ihr Menschenbild, Wien 1989.
Heinrich Best/Wilhelm Weege: Biographisches Handbuch der Abgeordneten der Frankfurter Nationalversammlung 1848/49, Düsseldorf 1998.
Wolfram Beyer: Pazifismus und Antimilitarismus. Eine Einführung in die Ideengeschichte, Stuttgart 2012.
Klaus von Beyme: Liberalismus. Theorien des Liberalismus und Radikalismus im Zeitalter der Ideologien 1789–1854, Wiesbaden 2013.
Heiner Bielefeldt: Philosophie der Menschenrechte. Grundlagen eines weltweiten Freiheitsethos, Darmstadt 1998.
Günther Böhme: Wirkungsgeschichte des Humanismus im Zeitalter des Rationalismus, Darmstadt 1988.
Charles von Bokor: Die Geschichte der Freimaurer, Wien 1980.
Wendy Brown: Die schleichende Revolution. Wie der Neoliberalismus die Demokratie zerstört, Berlin 2015.
August Buck: Humanismus. Seine europäische Entwicklung in Dokumenten und Darstellungen, Freiburg 1987.
Francis L. Carsten: Faschismus in Österreich, München 1978.
Ricardo de la Cierva: Historia del Franquismo, Barcelona 1975.
Christopher Clark: Die Schlafwandler. Wie Europa in den Ersten Weltkrieg zog, München 2013.
Christopher Clark/Wolfram Kaiser (Hg.): Kulturkampf in Europa im 19. Jahrhundert, Leipzig 2003.
Michel Dierickx: Freimaurerei – die große Unbekannte, Hamburg 1968.
Karl Digruber: Die Freimaurer und ihr Ritual. Theologisch-kirchenrechtliche Perspektiven, Berlin 2011.

Horst Dippel: Die Amerikanische Revolution 1763–1787, München 1985.
Erich Donnert: Die Freimaurerei in Russland. Von den Anfängen bis zum Verbot 1822, Innsbruck 2003.
Richard van Dülmen: Die Gesellschaft der Aufklärer. Zur bürgerlichen Emanzipation und aufklärerischen Kultur in Deutschland, Frankfurt/M. 1986.
Roland Edighoffer: Die Rosenkreuzer, München 1995.
Eberhard Eichenhofer: Geschichte des Sozialstaates in Europa. Von der „sozialen Frage" bis zur Globalisierung, München 2007.
Joseph J. Ellis: George Washington. Eine Biographie, München 2017.
Antoine Faivre: Esoterik im Überblick, Freiburg – Basel – Wien 2001.
José A. Ferrer Benimeli: Masoneria contemporánea española, 2 Bde., Madrid 1980.
Rainer Forst: Toleranz im Konflikt. Geschichte, Gehalt und Gegenwart eines umstrittenen Begriffs, Frankfurt/M. 2003.
Michel Foucault: Ästhetik der Existenz, Frankfurt/M. 2007.
Carlo Francovich: Storia della Massoneria in Italia, Firenze 1975.
Georg Franz: Kulturkampf. Staat und katholische Kirche in Mitteleuropa, München 1954.
Karl R. H. Frick: Die Erleuchteten. Gnostisch-theosophische und alchemistisch-rosenkreuzerische Geheimgesellschaften bis zum Ende des 18. Jahrhunderts, Graz 1973.
Barbara Friehs: Die amerikanischen Präsidenten. Von George Washington bis Donald Trump, Wiesbaden 2014.
François Furet/Denis Richet: Die Französische Revolution, Frankfurt/M. 1968.
Lothar Gall (Hg.): Liberalismus, Königstein/Ts. 1985.
Renko D. Geffarth: Religion und arkane Hierarchie. Der Orden der Gold- und Rosenkreuzer als Geheime Kirche im 18. Jahrhundert, Leiden 2007.
Heinrich Geiselberger: Die große Regression. Eine internationale Debatte über die geistige Situation der Zeit, Berlin 2017.
Klaus-Jürgen Grün: Menschenähnlichkeit. Zum Unterschied zwischen humanitärer Freimaurerei und Religion, Bremen 2012.
Ulrike Guérot: Warum Europa eine Republik werden muss! Eine politische Utopie, Bonn 2016.
Jürgen Habermas: Strukturwandel der Öffentlichkeit, Frankfurt/M. 1962.
Jürgen Habermas: Der philosophische Diskurs der Moderne, Frankfurt/M. 1989.
Jürgen Habermas: Die Moderne – ein unvollendetes Projekt, Leipzig 1994.
Ernst Hanisch: Der lange Schatten des Staates. Österreichische Gesellschaftsgeschichte im 20. Jahrhundert, Wien 1984.
Heiner Hastedt: Toleranz, Stuttgart 2012.
Norbert Hinske (Hg.): Was ist Aufklärung?, Darmstadt 1973.
Michael Hochgeschwender: Die Amerikanische Revolution, München 2016.
Ulrich Im Hof: Das gesellige Jahrhundert. Gesellschaft und Gesellschaften im Zeitalter der Aufklärung, München 1982.
Ulrich Im Hof: Das Europa der Aufklärung, München 1993.

Lynn Hunt: Symbole der Macht. Macht der Symbole. Die Französische Revolution und der Entwurf einer politischen Kultur, Frankfurt/M. 1989.

Christoph Jamme (Hg.): Grundlinien der Vernunftkritik, Frankfurt/M. 1997.

Siegfried Jüttner/Jochen Schlobach: Europäische Aufklärung(en), Hamburg 1992.

Hans Joas/Klaus Wiegandt (Hg.): Säkularisierung und die Weltreligionen, Frankfurt/M. 2007.

John Keegan: Der Zweite Weltkrieg, Reinbek b. Hamburg 2004.

Kurt Kluxen: Geschichte und Problematik des Parlamentarismus, Frankfurt/M. 1983.

Reinhart Koselleck: Kritik und Krise, Frankfurt/M. 1973.

Reinhart Koselleck/Rolf Reichardt (Hg.): Die Französische Revolution als Bruch des gesellschaftlichen Bewußtseins, München 1988.

Manfred Kossok/Werner Loch (Hg.): Die französische Julirevolution von 1830 und Europa, Berlin 1985.

Rolf-Ulrich Kunze: Nation und Nationalismus, Darmstadt 2005.

Dieter Langewiesche (Hg.): Die Revolutionen von 1848 in der europäischen Geschichte. Ergebnisse und Nachwirkungen, München 2000.

Dieter Langewiesche: Europa zwischen Restauration und Revolution 1815–1845, München 2007.

Gotthard Victor Lechler: Geschichte des englischen Deismus, Hildesheim 1965.

Eugen Lennhoff/Oskar Posner/Dieter A. Binder: Internationales Freimaurer-Lexikon, München 2006.

Jörn Leonhard: Liberalismus. Zur historischen Semantik eines europäischen Deutungsmusters, München 2001.

Daniel Ligou: Histoire des franc-maçons en France, Toulouse 1981.

Reinhard Loske: Politik der Zukunftsfähigkeit. Konturen einer Nachhaltigkeitswende, Frankfurt/M. 2016.

Niklas Luhmann: Soziologische Aufklärung. Aufsätze zur Theorie sozialer Systeme, Köln – Opladen 1970.

Denis Mack Smith: Il Risorgimento Italiano, Bari 1999.

Christof Mauch (Hg.): Die amerikanischen Präsidenten: 44 historische Portraits von George Washington bis Barack Obama, München 2013.

Michael Maurer: Geschichte Englands, Stuttgart 2014.

Ralf Melzer: Konflikt und Anpassung. Freimaurer in der Weimarer Republik und im „Dritten Reich", Wien 1999.

Robert A. Minder: Freimaurer Politiker Lexikon, Innsbruck 2004.

Pankaj Mishra: Das Zeitalter des Zorns. Eine Geschichte der Gegenwart, Frankfurt/M. 2017.

Aldo Mola: Storia della massoneria italiana dalle origine ai nostri giorni, Milano 2001.

Horst Möller: Vernunft und Kritik. Deutsche Aufklärung im 17. und 18.Jahrhundert, Frankfurt/M. 1986.

Herfried Münkler: Der Große Krieg. Die Welt 1914 bis 1918, Berlin 2013.
Armin Nassehi: Der soziologische Diskurs der Moderne, Frankfurt/M. 2006.
Paul Naudon: La franc-maçonnerie, Paris 1971.
Paul Naudon: Geschichte der Freimaurerei, Frankfurt/ M. 1982.
Helmut Neuberger: Winkelmaß und Hakenkreuz. Die Freimaurerei und das Dritte Reich, München 2001.
Julian Nida-Rümelin: Philosophie einer humanen Bildung, Hamburg 2013.
Ernst Nolte: Der Faschismus in seiner Epoche, München 2000.
Jochen Oltmer: Migration. Geschichte und Zukunft der Gegenwart, Darmstadt 2017.
Hans Oppermann (Hg.): Humanismus, Darmstadt 1977.
Marcus G. Patka: Österreichische Freimaurerei im Nationalsozialismus. Treue und Verrat, Wien 2010.
Marcus G. Patka: Freimaurerei und Sozialreform. Der Kampf für Menschenrechte, Pazifismus und Zivilgesellschaft in Österreich 1869–1938, Wien 2011.
Bruce F. Pauley: Der Weg in den Nationalsozialismus. Ursprünge und Entwicklungen in Österreich, Wien 1988.
Stanley G. Payne: Geschichte des Faschismus. Aufstieg und Fall einer europäischen Bewegung, Wien 2006.
Anton Pelinka/Helmut Reinalter (Hg.): Interdisziplinäre Demokratieforschung, Wien 1998.
Armin Pfahl-Traughber: Der antisemitisch-antifreimaurerische Verschwörungsmythos in der Weimarer Republik und im NS-Staat, Wien 1993.
Richard David Precht: Erkenne dich selbst. Eine Geschichte der Philosophie, München 2017.
Rolf Reichardt: Das Blut der Freiheit. Französische Revolution und demokratische Kultur, Frankfurt/M. 1998.
Helmut Reinalter: Die Französische Revolution und Mitteleuropa, Frankfurt/M. 1988.
Helmut Reinalter (Hg.): Aufklärung und Geheimgesellschaften. Zur politischen Funktion und Sozialstruktur der Freimaurerlogen im 18. Jahrhundert, München 1989.
Helmut Reinalter: Freiheit – Gleichheit – Brüderlichkeit. Reform, Umbruch und Modernisierung in Aufklärung und Französischer Revolution, Düsseldorf 1989.
Helmut Reinalter (Hg.): Aufklärungsgesellschaften, Frankfurt/M. 1993.
Helmut Reinalter (Hg.): Die neue Aufklärung, Innsbruck 1997.
Helmut Reinalter (Hg.): Die deutschen und österreichischen Freimaurer-Bestände im Deutschen Sonderarchiv in Moskau, heute Aufbewahrungszentrum der historisch-dokumentarischen Kollektionen, Frankfurt/M. 2002.
Helmut Reinalter (Hg.): Die Französische Revolution und das Projekt der Moderne, Wien 2002.
Helmut Reinalter/Harm Klueting (Hg.): Der aufgeklärte Absolutismus im europäischen Vergleich, Wien 2002.

Helmut Reinalter: Ist die Aufklärung noch ein tragfähiges Prinzip?, Wien 2002.
Helmut Reinalter (Hg.): Freimaurerische Kunst – Kunst der Freimaurerei, Innsbruck – Wien – Bozen 2005.
Helmut Reinalter (Hg.): Aufklärungsprozesse seit dem 18. Jahrhundert, Würzburg 2006.
Helmut Reinalter (Hg.): Mozart und die geheimen Gesellschaften seiner Zeit, Innsbruck 2006.
Helmut Reinalter: Aufklärung und Moderne, Innsbruck 2008.
Helmut Reinalter (Hg.): Freimaurerei und europäischer Faschismus, Innsbruck 2009.
Helmut Reinalter: Die Freimaurer, 7. Aufl., München 2016.
Helmut Reinalter: Die Weltverschwörer. Was Sie eigentlich alles nie erfahren sollten, Salzburg 2010.
Helmut Reinalter: Geheimbünde in Tirol. Von der Aufklärung bis zur Revolution 1848/49, Innsbruck 2010.
Helmut Reinalter (Hg.): Handbuch zur Geschichte der demokratischen Bewegungen in Zentraleuropa. Von der Spätaufklärung bis zur Revolution 1848/49, Frankfurt/M. 2012.
Helmut Reinalter: Die historischen Ursprünge und die Anfänge der Freimaurerei, in: Geheimgesellschaften. Kulturhistorische Sozialstudien, hg. von Frank Jacob, Würzburg 2013, S. 49 ff.
Helmut Reinalter (Hg.): Toleranz-Symposium, in: Wege und Hindernisse religiöser Toleranz. Zur friedensschaffenden Kraft der Religionen, Weimar 2013.
Helmut Reinalter: Aufklärungsdenken und Freimaurerei, Zürich 2014.
Helmut Reinalter (Hg.): Freimaurerische Persönlichkeiten in Europa, Innsbruck 2014.
Helmut Reinalter/Claus Oberhauser: Biographisches Lexikon der demokratischen und liberalen Bewegungen in Mitteleuropa 1770–1848/49, Frankfurt/M. 2015.
Helmut Reinalter: Der aufgeklärte Mensch. Das neue Aufklärungsdenkens, Würzburg 2016.
Helmut Reinalter: Aufklärung, Humanität und Toleranz. Die Geschichte der österreichischen Freimaurerei im 18. Jahrhundert, Innsbruck 2017.
Helmut Reinalter (Hg.): Freimaurerei. Geheimnisse – Rituale – Symbole, Leipzig 2017.
Helmut Reinalter: Die Geschichte der frühen Demokratie in Europa, Innsbruck 2018.
Thomas Rentsch: Philosophie des 20. Jahrhunderts. Von Husserl zu Derrida, München 2014.
Stefan Rinke: Revolutionen in Lateinamerika. Wege in die Unabhängigkeit 1760–1830, München 2010.
Stefan Rinke/Georg Fischer/Frederik Schulze (Hg.): Geschichte Lateinamerikas vom 19. bis zum 21. Jahrhundert, Stuttgart – Weimar 2009.

Peter Schäfer: Die Präsidenten der USA in Lebensbildern, Graz 1993.

Walter Schlangen: Demokratie und bürgerliche Gesellschaft, Stuttgart 1973.

Heinrich Schmidinger: Wege zur Toleranz. Geschichte einer europäischen Idee in Quellen, Darmstadt 2002.

Jochen Schmidt (Hg.): Aufklärung und Gegenaufklärung in der europäischen Literatur, Philosophie und Politik von der Antike bis zur Gegenwart, Darmstadt 1989.

Michael Schmidt-Salomon: Hoffnung Mensch. Eine bessere Welt ist möglich, München-- Zürich 2014.

Werner Schneiders: Die wahre Aufklärung, Freiburg – München 1974.

Hans-Christoph Schröder: Die Revolutionen Englands im 17. Jahrhundert, Frankfurt/M. 1986.

Hans-Christoph Schröder: Englische Geschichte, München 2010.

Heinz Sichrovsky (Hg.): „Als ich König war und Maurer". Freimaurerdichtung aus vier Jahrhunderten, Innsbruck 2016.

Wolfram Siemann: Die Deutsche Revolution 1848/49, München 1985.

Wolfram Siemann: 1848/49 in Deutschland und Europa. Ereignis – Bewältigung – Erinnerung, Paderborn 2006.

Jan A. M. Snoek: Einführung in die westliche Esoterik, für Freimaurer, Zürich 2011.

Joseph E. Stiglitz: Reich und Arm. Die wachsende Ungleichheit in unserer Gesellschaft, München 2015.

Barbara Stollberg-Rilinger: Europa im Jahrhundert der Aufklärung, Stuttgart 2000.

Jacob L. Talmon: Die Ursprünge der totalitären Demokratie, Köln 1961.

Richard Toellner (Hg.): Aufklärung und Humanismus, Heidelberg 1980.

Christopher Voigt: Der englische Deismus in Deutschland, Tübingen 2003.

Fritz Wagner: Europa im Zeitalter des Absolutismus und der Aufklärung, in: Handbuch der europäischen Geschichte, IV, Stuttgart 1968.

Eberhard Weis: Der Durchbruch des Bürgertums 1776 – 1847, Berlin 1978.

Ernst Ulrich von Weizsäcker/Anders Wijkman u. a.: Club of Rome: Der große Bericht. Wir sind dran. Was wir ändern müssen, wenn wir bleiben wollen. Eine neue Aufklärung für eine volle Welt, Gütersloh 2017.

Franz M. Wuketits: Was glauben Atheisten? Leben, Moral und Sein in einer gottlosen Welt, Gütersloh 2014.

Frances A. Yates: Aufklärung im Zeichen des Rosenkreuzes, Stuttgart 1972.

Werner Zager (Hg.): Der neue Atheismus. Herausforderung für Theologie und Kirche, Darmstadt 2017.

Jean Ziegler: Ändere die Welt! Warum wir die kannibalische Weltordnung stürzen müssen, München 2015.

Anmerkung: Quellen und weitere Literaturhinweise finden sich in den Fußnoten der einzelnen Kapitel.

Über den Autor

Univ.-Prof. Dr. Dr. h.c. Helmut Reinalter

Geboren in Innsbruck 1943, Studium der Geschichte und Philosophie an der Universität Innsbruck, Dr. phil. 1971, Habilitation aus Geschichte der Neuzeit 1978, Forschungsaufenthalte in Frankreich, England, Italien, Deutschland, Tschechien, Russland, Polen und USA, Gastprofessor in Aix-en-Provence, Salzburg, Krakau und Luxembourg, Univ.-Prof. an der Universität Innsbruck seit 1981; Leiter des Privatinstituts für Ideengeschichte. Dekan der Philosophischen Klasse der Europäischen Akademie der Wissenschaften und Künste. Mitglied des Club of Rome, Chapter Österreich, der „Commission Internationale d'Histoire de la Révolution française" an der Sorbonne in Paris I und des Akademischen Rates der Humboldt-Gesellschaft. Ehrendoktorat IBC Cambridge. Herausgeber von mehreren wissenschaftlichen Reihen und Fachzeitschriften.

Forschungsschwerpunkte:
Ideengeschichte, Freimaurerei, Politische Philosophie und Theorien und Methoden der Geisteswissenschaften.

Publikationen: (Auswahl)
Die Geschichte der frühen Demokratie in Europa, Innsbruck 2018.
Aufklärung, Humanität und Toleranz. Die Geschichte der österreichischen Freimaurerei im 18. Jahrhundert, Innsbruck 2017.
Freimaurerei. Geheimnisse – Rituale – Symbole. Ein Handbuch, Leipzig 2017.
Die Freimaurer, 7. Aufl., München 2016.
Der aufgeklärte Mensch, Würzburg 2016.
Freimaurer und Geheimbünde im 19. und 20. Jahrhundert, Innsbruck 2016.
Deutsche und österreichische Freimaurer-Forscher, Innsbruck 2016.
Lexikon der Geisteswissenschaften. Sachbegriffe – Disziplinen – Personen, Wien 2011.
Joseph II. Reformer auf dem Kaiserthron, München 2011.
Die Weltverschwörer. Was Sie eigentlich alles nie erfahren sollten, Salzburg 2010.
Freimaurerei und europäischer Faschismus, Innsbruck – Wien – Bozen 2009.
Josephinismus als Aufgeklärter Absolutismus, Wien 2008.
Aufklärung und Moderne, Innsbruck 2008.
Die Geisteswissenschaften im europäischen Diskurs, Innsbruck 2007.

Ethik in Zeiten der Globalisierung, Wien 2007.
Projekt Weltethos, Innsbruck 2006.
Aufklärungsprozesse seit dem 18. Jahrhundert, Würzburg 2006.
Die Geisteswissenschaften im Spannungsfeld zwischen Moderne und Postmoderne, Wien 1998.

Personenregister

Adams, John 112
Adams, Samuel Nord 113, 114
Albertus Magnus 20
Alexander I., Zar 136
Allan, Ethan 114
Altenstein, Karl 132
Anna Amalia, Herzogin von Sachsen-Weimar 84
Anderson, James 38, 40, 86, 110, 151, 195, 197, 199
Andreae, Jacob 47
Andreae, Johann Valentin 46, 47, 48, 49
Appel, Rolf 35
Areopagita, Dionysius (Pseud.) 20
Armellini, Carlo 143
Arndt, Ernst Moritz 137
Ashmole, Elias 33, 38, 50
Augereau, Charles Pierre François 130

Babeuf, Gracchus 140
Bacon, Francis 31, 48
Bahrdt, Carl Friedrich 79, 80, 81
Barrio, Diego Martínez 175
Beck, Ulrich 188
Benedikt XIV., Papst 191
Beurnonville, Pierre Riel de 130
Blücher, Gebhard Leberecht von 131
Boileau, Étienne 25
Bokor, Charles von 17
Bolivar, Simón 146, 147

Bollstedt, Albert Graf von 20
Born, Ignaz Edler von 88, 198
Briand, Aristide 158, 167
Buonarroti, Filippo 138, 139, 140, 141
Burckhardt, Jacob 103

Cappello, Luigi 172
Cambacérés, Jean-Jacques de 130
Campanella, Thomas 48
Cavour, Camillo Graf Benso di 144, 145
Choiseul-Praslin, Charles Theobald de 130
Clemens XII., Papst 191
Coke, Edward 96
Comenius, Jan 32, 49
Condorcet, Marie Jean Antoine Nicolas Caritat 64
Coudenhove-Kalergi, Richard Nikolaus Graf von 186
Cromwell, Oliver 104
Cuno, Wilhelm 167

d'Alembert, Jean Baptiste le Rond 64, 110
d'Aumont, Pierre 16
Darthé, Augustin Alexandre 140
De Gaulle, Charles 174
d'Holbach, Paul Henri Thiry 136
Desaguliers, Theophilus 39, 135, 197
Diderot, Denis 64, 110

Dollfuß, Engelbert 169
Donatus Hl. 18
Dorsch, Anton Joseph 83

Eduard III., König von England 14
Engels, Friedrich 156
Ernst II., Herzog von Sachsen-Coburg und Gotha 77
Esteva, Francisco 174

Ferdinand I., König von Neapel-Sizilien 142
Ferrari, Ettore 173
Ferrer Benimeli, José 9
Ficino, Marsilius 44
Firrao, Joseph 192
Fludd, Robert 45
Forster, Johann Georg Adam 88
Foucault, Michel 199, 208
Franco, Francisco 166, 175
Franklin, Benjamin 109, 110, 112
Franz Stephan von Lothringen 40, 131, 135, 191, 192, 197
Frick, Wilhelm 169
Fried, Alfred Hermann 177, 178
Friedrich II., König von Preußen 55, 62, 66, 83, 84, 88
Friedrich Wilhelm II., König von Preußen 80
Friedrich von Wales, Prinz 40

Garibaldi, Giuseppe 143, 144, 145
Gehmacher, Ernst 9
Gentz, Friedrich von 127
Gide, André 201
Göring, Hermann 167
Goethe, Johann Wolfgang von 84, 88, 138, 200

Gottsched, Johann Christoph 73
Guillaume VIII. 26

Habicht, Karl 167
Hamilton, Alexander 113
Hancock, John 113, 114
Hanusch, Ferdinand 181, 182
Hardenberg, Karl August von 131, 132
Harding, Warren Gamaliel 109
Harrington, James 111, 112
Hayden, Sidney 108
Hegel, Georg Wilhelm Friedrich 134
Heidegger, Martin 190
Heinrich VI., König von England 36
Heinrich VIII., König von England 95
Helvétius, Claude-Adrien 139
Henry, Patrick 113
Herder, Johann Gottfried von 200
Hermes Trismegistos 44
Herriot, Édouard 174
Hiram Abif 18, 19
Hirsau, Wilhelm von 11, 19
Hitler, Adolf 166, 167, 168
Hochgeschwender, Michael 107
Hund und Altengrotkau, Karl Gotthelf Reichsfreiherr von 16
Husserl, Edmund 190

Jackson, Andrew 109, 113
Jakob I. König von England 96
Jakob II., König von England 42
Jefferson, Thomas 112
Joseph II., Kaiser des Heiligen Römischen Reiches 66, 87

Kammerer, Paul 177
Kant, Immanuel 14, 56, 57, 59, 63, 117, 141, 205
Karl I., König von England 96, 100, 101, 102
Karl X., König von Frankreich 155
Karl Theodor, Kurfürst von Bayern 77
Kellermann, François-Étienne 130
Kellogg, Frank 178
Kloß, Johann Georg 200
Kluxen, Kurt 95
Knigge, Adolph Freiherr von 77
Koselleck, Reinhart 9
Kotzebue, August von 84
Krünitz, Johann Georg 91

Lacépéde, Bernard Germain 130
Lafayette, Marie-Joseph Motier de 113, 127
Lalande, Jérôme 87, 110
Lee, Nathaniel Green 113
Lefebvre, Francois-Joseph 130
Leo XIII., Papst 193
Leopold II., Kaiser des Heiligen Römischen Reiches 87
Lessing, Gotthold Ephraim 58, 64, 87, 88, 133, 138, 181, 82, 184, 193, 200
Lilburne, John 101
Livingston, Robert R. 108, 112
Locke, John 104, 111, 112, 113
Louis-Philippe, König von Frankreich 155
Ludendorff, Erich 113, 164, 166
Ludwig XIII., König von Frankreich 98
Ludwig XVI., König von Frankreich 66
Luther, Martin 47

Mably, Gabriel Bonnot de 61, 139
Macdonald, Jacques 130
Maistre, Joseph de 192
Magon, Charles René de Médine 130
Maria Theresia, (Kaiserin) und Königin von Ungarn 40, 87
Marshall, George C. 185, 186
Marshall, John 113
Marx, Karl 156
Masséna, André 130
Mazzini, Giuseppe 141, 142, 143, 144
Mendelssohn, Moses 56
Metternich, Klemens Wenzel Fürst von 102, 133, 151
Mill, John Stuart 149
Milton, John 111, 112
Monier, Maurice 173
Monroe, James 113
Montague, John Herzog von 26, 40
Montesquieu, Charles de 60, 88
Montgomery, Richard 113
Morelly, Étienne-Gabriel 61, 139
Morton, Jakob 108
Mozart, Wolfgang Amadeus 201
Murat, Joachim 130
Mussolini, Benito 173

Napoleon I., Bonaparte 86, 87, 128, 129, 130, 138, 141, 176, 193
Napoleon, Joseph 130
Napoleon, Louis 130, 156

Naumann, Friedrich 149
Newton, Isaac 39
Nipperdey, Thomas 69

Otis, James 113
Paine, Thomas 112
Paul, Sean 84
Payne, George 39, 40
Pepe, Guglielmo 142
Perdiguier, Agricol 29
Peter Leopold, Großherzog der Toskana 139
Pius VII., Papst 193
Pius IX., Papst 143, 160, 193
Platon 16, 29, 34, 44
Putnam, Israel 113

Ramsay, Andrew Michael Chevalier de 42, 197
Reichel, Kurt 182
Reimarus, Hermann Samuel 74
Reinalter, Helmut 9, 243
Revere, Paul 114
Rivera, Primo de 174
Robespierre, Maximilien 12, 94, 140
Robbins, Alfred 178
Robert I. Bruce, König von Schottland 16
Robic, Sabine 9
Roosevelt, Franklin 178
Roosevelt, Theodore 109, 178
Rosas, Juan Manuel de 144
Rosenkreuz, Christian 46, 47
Rotteck, Karl von 133
Rousseau, Jean-Jacques 60, 64, 124, 139

Rudolf II., Kaiser des Heiligen Römischen Reiches 45

Saffi, Aurelio 143
Saint-Just, Louis Antoine de 124
Salicetti, Antonio Cristofaro 141
Salomon, König 29
Salomon von St. Gallen 19
Sayer, Anthony 38, 39
Schacht, Hjalmar 167
Schiller, Friedrich von 84
Schlesinger, Richard 170
Schmidt, Alfred 9
Schneider, Herbert 200
Schröder, Friedrich Ludwig 135, 201
Schuschnigg, Kurt von 170
Scotus, Johann 32
Sebastiani, Horace François 130
Šeper, Franjo 194
Sherman, Roger 112
Sidney, Algernon 75, 111, 112
Snoeck, Jan A.M. 31, 32, 33
Starck, Johann August 15
Stein, Heinrich Friedrich Karl Freiherr vom und zum 131
Stein, Lorenz von 134
Steinbach, Erwin von 20
Steinbach, Rudolf von 20
Steuben, Friedrich Wilhelm Baron von 113
Stirling, Jeffrey Lord 113
Stresemann, Gustav 166, 167, 178
Stuart, Edward 42
Suger, Abt von Saint-Denis 21, 32, 33
Sullivan, Marion 113

Suttner, Bertha von 177, 178

Taft, William Howard 109
Tandler, Julius 182
Taute, Reinhold 200
Thomasius, Christian 63
Torrigiani, Domizio 171, 172
Trebitsch, Josef 181
Truman, Harry S. 109, 185
Tucholsky, Kurt 201
Twain, Mark 201

Viktor, Emanuel II., König von Piemont-Sardinien 143, 144
Virchow, Rudolf 141
Voltaire, François Marie Arouet 63, 88, 110, 138, 200

Warren, Joseph 108
Washington, George 76, 108, 109, 113
Wehler, Hans Ulrich 9
Weishaupt, Adam 52, 76, 77, 78
Wichtl, Friedrich 164
Wieland, Christoph Martin 88, 138, 200
Wilde, Oscar 201
Wöllner, Johann Christoph von 54, 81
Wolff, Christian 63, 66, 71
Wolfstieg, August 200

Zöllner, Johann Friedrich 56

Sachregister

Absolutismus, Aufgeklärter 62, 66, 87, 88
Action Française 166, 174
Ästhetik der Existenz 194, 208
Akademien 15, 44, 45, 68, 69, 70, 71, 73, 84, 198, 200
Alchemie/Alchemisten 45, 47, 50, 51, 52
Allgemeine Erklärung der Menschenrechte 116, 128
Allgemeiner Wille 124
Alte Pflichten 37, 40, 41, 91, 150, 197
Anarchismus 152
Antimasonismus 11
Antifreimaurergesetz 172
Anthropologie 190
Anthropozentrik 57
Arbeiterschaft/Arbeiterbewegung 153, 156, 157
Asiatische Brüder 75
Atheismus 63, 196, 197
Aufklärung 9, 13, 14, 18, 42, 45, 46, 52, 55, 56, 57, 58, 59, 60, 61, 62, 63, 64, 65, 67, 68, 69, 70, 71, 72, 75, 76, 77, 78, 79, 80, 81, 82, 83, 86, 87, 88, 89, 90, 93, 106, 112, 121, 122, 125, 126, 127, 129, 135, 146, 147, 149, 150, 162, 180, 188, 189, 193, 197, 198, 203, 204, 205
Aufklärungsdenken 13, 63, 190, 203, 205
Aufklärungsgesellschaften 69, 70, 82

Austrofaschismus 170

Barock 61
Bauhütten 17, 18, 20, 21, 23, 29, 34, 55, 197
Bill of Rights 96, 97, 115
Bolschewismus/Bolschewisten 166
Boston Tea Party 110
Brüderlichkeit 123, 128
Bürger/Bürgertum 59, 62, 66, 68, 69, 70, 71, 72, 75, 81, 82, 86, 88, 98, 99, 103, 104, 148, 149, 153, 154, 156, 189
Bulle, päpstliche 191, 192, 193, 194

Carbonari/Carbonaria 141, 142, 150, 193
Charte 1830 153
Christianopolis 48, 49
Chymische Hochzeit: Christiani Rosenkreuz anno 1459 46, 47
Civitas solis 48
Codex Iuris Canonici 195
Collegium universale 49
Compagnonnage 26, 28, 29, 30, 31
Confessio fraternitatis 34
Contrat social 60
Cooke-Manuskript 34, 35, 39
Corpus Hermeticum 44, 45

Deismus 105, 106, 193
Dekabristen 136
Dekonstruktion 190

Delfi 141
Demokratie 9, 13, 44, 55, 81, 88, 89, 91, 96, 97, 100, 101, 121, 122, 123, 124, 126, 131, 147, 148, 149, 151, 152, 153, 154, 156, 160, 186, 189, 203, 204, 207
Despotismus 136
Deutscher Bund 152
Deutsche Union 75, 79, 80, 81

Eklektischer Bund 76
Èmile 64
Entente-Freimaurerei 164
Enzyklika „Humanum genus" 193
Enzyklopädie/Enzyklopädisten 60, 64, 110, 197, 198
Erklärung der Menschenrechte 123, 127
Esoterik 42, 44, 45, 51, 52, 53
Ethik 18, 64, 158, 159, 196, 203, 207
Eudämonia 79
Europaidee 185, 186
Exil 183, 184
Existenzphilosophie 190

Fama fraternitatis 45, 46, 50
Faschismus, Französischer 174
Faschismus, Italienischer 166, 171, 172
Fortschritt 132, 153, 154, 190, 204
Franco-Regime 166
Freidenker 176
Freiheit 44, 56, 57, 63, 79, 83, 92, 112, 114, 115, 117, 118, 121, 122, 123, 126, 128, 131, 143, 148, 149, 151, 154, 157, 188, 204, 206

Freiheitsbewegungen 135, 138
Freimaurer 12, 38, 40, 41, 44, 51, 87, 88, 92, 93, 105, 108, 109, 113, 114, 128, 130, 131, 136, 137, 138, 139, 142, 143, 145, 146, 147, 148, 149, 150, 151, 152, 155, 156, 157, 158, 159, 160, 161, 162, 163, 164, 165, 166, 167, 168, 171, 172, 174, 175, 176, 177, 178, 179, 180, 181, 183, 184, 185, 186, 189, 192, 195, 196, 197, 198, 200, 206
Freimaurerforschung 13, 41, 151, 200
Freimaurerei 9, 11, 13, 14, 15, 16, 17, 21, 25, 29, 31, 33, 34, 35, 36, 37, 39, 40, 41, 42, 43, 44, 45, 48, 50, 51, 52, 68, 75, 76, 77, 81, 82, 83, 86, 87, 88, 89, 90, 92, 93, 94, 95, 105, 107, 108, 110, 112, 119, 124, 125, 127, 128, 129, 131, 132, 134, 135, 136, 137, 138, 141, 147, 151, 158, 159, 160, 161, 162, 163, 164, 165, 166, 167, 168, 169, 170, 171, 172, 173, 174, 175, 176, 177, 178, 180, 181, 182, 183, 184, 185, 186, 187, 188, 190, 191, 192, 193, 194, 195, 196, 197, 199, 201, 203, 205, 206, 207, 208
Freimaurer-Kongresse 145, 165, 175, 179
Freimaurerliga 179, 180
Frieden 14, 43, 107, 119, 163, 165, 170, 173, 176, 177, 178, 179, 203
Friedensgesellschaft(en) 176, 177
Friedenskongress(e) 176
Frühsozialismus 156

Fürsorge(wesen) 176, 180, 181, 182, 203, 207
Fundamentalismus 194, 208

Gegenaufklärung 129
Gegenreformation 45, 46
Geheimbünde 51, 75, 77, 78, 79, 81, 86, 136, 137, 141, 143, 150, 193
Geheimgesellschaften 69, 77, 79, 86, 140, 172, 175, 191
Geheimer Plan der Deutschen Union 80
Geheimlehre 21
Geheimnis 22, 28, 30, 80, 137, 164, 172
Gelehrtengesellschaften 62, 68, 70, 71, 73, 84, 85, 200
Gerechtigkeit 48, 117, 157
Gesellenbruderschaften 83
Gesellschaften, patriotische gemeinnützige 69, 74, 75, 85
Gesellschaftsvertrag 104, 117, 151
Gewaltentrennung (-teilung) 97, 104, 123, 147, 151
Gilden 34, 35, 36
Gleichheit 44, 87, 91, 93, 94, 109, 115, 118, 121, 122, 123, 128, 143, 149, 157, 158, 188, 206
Globalisierung 188, 189
Gnosis 15
Gold- und Rosenkreuzer 76
Gotik 20, 26, 31, 32, 33, 34
Großer (Allmächtiger) Baumeister aller Welten, Symbol 105, 158, 195, 196, 207
Grundrechte 115, 117, 147, 157

Habeas-Corpus-Akte 115
Heiliges Offizium 191
Helvetische Gesellschaft 85
Hermetik 42, 44, 45, 50, 51, 52
Hochgrade 94, 164, 175, 197
Humanismus 42, 43, 44, 47, 52
Humanisten 42, 43
Humanität 13, 42, 51, 56, 122, 137, 143, 164, 165, 178, 190, 193, 203, 206, 207

Idealismus 52, 151
Ideengeschichte 9, 190, 208
Ideologie/Ideologen 14, 28, 129, 158, 168, 171, 189, 204, 205
Illuminaten 75, 76, 77, 78, 79, 81
Imperialismus 186
Indifferentismus 193

Jakobiner 125, 126, 127
Jakobinerherrschaft 55
Jakobinerklubs 69, 82, 83, 126, 140
Jakobinismus 125, 126, 127
Jakobiten 86
Jesuiten 166
Johannisfreimaurerei 21
Journal für Freymaurer 198
Juden/Judentum 12, 51, 122, 132, 164, 166, 170, 175, 184, 185
Julirevolution 1830 133, 141, 150, 151, 154, 155, 156
Junges Deutschland 143
Junges Europa 143
Junges Italien 141, 142
Junges Polen 143
Junge Schweiz 143

Kabbala 50
Karlisten 175
Katholizismus, politischer 174
Kirche 191, 193, 194,
Königliche Kunst 110, 178, 199, 203, 207
Kommunisten 166, 174, 175
Konservativismus 60, 102, 146, 150, 152
Konstruktivismus 204
Kosmopolitismus 131, 138
Krieg(e) 138, 143, 144, 145, 163, 165, 173, 176, 177, 178, 179, 180, 184
Krieg, Dreißigjähriger 34
Krieg, Hundertjähriger 17
Kritik der praktischen Vernunft 205
Kritiker der reinen Vernunft 57
Kritische Theorie 190
Kulturkampf 158, 159, 160, 193

Laizismus 158, 159
Lesegesellschaften 62, 68, 71, 72, 73, 79, 84, 85
Leveller 101
Liberalismus 9, 13, 55, 60, 123, 131, 136, 138, 146, 147, 148, 149, 150, 151, 152, 155, 176, 193, 203, 204
Lichtenauer Erklärung 194
Liga der Menschenrechte 128
Loge(n)/Großloge(n) 14, 17, 25, 30, 31, 34, 36, 37, 39, 40, 41, 42, 50, 62, 82, 86, 87, 88, 89, 90, 91, 92, 94, 108, 109, 110, 113, 114, 119, 127, 128, 130, 134, 135, 136, 137, 139, 141, 145, 146, 148, 152, 164, 167, 168, 169, 170, 172, 173, 174, 175, 176, 177, 178, 179, 180, 181, 184, 185, 186, 193, 194, 195, 197, 198, 201, 206
Lyoner mystisch-spiritualistisch-martinistisches System 76

Magna Charta 96, 115
Malteserorden 16
Marshallplan 185
Marxismus 156, 157
Materialismus 63, 167
Menschen- und Bürgerrechte 9, 13, 83, 88, 111, 112, 113, 114, 115, 116, 117, 118, 119, 121, 123, 127, 128, 151, 176, 187, 203, 205, 206
Menschenwürde 61, 117, 118, 203, 206
Moderne/Modernisierung 154, 158, 160, 161, 162, 187, 190, 204
Mysterienbünde 15
Mystik 28, 45
Mythos 147, 154

Nationalismus 9, 131, 135, 136, 138, 152, 186, 204
Nationalsozialismus 134, 166, 167, 168, 169, 170, 183, 185
Naturalismus 193
Neoliberalismus 189
Neukantianismus 204
Neuplatonismus 15, 31, 45, 51
Nova Atlantis 48, 49

Ontologiekritik 190
Oktoberrevolution, Russische 165, 166

Panama-Kongress 146
Panamerikanismus 147
Paneuropa-Kongress 186
Paneuropa-Union 186
Pantheismus 193
Parlament(arismus) 13, 95, 96, 97, 98, 99, 100, 101, 102, 103, 104, 105, 160, 203
Patriotismus 131
Paulskirche 137
Pazifismus/Pazifisten 176, 177, 178
Petition of Rights 115
Phänomenologie 190
Physiokratismus 61
Platonismus 15, 51
Postmoderne 190
Politisch-literarisches Intelligenzblatt 80

Quatuor Coronati 35
Rationalismus 52, 59, 63, 76, 193
Rationalität 190
Rechtsstaatlichkeit 147
Reformation 17, 45, 46, 47
Reform(en) 9, 67, 75, 84, 88, 93, 103, 118, 129, 131, 132, 133, 134, 135, 145, 151, 153, 155, 156, 170, 176, 180, 194
Regius-Manuskript 34, 35
Religionsfriede, Augsburger 45
Renaissance 42, 43, 44, 52
Republik/Republikanismus 60, 78, 97, 102, 103, 104, 105, 133, 138, 142, 143, 144, 146, 150, 154, 156, 163, 175, 181, 192
Restauration 132, 134, 150, 151, 154, 155

Revolution/Revolutionen 67, 68, 81, 107, 111, 115, 116, 122, 123, 125, 127, 132, 133, 134, 138, 144, 146, 151, 153, 157, 161, 165, 203
Revolution, Amerikanische 9, 13, 107, 108, 110, 111, 113, 115, 146, 149, 150
Revolution(en), Englische 95, 99, 100, 101, 103, 105, 125
Revolution, Französische 9, 13, 55, 81, 82, 110, 121, 123, 125, 127, 135, 136, 138, 139, 141, 146, 147, 149, 150, 152, 153, 156, 160, 161, 176
Revolution, Glorreiche 96, 97, 103, 104, 115
Revolution, Industrielle 115, 116, 152, 160
Revolution, Spanische 146
Revolutionstheorien 127, 153
Risikogesellschaft 187, 188
Risorgimento 138, 141, 142, 144
Rituale /Ritualistik 134, 135, 137, 138, 179, 194, 199, 200, 206, 207, 208
Robespierrismus 127
Romanik 19
Romantik 84, 151, 204
Rosenkreuzer 15, 16, 38, 45, 46, 48, 49, 50, 51, 75, 76
Royal Society 38, 39, 40, 49, 197

Säkularisierung 13, 43, 44, 62, 203
Salons 83, 84
Sansculotterie 127
Schottischer Ritus 108
Selbstdenken 57, 62, 63, 64, 204

Solidarität 44, 189
Sozialismus/Sozialisten 152, 166, 175, 204
Sozialstaat 13, 176, 180, 203
Sozietäten, aufgeklärte 68, 69, 75, 84
Sozietäten, ökonomisch-patriotische 62, 85
Sprachgesellschaften 74, 85
Sprachkritik 190
Stein der Weisen 51
Stoizismus 51
Strikte Observanz 16, 92, 134
Strukturalismus 190
Sündenböcke 11, 12
Syllabus errorum 193
Symbole/Symbolik 22, 23, 28, 34, 36, 47, 126, 134, 158, 195, 196, 198, 199, 207

Tempel Salomon 29
Tempelritter/Templer/Templerorden 15, 16, 17, 31
Theophilus 49
Toleranz 13, 45, 56, 58, 137, 178, 186, 187, 190, 194, 197, 203, 207, 208
Triple-Entente 163
Tudor-Dynastie 99
Turbo 48

Unabhängigkeitserklärung 111, 112, 113, 114, 115
Unvereinbarkeitserklärung 195
Utopie(en) 47, 48, 61, 85, 123, 144, 153, 161

Vatikanisches Konzil, Zweites 159, 194, 195
Vernunft 14, 43, 57, 58, 63, 64, 78, 117, 193, 196, 203, 204, 205
Verschwörung 76, 140, 141, 150
Verschwörung der Gleichen 140
Verschwörung, jüdisch-freimaurerische 169, 175
Verschwörungsideologien 166
Verschwörungstheorien 11, 12, 78, 163, 166, 169, 175
Via Lucis 49
Vier Gekrönte 18, 35
Volksbewegungen 155
Volksgesellschaften 69
Volkssouveränität 57, 123, 126, 133, 152, 153, 154, 155
Vormärz 133, 154, 156

Weimarer Republik 166, 168
Weltethos 199
Weltkrieg, Erster 9, 163, 164, 165, 171, 177, 178, 180, 182, 183, 186
Weltkrieg, Zweiter 9, 116, 163, 183, 185, 186, 187
Wiener Kongress 138
Wilhelmsbad, Freimaurerkonvent 75, 192
Wissenschaftstheorie 190

Zauberflöte 201
Zeitschriften/Zeitungen 73